U0722593

"九五"国家重点图书

国际工程管理教学丛书

INTERNATIONAL PROJECT MANAGEMENT TEXTBOOK SERIES

国际工程谈判

NEGOTIATIONS ON INTERNATIONAL PROJECT

潘 文 编著

中国建筑工业出版社

图书在版编目(CIP)数据

国际工程谈判/潘文编著. -北京:中国建筑工业出版社,1999
(国际工程管理教学丛书)
ISBN 978-7-112-03910-4

Ⅰ.国… Ⅱ.①潘… Ⅲ.国际-基本建设项目-谈判学 Ⅳ.F282

中国版本图书馆 CIP 数据核字(1999)第 17192 号

　　国际工程谈判活动对国际工程项目的建设和发展有着极其重要的作用。谈判成功,可以取得项目,并为项目的实施创造有利的条件,给项目带来可观的经济效益;谈判失误或失败,可以失去项目,或给项目的实施带来无穷的隐患,甚至灾难,导致项目的严重亏损或失败。本书全面论述了有关谈判时如何运用心理学、创造学和创造技法的成果及其基本训练,详述了国际工程项目各个阶段的谈判具体内容、注意事项以及策略和技巧,并介绍了联营体和 BOT 项目的谈判和特殊情况下的谈判方式,谈判人员的选择、组织和培训,不同国家的文化习俗。

　　本书可作为高等院校国际工程管理专业学生的教材和培训国际工程谈判专业人才的培训教材,也可作为我国从事国际工程承包业务和国际工程谈判活动的广大技术、管理人员的参考书。

＊　　＊　　＊

　　责任编辑　朱首明

国际工程管理教学丛书
INTERNATIONAL PROJECT MANAGEMENT TEXTBOOK SERIES
国　际　工　程　谈　判
NEGOTIATIONS ON INTERNATIONAL PROJECT
潘　文　编著

＊

中国建筑工业出版社出版、发行(北京西郊百万庄)
各地新华书店、建筑书店经销
廊坊市海涛印刷有限公司印刷

＊

开本:787×1092毫米　1/16　印张:14¼　字数:347千字
1999 年 9 月第一版　2015 年 8 月第七次印刷
定价:**39.00** 元
ISBN 978-7-112-03910-4
(26429)

国际工程管理教学丛书编写委员会成员名单

主任委员

    王西陶　中国国际经济合作学会会长

副主任委员（按姓氏笔画排列）

    朱传礼　国家教育委员会高等教育司副司长

    陈永才　对外贸易经济合作部国外经济合作司原司长

            中国对外承包工程商会会长

            中国国际工程咨询协会会长

    何伯森　天津大学管理工程系原系主任，教授（常务副主任委员）

    姚　兵　建设部建筑业司、建设监理司司长

    施何求　对外贸易经济合作部国外经济合作司司长

委员（按姓氏笔画排列）

    于俊年　对外经济贸易大学国际经济合作系系主任，教授

    王世文　中国水利电力对外公司原副总经理，教授级高工

    王伍仁　中国建筑工程总公司海外业务部副总经理，高工

    王西陶　中国国际经济合作学会会长

    王硕豪　中国水利电力对外公司总经理，高级会计师，国家级专家

    王燕民　中国建筑工程总公司培训中心副主任，高工

    刘允延　北京建筑工程学院土木系副教授

    汤礼智　中国冶金建设总公司原副总经理、总工程师，教授级高工

    朱传礼　国家教育委员会高等教育司副司长

    朱宏亮　清华大学土木工程系教授，律师

    朱象清　中国建筑工业出版社总编辑，编审

    陆大同　中国土木工程公司原总工程师，教授级高工

    杜　训　全国高等学校建筑与房地产管理学科专业指导委员会副主任，

            东南大学教授

    陈永才　对外贸易经济合作部国外经济合作司原司长

            中国对外承包工程商会会长

            中国国际工程咨询协会会长

何伯森　天津大学管理工程系原系主任，教授
吴　燕　国家教育委员会高等教育司综合改革处副处长
张守健　哈尔滨建筑大学管理工程系教授
张远林　重庆建筑大学副校长，副教授
张鸿文　中国港湾建设总公司海外本部综合部副主任，高工
范运林　天津大学管理学院国际工程管理系主任，教授
姚　兵　建设部建筑业司、建设监理司司长
赵　琦　建设部人事教育劳动司高教处副处长，工程师
黄如宝　上海城市建设学院国际工程营造与估价系副教授，博士
梁　鉴　中国水利电力对外公司原副总经理，教授级高工
程　坚　对外贸易经济合作部人事教育劳动司学校教育处副处长
雷胜强　中国交远国际经济技术合作公司工程、劳务部经理，高工
潘　文　中国公路桥梁建设总公司原总工程师，教授级高工
戴庆高　中国国际工程咨询公司培训中心主任，高级经济师

秘书（按姓氏笔画排列）
吕文学　天津大学管理学院国际工程管理系讲师
朱首明　中国建筑工业出版社副编审
李长燕　天津大学管理学院国际工程管理系副系主任，副教授
董继峰　中国对外承包工程商会对外联络处国际商务师

序

对外贸易经济合作部部长　吴　仪

欣闻由有关部委的单位、学会、商会、高校和对外公司组成的编委会编写的"国际工程管理教学丛书"即将出版，我很高兴向广大读者推荐这套教学丛书。这套教学丛书体例完整、内容丰富，相信它的出版能对国际工程咨询和承包的教学、研究、学习与实务工作有所裨益。

对外承包工程与劳务合作是我国对外经济贸易事业的重要组成部分。改革开放以来，这项事业从无到有、从小到大，有了很大发展。特别是近些年贯彻"一业为主，多种经营"和"实业化、集团化、国际化"的方针以来，我国相当一部分从事国际工程承包与劳务合作的公司在国际市场上站稳了脚跟，对外承包工程与劳务合作步入了良性循环的发展轨道。截止到1995年底，我国从事国际工程承包、劳务合作和国际工程咨询的公司已有578家，先后在157个国家和地区开展业务，累计签订合同金额达500.6亿美元，完成营业额321.4亿美元，派出劳务人员共计110.4万人次。在亚洲与非洲市场，我国承包公司已成为一支有较强竞争能力的队伍，部分公司陆续获得一些大型、超大型项目的总包权，承揽项目的技术含量不断提高。1995年，我国有23家公司被列入美国《工程新闻记录》杂志评出的国际最大225家承包商，并有2家设计院首次被列入国际最大200家咨询公司。但是，从我国现代化建设和对外经济贸易发展的需要来看，对外承包工程的发展尚显不足。一是总体实力还不太强，在融资能力、管理水平、技术水平、企业规模、市场占有率等方面，与国际大承包商相比有明显的差距。如，1995年入选国际最大225家承包商行列的23家中国公司的总营业额为30.07亿美元，仅占这225家最大承包商总营业额的3.25%；二是我国的承包市场过分集中于亚非地区，不利于我国国际工程咨询和承包事业的长远发展；三是国际工程承包和劳务市场竞争日趋激烈，对咨询公司、承包公司的技术水平、管理水平提出了更高的要求，而我国一些大公司的内部运行机制尚不适应国际市场激烈竞争的要求。

商业竞争说到底是人才竞争，国际工程咨询和承包行业也不例外。只有下大力气，培养出更多的优秀人才，特别是外向型、复合型、开拓型管理人才，才能从根本上提高我国公司的素质和竞争力。为此，我们既要对现有从事国际工程承包工作的人员继续进行教育和提高，也要抓紧培养这方面的后备力量。经国家教委批准，1993年，天津大学首先设立了国际工程管理专业，目前已有近10所高校采用不同形式培养国际工程管理人才，但该领域始终没有一套比较系统的教材。令人高兴的是，最近由该编委会组织编写的这套"国际工程管理教学丛书"填补了这一空白。这套教学丛书总结了我国十几年国际工程承包的经验，反映了该领域的国际最新管理水平，内容丰富，系统性强，适应面广。

我相信，这套教学丛书的出版将对我国国际工程管理人才的培养起到重要的促进作用。有了雄厚的人才基础，我国国际工程承包事业必将日新月异，更快地发展。

1996年6月

前　言

国际工程谈判活动对国际工程项目的建设和发展有着极其重要的作用。谈判的成功，可以取得项目，可以为项目的实施创造有利的条件，给项目带来可观的经济效益；谈判的失误或失败，可以失去项目，或给项目的实施带来无穷的隐患，甚至灾难，导致项目的严重亏损或失败。这在近 20 年来，我国对外承包工程事业的发展历程中有着非常深刻的经验和教训。

为了进一步加强我国参与国际工程市场的竞争能力，适应当前国际工程承包事业大发展的形势需要，加速培训国际工程谈判人才，努力改善谈判活动的质量，提高谈判活动的成功率，已是当前的一项迫切任务。

十几年来，作者由于工作需要，有幸亲身参与了各种大大小小的国际工程谈判活动。本书就是作者试图从总结和提炼实际工作中的经验和教训出发，参照国内外专家、学者有关谈判的论述，本着理论联系实际，更着重于实用性的原则进行编写的。

本书可作为高等院校国际工程管理专业学生的教材和培训国际工程谈判专业人才的培训教材，也可作为我国从事国际工程承包业务和国际工程谈判活动的广大技术、管理人员和领导人员的参考书。

全书共分 14 章。第 1 章叙述国际工程谈判的概念、重要意义和基本知识；第 2 章重点介绍和运用心理学、创造学和创造技法的成果，论述谈判的准备工作以及对谈判思维的简化、深化和创新及其基本训练；第 3~5 章是多年来关于国际工程谈判实际工作经验教训的总结，结合国际工程项目各个阶段谈判任务的主要事项，逐项论述谈判的具体内容、注意事项以及可能采用的谈判策略和技巧；第 6、7 两章对近年来发展较快的联营体和BOT 项目方式以及它们的谈判任务作了重点介绍；第 8、9 两章论述特殊的谈判活动，即场外谈判和突破僵局的谈判；第 10 章论述谈判人员的选择、组织和培训；第 11 章综合国内外专家、学者有关谈判谋略的论述，有选择地、简要地列述了谈判的战略和策略；第 12 章扼要地论述了怎样对待不同国家的不同文化和习俗；第 13 章主要探讨在谈判过程中人的一些心理现象，并简要介绍谈判心理分析的有关理论和方法；第 14 章是从心理学的角度，补充阐述了创造性谈判思维的主要特征及其培育和开发问题。第 1~12 章由潘文编写，第 13、14 章由何娟（天津大学管理学院）编写，赵昌志（中国路桥集团工程师）参加了第 4 章的部分编写工作。

由于本书是国内第一本阐述国际工程谈判理论和实践的书籍，国内外可借鉴的资料不多，有关国际工程谈判的专著更少，无论是理论、方法，还是经验，都处在探索阶段。加之，国际工程谈判业务要求的知识面又广，涉及哲学、政治经济学、心理学、法律、金融、工程技术、人文地理、艺术等多门学科知识，政策性、技术性、艺术性都很强，实在是远远超出了作者的学识和能力的范围。另外，由于作者长期以来从事国际承包商的业务，因此，本书主要从承包商的角度，对国际工程谈判业务进行初步探讨，一些案例也往往多从维护承包商的合法权益出发去考虑问题。作者虽力图在论述中遵循国际惯例，坚持客观标准和公平竞争的原则，但是由于水平所限，谬误、遗漏或论述片面均在所难免，衷心希望得到广大读者的批评和指正。

本书参阅了国内外有关谈判的专著和有关文献，特向所有参考文献的作者致以深切的谢意。在本书编写过程中，还得到国际经济合作学会王西陶会长和天津大学何伯森教授的大力支持和帮助。在此，向他们表示衷心的感谢。

目　　录

第1章 概 论

本章首先根据国际工程项目的实践和发展，阐述了国际工程谈判的重要意义和特点，其次对国际工程谈判的基本阶段和基本类型作了概括性的介绍，最后，着重介绍了国际工程谈判理论的展望，以期为学习国际工程谈判打下良好的思想基础。

第1节 国际工程谈判的重要意义和特点

和平与发展已成为当今世界潮流，国际交往活动正日趋频繁，各种谈判活动：政治谈判、军事谈判、外交谈判、经济谈判、商务贸易谈判、项目谈判等，可以说无日不在发生，谈判已是国际交往活动的一个重要组成部分。

在经历了近20年的风雨拼搏之后，我国很多开展海外业务和承建国际工程项目的公司都已经深刻地体会到，从开发市场和招揽项目阶段开始，经过招标和投标阶段、评标和决标阶段、商签项目合同阶段、项目实施阶段直到项目竣工，以至项目竣工以后，都要经历无数次大大小小的谈判活动。可以说，谈判活动自始至终贯穿于项目的全过程和项目的各个阶段，而且谈判的好坏直接决定着项目的成败。成功的谈判可以争得项目，可以给项目的实施创造有利的条件，给项目带来可观的经济效益；反之，谈判的失误或失败，可以失去项目，可以给项目的实施带来无穷的隐患，甚至灾难，导致项目严重亏损或失败。这方面的经验和教训是非常深刻的。

一、国际工程谈判的重要意义

1. 国际工程谈判是取得国际工程项目的必要前提

关于国际工程的概念，一般都是指通过国际性公开招标投标竞争进行工程发包，并按照国际上通用的工程项目管理模式进行管理的工程。它通常是由来自不只一个国家（或地区）的单位参与共同建设。而国际工程谈判则正是国际工程项目的参与方在项目的选定和实施过程中所进行的一切谈判活动。承包商为了取得一个国际工程项目往往需要经过一个漫长的过程。一般都要经历4个基本阶段，即开发市场和招揽项目阶段、招标和投标阶段、评标和决标阶段和商签合同阶段，并且在每个阶段都需费尽心机开展有力的谈判活动。例如在开发市场和招揽项目阶段，要通过各种会谈获取更多的、准确的项目信息；寻找必要的、合适的当地代理人；选定适宜的合作伙伴和分包商；赢得业主的信任，通过资格预审，争取列入投标者名单或短名单。在招标和投标阶段，要通过谈判对招标文件的内容进行质询；商订必要的投标前联营体协议和分包协议；对竞争者进行摸底和交换信息。在评标和决标阶段，要通过谈判进行创造性的技术答辩和价格会谈。在商签合同阶段，要通过谈判对合同文件的程序、合同条款的内容和条件进行商谈，并最终确认合同价格，等等。在当前国际工程市场竞争十分激烈的形势下，谈判已是竞争的重要辅助手段，是承包商能否中标，取得项目的必要前提。

2.国际工程谈判是国际工程项目取得成功的重要保证

如上所述，国际工程是按照国际上通用的工程项目管理模式进行管理的，它在项目合同履行过程中要由业主聘请监理工程师进行监理。因此，国际工程项目一般都有业主、承包商和监理工程师三方面的关系。而这三方面关系通常都是由不同国家的单位和人员组成，一般至少包含 3 个国家以上的人员。例如业主代表是由项目所在国的政府部门指定专人担任的，代表业主负责业主与监理工程师和承包商的联系，处理执行项目合同中的主要事宜；承包商则一般都来自别的国家，是工程的具体实施者，履行合同规定的各项责任和义务；而业主聘用的监理工程师，根据国际咨询工程师联合会（Federation Internationale Des Ingenieurs Conseils，FIDIC）出版的国际通用土木工程施工合同条件（国际上通称为 FIDIC 合同条件或 FIDIC 条款，本书以后均简称为 FIDIC 条款）的规定，行为必须公正，他们又往往由第三国的咨询监理公司派出。除了这三方面的人员以外，一般还有来自不同国家的分包商、供应商等等。由于他们的国籍、文化背景、社会经历、所处的地位和代表的利益不同，在实际生活中，心理上的隔阂、认识上的差异和误解，往往是不可避免的；在项目实施和履行合同过程中，对合同条件的不同理解也是经常发生的。根据国际工程项目的以往实践，往往在以下一些方面产生争论和分歧，形成合同争端：对工程变更令的范围和权限的看法；对不利的外界障碍和条件的认识；对技术规范的解释；对不遵守合同条件或违约的理解；对工期延误、支付延误以及工程质量事故等的原因和责任分析；对承包商施工索赔事宜的处理，等等。尤其是在施工遇到特殊困难或工程成本大量超支的情况下，合同各方为了澄清合同责任，各自维护本身利益，往往会各自引证合同条件，解释和论述有关合同条款，从而更易形成合同争端。如果不通过谈判及时消除分歧或争论，合理处理和解决这些合同争端，任其积累和发展，将必然会影响各方的协作关系，严重影响项目的实施。因此，如果业主、承包商和监理工程师之间，能够通过谈判，不断沟通心理，消除隔阂和误会，及时处理和解决各种合同争端，统一认识、增加信任、促进配合和协作，就能有效地保证合同的顺利履行，取得项目实施的成功。

3.国际工程谈判的内容越来越广泛而深入，其重要性越来越显著

随着各个国家经济和科技的发展，世界经济一体化进程的加快，国际经济合作活动正进一步向着规模化、集团化和国际化发展，全世界范围内的国际工程项目越来越多，国际工程市场的竞争越来越激烈，新的工程项目类型、新的项目合作方式，如总承包项目、BOT 项目等等也在不断涌现，集团与集团之间、公司与公司之间，集团、公司与各种国际组织和机构之间，集团、公司与各国政府之间等的谈判越来越频繁，谈判涉及的内容越来越广泛而复杂，如联营体谈判、特许权协议谈判、融资谈判等等。而集团关系、伙伴关系、众多参与方之间的合作关系的建立，融资渠道的开发，特许权的谋求，项目的竞争等等，又必须通过谈判创造条件、达成协议。因此，国际工程谈判不仅在内容和形式的广度和深度上提出了新的要求，而且其重要性也越来越显著。

二、国际工程谈判的特点

要讨论国际工程谈判的特点，首先要从谈判的定义说起。

关于谈判的定义，美国谈判学会会长杰勒德·I·尼尔伦伯格在《谈判的艺术》一书中作了较明确的阐述："谈判的定义最为简单，而涉及的范围却最为广泛，每一个要求满足的愿望和每一项寻求满足的需要，至少都是诱发人们展开谈判过程的潜因。只要人们为了改变相互关系而交换观点，只要人们是为了取得一致而磋商协议，他们就是在进行谈判。"简单地讲，谈判是人们彼此之间协调利益关系，满足各自需要并达成共同意见的一种行为和过程。它又是人们之间的一种直接交流活动。

国际工程谈判则是不同国籍的人们之间围绕国际工程项目的选定和实施所进行的谈判活动。从广义上讲，国际工程项目是国与国之间的经济技术合作。所以，国际工程谈判既是一项社会经济活动，也是一项国际交往活动。根据国际工程项目的实践和经验，国际工程谈判既要注意政策性，又要着重技术性，还要讲究艺术性。因此，关于国际工程谈判的特点，可以用一句话来概括，即：国际工程谈判是集政策性、技术性、艺术性于一体的社会经济活动和国际交往活动。

1. 政策性

国际工程项目是国际间的经济技术合作，国际工程谈判又是在不同国籍人们之间进行，其谈判交往就必然会涉及国与国之间的政治关系和外交关系。在项目的谈判过程中，两国政府也常常会进行干预或给以影响，而且大部分项目还必须和东道国政府或地区政府直接进行谈判。因此，国际工程谈判就必须注意既要贯彻我国的有关对外方针和政策，又要注意遵守项目所在国的有关法令和政策，还要注意执行国际法的准则。例如，要贯彻我国国家对外政策，坚持相互尊重和平等互利的原则；要贯彻我国对外经济技术合作的"守约、保质、薄利、重义"的工作方针和"平等互利、讲求实效、形式多样、共同发展"的四项原则；要遵照国际上通用的招标和投标程序、项目管理模式和合同条件以及国际合同法的准则和相应的国际惯例；要遵守项目所在国的合同法、海关法、税法、劳动法、投资法、外汇管理条例等等法令、法规和政策；要尊重不同国家的不同文化习俗，等等。

2. 技术性

国际工程谈判的一个显著特点就是谈判的内容和重点绝大部分都是围绕项目的工程技术问题和有关的合同条件展开的。而谈判的成功与否，在很大程度上也取决于谈判人员对工程技术业务知识和合同条款知识的熟悉和掌握程度，尤其是大型的、复杂的工程项目，技术谈判更是关键的决定因素。谈判技巧再好，如果缺乏应有的技术业务知识和合同知识，在谈判桌上也不会有共同语言。只有在知识上能胜人一筹，技高一着，才会受到尊敬，才能做到以理服人，赢得谈判的成功。从国际工程项目的全过程来看，承包商能否在竞争中中标和拿到项目，往往取决于能否在技术方案上引入创新的构思和想法，能否在评标和决标的商谈中成功地通过技术答辩；而在项目的实施过程中，能否保证项目的顺利实施，取得项目的成功和提高项目的经济效益，也往往取决于能否通过谈判及时解决各种技术疑难问题和合同争端，提出创新的技术措施和建议，加快工程进度、缩短工期、节约资金。因此，国际工程谈判是一项高智能竞赛，是专业技术知识和合同知识的较量，技术性、务实性很强。

3. 艺术性

国际工程谈判和其他谈判一样，都是人们之间的直接交流活动。不同的人去谈判，即使是同样的谈判内容，同样的环境和条件，却往往会有不同的结果或效果。这不仅取决于谈判人员能否注意政策、掌握知识，而且往往有赖于谈判人员的谈判艺术。一个有经验的谈判人员，往往能够在谈判过程中时时刻刻注意强化谈判的艺术效果，及时沟通心理，创造良好的谈判氛围，既严肃慎审，又幽默风趣，化消极为积极，转被动为主动。不仅注意借助生动、鲜明、准确、巧妙的语言，加强感染力；而且注意运用机智、幽默、轻松、灵活的谈判风格，增强在谈判过程中的应变能力；又能注意掌握良好的心理调控能力和心理诱导分析，不断地把握自身和对方的心理特性，跨越或扫除各种心理和文化习俗障碍，增加相互信任和谈判的凝聚力；还要注意运用灵活多样的策略和技巧，随时促进谈判向有利的形势转化和发展。因此，国际工程谈判能否取得更好的效果完全有赖于政策性、技术性和艺术性三者的有机结合和统一。

第2节　国际工程谈判的基本阶段和基本类型

关于谈判的基本阶段和基本类型，国内外有关谈判的著作和论述有着各种各样的划分法，也有着各种各样进行划分的各自出发点，真可谓仁者见仁，智者见智。以下分别作一些概括介绍，以后将根据国际工程项目的特点选定一种划分法，作为本书展开论述的基点。

一、国际工程谈判的基本阶段

较长时期以来，不少谈判学者和专家认为三段式谈判是经典式的，他们认为谈判就是包括接触、实质、协议三个阶段。但是，一些专家、学者认为三段式谈判只能包括谈判桌上的行为和过程，实际上一个完整的行为和过程还应包括准备阶段和执行阶段，于是建议改为五段式，即五个阶段：准备阶段、接触阶段、实质阶段、协议阶段和执行阶段。有的则在三段式的基础上稍作修改，并增加准备阶段，成为四段式，即四个阶段：准备阶段、开局阶段、磋商阶段和终局阶段。近年来，一些国际工程界人士针对国际工程项目的实际情况和国际工程谈判的任务，提出了另外一种四段式的谈判阶段，即 EBBS（Exploration, Bidding, Bargaining, Settling）阶段模式。它不仅从宏观上统括了国际工程项目在项目合同签订前谈判全过程的四个阶段，也从微观上为每次谈判或每次会议拟定了通用的四个阶段。他们把准备阶段和合同履行阶段也是从宏观上作为谈判开始前和合同签订后另外两个大的不同的阶段对待的。

作者认为，对国际工程谈判基本阶段的划分，应该结合国际工程项目的具体情况和国际工程谈判的具体任务，并考虑以下几点：

（1）对谈判不能只持狭义的理解，即谈判只是一时一事通过双方商谈，签订协议或合同的行为和过程。国际工程谈判是自始至终贯穿于项目的全过程和项目的各个阶段的，它是一个连续不断的过程。各个阶段的谈判是相互联系、彼此衔接的，谈判的内容是前后连贯的，需要承上启下的。

（2）国际工程项目是按照国际上通用的工程项目管理模式进行建设和管理的。国际工程谈判基本阶段的划分需要和国际通用的招标投标程序和项目管理模式相适应，以便相互参照，明确各个阶段的谈判任务。

（3）国际工程项目在项目合同签订后，业主和承包商之间的关系有了新的变化，已由买方和卖方关系转为合作伙伴关系，在谈判的方式、对象和任务上也有了变化，而且在项目实施过程中，需要谈判的问题很多，很复杂，任务也很重，宜作为另外的一个新的阶段，不列在项目合同签订前的基本阶段内。同时，国际工程谈判的谈判准备是很重要、很关键的一个阶段，工作量很大，需要进行可行性分析、拟定谈判方案、组织谈判人员、进行谈判思维的准备和训练等等，也宜作为独立的阶段。

基于以上考虑，本书采用 EBBS 四个基本阶段，概述如下：

1. 宏观的 EBBS 四阶段

(1) 探索阶段 (Exploration)

即本书所述的开发市场和招揽项目阶段。从时间过程上说，相当于国际工程项目从开发市场开始至通过资格预审，获准投标为止的一个阶段。这个阶段的国际工程谈判任务主要有项目信息接触会谈，代理协议、联营体协议、分包协议初始谈判，资审阶段多方位接触会谈等等，详见第 3 章第 1 节。

(2) 投标阶段 (Bidding)

即本书所述的招标和投标阶段。从时间过程上说，相当于国际工程项目从入选投标者名单 (List of Tenderers) 或短名单 (Short List) 开始至递交投标书 (Submission of Tenders) 为止的一个阶段。这个阶段的国际工程谈判任务主要有现场考察 (Site Visit) 和标前会议 (Prebidding Meeting) 或投标者会议 (Tenderers Conference) 质疑 (Queries) 会谈，招标文件内容质询商谈 (Queries and Replies)，代理人商谈，询价谈判，分包商谈判，联营体商谈，竞争者商谈，银行和保险公司商谈，其它商谈等等。详见第 3 章第 2 节。

(3) 讨价还价阶段 (Bargaining)

即本书所述的评标和决标阶段。从时间过程上说，相当于国际工程项目从开标 (Opening of Tenders) 开始至决标 (Decision on Contract Award) 为止的一个阶段。这个阶段的国际工程谈判任务主要为评标 (Evaluation of Tenders) 过程中的澄清 (Clarification) 会谈，包括技术答辩 (Technical Clarification)、合同条件和合同价格上的讨价还价 (Contractual, Commercial Clarification) 等等，详见第 3 章第 3 节。

(4) 解决问题阶段 (Settling)

即本书所述的商签合同阶段。从时间过程上说，相当于国际工程项目从决标 (Decision on Contract Award) 开始至签订项目合同 (Signature of Contract) 为止的一个阶段。这个阶段的国际工程谈判任务主要为协议 (Agreement) 和合同文件 (Contract Documents) 的谈判，包括合同文件的组成 (Composition) 和优先顺序 (Priority, Order of Precedence)，合同条件 (Conditions)，合同价格 (Contract Price) 的最终确认等等，详见第 3 章第 4 节。

2. 微观的 EBBS 四阶段

即每次谈判、每次会议都要运用的四个阶段：

(1) 探索阶段 (Exploration)

即通常所指的开局阶段。要做好开局发言，树立第一印象，创造谈判气氛，建立信任关系。双方进行接触摸底，交流信息，交流意见，商定谈判程序，并开始探讨问题。

(2) 投标阶段 (Bidding)

如是价格谈判，即各自喊价、出价，如是问题谈判，即各自提出期望目标和要求。通过商谈，摸清对方想法和心理规律。根据对方的具体情况，必要时调整自己的谈判方案。一般来说，总是先技术会谈，后商务会谈。

(3) 讨价还价阶段 (Bargaining)

即通常所指的反复磋商阶段或实质性谈判阶段。即双方通过投标阶段的商谈，确认或限定了实质性问题或谈判目标。双方运用策略和技巧，讨价还价，反复磋商，消除困难或障碍，作出必要的妥协和让步，逐步缩小差距。

(4) 解决问题阶段（Settling）

即通常所指的终局阶段或协议阶段。即双方达成一致或协议的阶段。即通过反复磋商，充分交换意见后，根据公平的原则，寻求和开发双方潜在的共同利益，进一步通过事实论证，探讨互惠互利的可行性方案，最终达成双方都能接受的明智的方案或协议。

二、国际工程谈判的基本类型

关于谈判的基本类型，主要有两种划分方法。一种是按照谈判目标或谈判任务和内容进行划分，例如合资企业谈判、联营体谈判、融资谈判、技术引进谈判、进出口贸易谈判、建设项目谈判、BOT项目谈判、国际劳务合作谈判、索赔谈判，等等。另一种是按照谈判双方所采取的态度和方法进行划分，例如软式谈判、硬式谈判、原则式谈判、友好型谈判、立场型谈判、建设型谈判、进攻型谈判，等等。

作者认为这两种划分方法，对每一项谈判活动都是需要的，既要明确谈判的目标、任务和内容，也要考虑谈判时采用的态度和方法，两者并不予盾，前者是目的，后者是方法。因此，本书采用的是两者结合的划分法，以书的章节或章节以下标题层的标题显示谈判的目标、任务和内容，而在整个谈判过程中则主要采用以态度和方法进行划分。根据国际工程界的经验，主要分为建设型谈判和进攻型谈判两种基本类型。本书以后述及的国际工程谈判的基本类型，均指的是这两种。

1. 建设型谈判（Constructive Negotiating）

这是国际工程谈判在基本阶段的各个阶段所要采用的主要类型，是本书主要推荐的谈判类型，也是从事国际工程谈判工作的大部分专家、学者都竭力主张采用的主要类型。他们还认为，无论是谈判者处于买方地位或卖方地位，无论是处于优势或处于劣势，只要对方是预期的合作者，只要谈判双方具有共同利益，均应采用建设型谈判。目的不仅在于通过建设型谈判，能够达成协议，签订合同，而且在于签订合同后，能够进行友好合作，取得项目的成功。更是为了广泛地结交朋友，发展长期友好合作关系，开发更多的国际工程项目。

建设型谈判的主要特征是：

(1) 基本态度和行为都应是建设性的，希望通过谈判建立起建设型关系，相互尊重、相互信任，为共同利益建设性地工作。

(2) 谈判的气氛应该是亲切、友好、合作、诚心诚意和讲求实效。

(3) 在谈判过程中注意运用创造性思维去开发更多的可行设想和选择性方案，以期创造共同探讨的局面，达成双方都能接受的协议。

(4) 不强加于人、不伤害对方，避免相互指摘或谩骂攻击，防止冲突或破裂。

当然，采用建设型谈判决不意味着要无原则地迁就或委曲求全，而是要坚持说理斗争，以理服人。国际工程界有一条共识，那就是一个优秀的建设型谈判者从不想去打败一个进攻型谈判者，而只是有效地反攻、防卫，使对方能够很快地改变立场、转变进攻性行为。

2. 进攻型谈判（Aggressive Negotiating）

在国际工程谈判领域里，有些国家的谈判者习惯或喜欢采用进攻型谈判。本书不推荐把这种谈判类型作为主要类型。从事国际工程谈判的大部分专家、学者也不主张把它作为主要的谈判类型，而是主张在以下两种情况下有限度地使用：

（1）面对强权和无情的对方，或是对方无克制地采用进攻型谈判，为了进行有效的防卫和反击，维护本身利益时，可以适当采用，迫使对方在付出代价的基础上获取可能的回报。参见本书第3章第4节、第11章第1节。

（2）当本身的地位或谈判力度有了变化，或是已由卖方转为买方，或是明显处于优势时，为了谋求更好的利益，可以有限度地采用，但应注意不要滥用权力和地位，强迫对方弃利就范，以防对方以后伺机反击或报复。参见本书第3章第2节。

进攻型谈判的主要特征是：

（1）基本态度和行为都是进攻性的。不是相互信任，而是谈判的每项接触都对对方抱有怀疑态度，都准备一场辩论。维护自己一方利益，千方百计压服或说服对方退让或放弃自己利益。

（2）谈判的气氛是紧张的，有时看来也是热烈的，但不是亲切、真诚，而是武断、固执、进攻和咄咄逼人。

（3）行为准则所依据的"得/给哲学"（"Get/Give" Philosophy）是：基本目的是"得"，对另一方提出的要求总是小心留神地"给"。首先是"得"，先"得"后"给"，"得"的越多越好，"给"的越少越好。有时例外先"给"一点，只是为了获得谈判的凝聚力，是为了"吃小亏占大便宜"。

（4）在谈判过程中从不开诚布公，而是深藏不露。按照设定的谈判界限不妥协、不出界，施加压力，迫使对方让步。

总之，建设型谈判和进攻型谈判是两种截然不同的谈判类型。本书竭力主张并推荐采用建设型谈判，但在上述的两种情况下也可以有限度地采用进攻型谈判，以维护或增加本身的利益，这将在以后各章中分别论述。

第3节　国际工程谈判理论的展望

第1节就已经指出，谈判是人类行为的一个组成部分。人类的谈判史正是同人类的文明史同时存在和发展的。纵观古今中外的一些著名的政治家、外交家、军事家、企业家、活动家无不具有非凡的谈判才能，高超的谈判艺术，藉以处理错综复杂的国际问题、民族问题、社会问题、人际问题、企业问题以及各种争端。例如中国古代的老子、孙子、鬼谷子、韩非子、诸葛亮以及外国的邱吉尔、罗斯福、基辛格，还有我国当代伟人毛泽东、周恩来、邓小平等等，他们留下的谈判历史、谈判佳话和著作已是人类文明史和谈判理论宝库的宝贵财富。因此，一些国家的学者、专家早已开始在谈判领域里总结经验，探讨理论。有些著名学府也已专设有谈判课程。例如，美国已在全国建立了谈判学会，美国著名高等学府哈佛大学还设立了谈判研究计划中心。谈判学已作为一门独立的综合性学科存在和发展。哈佛大学谈判研究中心和麻省理工学院共同研究提出的"原则式谈判"，强调通过谈判谋求共同利益的原则，谈判界应用较广泛，被认为是一种既重理性又重感情的谈判方法，参见本书第9章第2节。然而，国际工程谈判作为谈判学的一个应用分支学科，其专著还很少。随着国际大型工程项目的开发，各种类型、各个层次谈判活动的频繁开展，怎样在已经建立的心理学和谈判理论的指导下，努力探索国际工程谈判理论，提高谈判人员的理论素质和进行谈判思维的基本训练，增进国际间的经济技术合作，已是国际工程界的共同课题。

一、开展谈判思维科学研究，探讨建立谈判心理学和谈判数学理论

这是近年来国际工程界和学术界正在积极开展的一项研究活动。由于人们的任何行为，任何实践活动，包括谈判行为和谈判活动，都是在一定的心理影响下进行的，任何人的一言一行都受一定规律的心理支配，具有一定的发展趋向。而在一切谈判活动中，自始至终又都是人的思维在起作用，无论什么谈判策略和谈判技巧也都是思维的产物。因此，如果能够利用心理活动规律来观察、分析、处理和解决各种谈判问题，并有效地、创造性地组合和运用组成谈判思维的各种思维方式，谋求解决问题的最佳方案，就会取得更好的谈判效果。谈判心理学正是在心理学的指导下为研究谈判双方心理和思维活动规律而要建立的学科，而对这种心理活动和思维方式进行的数学描述和智能模拟，就是谈判数学理论的基础。关于建立理论的基本概念，根据国际工程谈判活动一般都具有时限短、信息量大、知识面广、不确定因素多等特点，国际工程界的一些专家、学者认为需要考虑以下几个主要方面：

1．减少头脑的超负荷（Overload）

一个谈判者在谈判中首先碰到的主要问题是信息的获取、加工、处理和输出。任何谈判者不可能把在谈判时接受的大量的、各种各样的信息，都和头脑中贮存的拥有的知识和经验联系起来；也没有能力、不可能具备所有的知识和经验去及时评估处理所有接受的信息。因此，每个谈判者的头脑在谈判中经常要处于超负荷状态，要减少这种超负荷，就必须有选择地获取和接受信息，即要对谈判的问题有相对确定的了解，要运用直观思维的观察力、想象力和记忆力，有目的地去获取有确定性的、有价值的信息，即获取、加工和处理信息要有强烈的"问题"意识和"目标"意识，否则就是毫无意义的信息，增加头脑的超负荷。任何创造性思维都是直接同与创造命题有关的知识相互联系的精神运动，决不是没有目标和问题意识的胡思乱想。因此，如何减少头脑的超负荷问题，既是信息科学问题，也是谈判思维如何从直观思维出发，通过有效地、反复地组织和运用扩散思维、集中思维、理论思维进入创造性思维的思维科学问题。

2．减少问题的不确定性（Uncertainty）

在谈判过程中经常会有一些信息和现象使你困惑、怀疑和不解，包括对方的心理特征和外在举止的变化和情绪的波动；也时常会出现一些意想不到的言论、行为和新问题，使原先已经设定的目标边界模糊了，原来已确定的因素又不确定了，原来的定量变成了变量，这些都导致产生问题的不确定性，影响谈判者的决策。因此，如何减少谈判过程中问题的不确定性，既要研究运用心理学的各种心理分析方法如心理定势分析、动态因素分析和情绪波动分析等分析摸清对方的心理规律，减少问题的不确定性；又要研究运用模糊思维的思维科学，使认识达到更新的精确度，或运用模糊数学法（Fuzzy Set）或层次分析法（Analytic Hierarchy Process，AHP）等使决策过程简单化的数学理论。

3．设置合理的期望水平（Expectation）

目前，所有有经验的谈判者已有共识，都把期望的概念看作是谈判的一种关键动力和目标。但是，这种期望必须设置在合理的水平，既适当而又乐观，并且是可以商谈的，而不是过于乐观或使人无法接受、无法商谈的。在此基础上，设置期望的空间或范围，相当于数学上的最大值、最小值和平均值，即谈判的目标空间可行域或模糊集的边界。这也是谈判思维进行简化、深化和创新的前提，又是向对方进行心理诱导的目标导向。因此，既要研究运用概率论（Theory of Probablity）的思想和方法，设置合理的期望水平；又要研究运用创造学（Creative Studies）和创造技法（Skill of Creation），诱发和设定最佳的谈判目标和谈判方案。

4．建立信任关系（Trust）

谈判双方的信任度，是谈判能否正常进行的前提，也是谈判能否取得成功的基础。谈判双方如果有心理障碍或相互猜疑，信任度就会迅速降低，谈判过程中模棱两可的行为和不确定因素便会大大增加。因此，要建立信任关系和增加信任度就需要研究运用心理学的方法，及时沟通和克服各种心理障碍，随时分析双方的心理活动规律，创造良好的谈判氛围，建立信任关系，力争把各种人为的不确定因素减少到最低程度。

以上只是介绍国际工程界在探讨建立谈判心理学和谈判数学理论方面的一些基本概念、设想和展望，目前还没有达到可以实际应用和具体操作的程度，对其中一些理论的实用性的看法也不完全一致。同时，毕竟谈判桌上的时间以及谈判人员的理论知识都是有限的，要在极短或瞬间的时间内运用复杂的理论、计算和方法进行实际操作也往往是不现实的。因此，在理论研究的同时，国际工程界也在探讨从以上四个基本概念出发的可操作的、简易的实用方法，这也是本书所要介绍和论述的重点。

二、建立在理论研究 4 个基本概念上的实用方法

根据国际工程界的经验，经过综合分析和比较，结合作者本人的工作实践和学习心得体会，本书在以后各章中将以以下的实用方法为主，结合每章的具体内容进行介绍和论述。

1．心理学的方法论

（1）心理定势分析（Static Analysis），即心理特征分析。随时分析不同的谈判对手在不同谈判形势下的心理活动规律。

（2）心理动势分析（Dynamic Analysis），即行为举止分析。通过察言观色，仔细观察谈判对手在谈判过程中的一言一行，分析其内心世界的奥秘。

（3）心理诱导方法（Psychological Induction）。在心理定势分析和动势分析的基础上，选择各种诱导方法，采用相应的策略和技巧，因势利导，取得谈判的成功。

（4）心理调控方法（Psychological Regulation）。在复杂多变的谈判形势下进行自我心理调控，防止心理失控，态度失常，增加不同形势下的谈判应变能力。

心理学方法详见第 13 章。

2．创造学的创造技法

主要用以有效地组织和运用各种思维方式，减少头脑的超负荷状态和问题的不确定性，并对谈判思维进行简化、深化和创新，提高谈判的效率和成功率。

（1）头脑风暴（Brainstorming，BS）法

（2）检核表（Check List）法

（3）关键词（Keyword）法

详见第 2 章第 3 节和第 14 章。

思 考 题

1. 试述国际工程谈判的重要意义。
2. 国际工程谈判有哪些主要特点?
3. 怎样加强国际工程谈判的技术性和艺术性?
4. 试论国际工程谈判的基本阶段。
5. 建设型谈判有哪些主要特征?
6. 在什么情况下可以采用进攻型谈判?
7. 建立国际工程谈判理论应从哪几个基本概念入手?
8. 试述国际工程谈判理论的实用方法。

第2章 谈判的准备、谈判进程的把握和谈判思维的基本训练

谈判活动的成功与否，通常取决于3个方面，即谈判准备工作的充分程度和能否掌握主动权把握好谈判进程以及能否在整个谈判过程中对谈判思维不断进行深化和创新。为了提高谈判活动的效率和成功率，本章首先论述了怎样精心做好谈判活动的各项准备工作；其次结合国外国际工程谈判的经验，讨论了如何从宏观和微观上把握谈判的进程；最后，运用现代创造学和创造技法的成果，论述了谈判思维的基本训练。

第1节 谈判的准备工作

谈判的准备工作是谈判活动能否获得满意成果的重要前提。因为任何一项谈判活动，谈判者不仅要有选择地接收别人的信息，还要及时提供自己必要的信息，又要能够敏锐地反映特殊的信息，并恰当地评估这些信息。与此同时，还要随时发现和分析对方的心理障碍，及时沟通和消除这些障碍。只有这样，才能使谈判活动顺利地开展，取得预期的结果。而要做到这些，除了取决于谈判者本身的知识和经验以外，还取决于谈判者能否在谈判过程中有效地组织谈判思维，取决于谈判准备工作的充分程度。任何一个有经验的谈判者都知道，准备工作越周全、越充分，谈判的"问题"意识和"目标"意识就越明确，谈判思维的能动过程便有了较明确的目标，谈判信息的选取、加工和处理也有了较明确的导向，谈判者头脑中的信息混乱和超负荷状态以及不确定性就会大大减少，因而在谈判桌上掌握主动的机会就越多，当谈判出现意外情况和心理障碍时便越能镇定自若和从容地应付和解决，从而使谈判活动取得更有效的进展和更满意的成果。

一、注意谈判的前期阶段工作

谈判自始至终贯穿于项目的全过程及其各个阶段，它是一个连续不断的过程。不同阶段的谈判工作决不是一个个独立的、互不联系的、个别的过程，而是相互依赖和相互关联的、需要承前启后的、连续的过程。因此，谈判准备工作的首要任务就是要收集整理项目前期阶段的各种基础资料和背景材料，使谈判信息具有连续性，包括项目的进展情况；项目前期阶段谈判已经达成的意向书、会谈纪要、备忘录、协议等及其必要的原始记录；对方对我方的前期评估印象和意见；双方参加前期阶段谈判的人员名单及其情况等等。并据以分析双方的共同利益和矛盾，弄清哪些问题已取得一致，哪些问题还存在着分歧，哪些问题需要重点解决。在此基础上，拟订本阶段的谈判方案。与此同时，注意进一步建立和发展谈判双方的友谊，争取在到达谈判桌以前就有了亲切感和信任感，为谈判创造良好的氛围。

二、精心做好各项准备工作

由于国际工程谈判的阶段多，涉及面广，各个阶段的谈判重点和内容有所不同，准备

工作的内容也会有差异。但是，一般来说，都要包括以下一些内容。

（一）自身分析

著名的孙子兵法就指出："知彼知己者，百战不殆。……不知彼，不知己，每战必殆。"因此，谈判的准备工作就要做到，既"知己"，作好自身分析；也"知彼"，作好对手分析，才能使谈判立于不败之地。自身分析主要包括可行性研究和优劣势分析两项。

1. 可行性研究

要对两个方面的可行性进行研究和科学评估。一个是项目的可行性，另一个是谈判目标的可行性。前者关系到项目本身是否有效益，是否值得安排谈判，否则谈判便是无本之木、无源之水。一旦错误谈判或盲目谈判，将会带来项目决策上的重大失误，导致项目的严重亏损。后者则关系到自身设置或对手设置的谈判目标是否正确合理，如果自身设置的谈判目标有错误或是盲目接受对手设置的不合理谈判目标，同样会带来项目在实施过程中的无穷后患。特别是国际工程项目，由于我们对项目所在国的自然环境、社会条件、法律政策等很不熟悉，对国际合同条件和国际惯例等缺乏知识，就更容易犯错误。这方面的教训是很深刻的。因此，需要从指导思想上高度重视对项目的可行性和谈判目标的可行性进行研究和科学评估，把它们列为谈判准备工作的主要任务。

〔案例 2-1〕

某国给排水工程项目，招标文件、投标书不完备，设计粗糙，合同条件苛刻。中国 B 公司在项目公开招标和投标阶段，由于编标人员技术知识贫乏，对现场条件、投标书和合同条款分析研究不够，单凭工程量表进行算标、编标，结果在竞标中（见表 2-1，共 10 家公司竞标，其中除第 1 家为中国 B 公司外，其余均为外国公司）以最低标价中标。开标结果见表 2-1。

表 2-1

序　　号	标　　价（美元）	比　　较（％）
1	13 473 384.62	100
2	26 640 000.00	197.7
3	30 980 153.85	229.9
4	33 088 769.23	245.6
5	36 734 153.85	272.6
6	37 635 538.46	279.3
7	40 126 461.54	297.8
8	43 141 230.77	320.2
9	45 572 307.69	338.2
10	48 023 538.46	356.4

从表上可看出，第 2 标的标价竟为 B 公司的中标价的 197.7%，第 10 标竟达 356.4%。开标后，B 公司的部分技术人员对投标书进行了研究和评估。发现编标人员在编标时有严重的缺项和漏项，只是管道土方和回填以及铺设管线的报价就缺项、漏项达 37 项之多，

例如清场、除树根、覆盖土、地下水、污水、抽水、地下障碍物、选用回填土、运土、弃土、便道、维持通车、灌溉渠道、污泥去除、开挖支撑、运输和储存管道、装卸、切割、试验、清洗、现场安装、涂环氧沥青等等，在项目实施时必然导致项目严重亏损。而且合同的专用条件又明确规定："土壤条件在规范中已列出。然而，承包商应察看现场，亲自熟悉土壤性质，拟采用的开挖方法以及可能影响施工和报价的自然障碍和条件。允许他在单价中包括处理在施工中需要和可能碰到情况的一切费用。由于对现场条件缺乏知识的一切索赔不予接受。"因此，上述在报价时由于承包商自己未计入单价的缺项、漏项所造成的费用损失，将来也无法进行施工索赔。总之，项目根本无效益可言，而且必将亏损无疑，项目可行性已不存在。当时，项目投标保函已过期，一些技术人员向 B 公司领导建议可顺利弃标，不少外部友好人士也规劝 B 公司弃标，但是 B 公司领导仍然决策谈判并签订项目合同。结果，由于错误决策和盲目谈判导致了项目实施的严重亏损。

又如第 9 章最后所附的综合案例中，承包和业主在合同谈判过程中，业主提出了既不符合国际惯例又极不合理的要求，即怂恿承包商在签订合同前先签署不调价声明。承包商由于中标心切以及对国际合同法知识的贫乏，盲目接受了业主设置的不合理谈判目标，签署了声明，并签订了项目合同，造成合同谈判的严重失误，导致以后在项目实施过程中业主频频增加工程，项目严重亏损。如果承包商熟谙国际合同法，就会较容易地觉察到谈判目标的可行性已不存在，并想方设法婉拒业主的要求。至于由于自身设置的谈判目标不合理而导致项目实施被动局面的教训也不少。

2. 优劣势分析

古人早就告戒我们："人贵有自知之明。"这用在谈判活动上也是非常确切和重要的。如果我方通过自身分析和对手分析，确认自己已明显处于劣势时，就不宜再耗时耗资去进行无效的谈判。如果只是在某些方面处于劣势，而在整体上或不少方面仍然有优势，就应当研究如何在谈判过程中扬长避短，充分发挥自己的优势，并设法弥补劣势，取得谈判的成功。例如很多著名外国承包工程公司想开发我国高速公路工程承包市场。当我国发布几段高速公路工程项目的公开招标信息后，曾有不少外国公司雄心勃勃，跃跃欲试，纷纷寻找中国公司谋求合作，组成联营体进行投标，其中有些公司还与中国公司签订了意向书或联营协议。但是，当他们购买了招标文件，经过调研和分析后，又都放弃了投标，退出了联营。用他们的话说："在众多的中国竞争者面前，我们根本无优势可言，项目也无利可图，就不必再劳民伤财了。"

(二) 对手分析

在作自身分析的同时，要作对手分析。也就是说，不仅要"知己"，而且要"知彼"。对手分析主要包括人员状况分析、心理特征和行为模式分析和力度分析三方面。

1. 人员状况分析

要了解对手的谈判组由哪些人员组成，谁是谈判组组长或首席代表。了解他们的身份、地位、权限、国籍、经历、专业特长、能力、性格、爱好和弱点等。

2. 心理特征和行为模式分析

不同国家，不同文化和习俗的人往往有着不同的心理特征和行为模式（请参阅第 12 章），不同的身份和经历也会对心理特征和行为模式产生影响。在实际生活中也会发现不同的人们往往有着迥然不同的心理特征和行为模式。如有的人习惯滥用权力，以势压人；有的人则温和谦让；有的人小心翼翼；有的人贪得无厌；有的人喜欢奉承；有的人则比较正派，等等。因此，只有在对对手的组长或关键人物进行心理特征和行为模式分析的基础上，才能在谈判策略和方法上运用各种心理诱导方法，因势利导，引导到符合我方意图的心理轨道上来。正如英国著名哲学家弗朗西斯·培根在其《谈判论》中论述的："与人谋事，则须知其习性，以引导之；明其目的，以劝诱之；谙其弱点，以威吓之；察其优势，以箝制之。与奸滑之人谋事，唯一刻不忘其所图，方能知其所言；说话宜少，且须出其最不当意之际。于一切艰难的谈判之中，不可有一蹴而就之想，惟徐而图之，以待瓜熟蒂落。"培根的见解，就是在"知彼"的基础上，采用各种心理诱导方法，对症下药，制胜对手，取得谈判的成功。

3. 力度分析

力度指的就是包括资信、技术、物力、财力等等实力状况。只有在充分了解和分析对手的力度后，才能选派和组织相应的谈判班子，并在谈判方案和谈判策略上作出恰当的安排。在国际工程谈判中需要注意对对手作出科学的、实事求是的力度分析，既不要徒慕虚名，妄自菲薄；也不要轻蔑对方，自尊自大，以免受人箝制、受骗上当或有损合作气氛，影响谈判。这在当今的信息时代，是很容易通过各种渠道，各种信息传递手段取得有关资料的。外国公司很重视这方面的工作，他们往往通过各种机构和组织以及信息网络，对我国公司的实力进行调研。

（三）拟定谈判方案

拟定谈判方案是谈判准备工作的核心。谈判方案是建立在知己知彼的基础上的，是在进行自身分析和对手分析之后拟订的。按照国际工程谈判的要求，它应包括：谈判程序的建立、谈判范围的限定、谈判过程中的控制和协调、谈判思维的准备、谈判类型的选定、谈判策略和技巧的选用以及各种背景材料的收集和整理等，力争做到胸有成竹、有备无患、运筹于帷幄之中。

1. 谈判程序（Negotiating Procedure）的建立

任何阶段的谈判都要建立 3 个程序问题，即目的（Purpose）、议程（Plan，Agenda）和进度（Pace，Progress）。

（1）目的。即谈判或参加会议的目的。这是在可行性研究的基础上拟定的谈判目标。也是谈判双方在走进谈判场前想从对方得到的目标，即对谈判内容各自确定的期望水平。如果谈判双方都不清楚或有一方不清楚谈判的目的，将必然从一开始就形成困扰。因此，在谈判程序中最重要的就是要明确谈判目标，以便通过谈判，达成共识，最终体现在双方签署确认的协议或合同中。

（2）议程。即谈判计划。就是先讨论什么，后讨论什么。这是很容易做到的。如果没有它，会议就缺乏导向，谈判或讨论将是无次序或紊乱的，会议也将成为难以控制的自由论坛，也会滋生各种不必要的争论或分歧。

（3）进度。即各项议程的时限。如果谈判者没有时间概念，讨论就会形成自流和拖延，如果谈判主持人没有时间概念，该作小结的不作小结，该下结论的不下结论，该控制的不控制，任其自由发展，那么，谈判的时间将会长得多，而且会导致精神不集中，松散疲踏，甚至使谈判流产。

谈判双方在谈判程序问题上的一致性是至关重要的。一般来说，从谈判一开始，双方要首先就谈判程序达成共识。双方都不能只从自身利益出发考虑程序问题，更不能不管对方愿意不愿意而强加于人，务必通过商讨取得一致意见。谈判程序上的一致，一方面表明从谈判一开始双方就有了良好的合作气氛；另一方面双方可以据以进一步作好谈判的各项准备工作。促使谈判沿着正确的方向，即一致的目的、议程和进程安排开会。对一些重要谈判和大型会谈来讲，这些程序方面的问题往往都是事先通过传真或文函联系确认的。当然，在谈判过程中还会有程序问题上的修改和补充，这就要在事先限定的谈判范围内去商讨和灵活掌握了。

2. 谈判范围（Scope for Negotiation）的限定

一个强有力的谈判者通常需要为自己限定一个合理的、明确的谈判范围。用术语来表达，就是要限定谈判的空间（Space）和时间（Time）或称时限。即给谈判程序的3个问题一个限定的范围，赋以适当的弹性。一方面在谈判时可以具有一定的回旋余地，不致在出现有限的分歧时导致谈判的僵局或流产；一方面又有明确的妥协和让步限界，不致失控。谈判空间是指以谈判目标的力求实现的期望水平为准线，上下各设定一最高限和一最低限后构成的空间。其间都可以作为讨价还价或妥协让步的谈判方案。在谈判过程中，争取最高限，最多退到最低限，超出限界就考虑适可而止或放弃。在拟定谈判空间时，既要基于谈判双方的优劣势分析，又要着眼于今后双方合作关系发展的前景，还要考虑谈判内容和项目的重要程度，项目最低要求和标准。例如，如果对方处于强有力的优势地位，我方就宜适当降低高限和低限；如果我方拥有优势，对方处于较弱的地位，我方就可以把高限定高些；如果对方将是我方未来理想的、长期的合作伙伴，就要确定更合理的谈判空间，不宜苛求。至于根据项目可行性研究确定的最低限要求，当然应该作为妥协和退让的限界，否则就将牺牲谈判的根本利益和目的。当然，根据长远战略需要，在必要的情况下也可能作出这样的决策。例如，当某一国家具有较多的、潜在的后续项目时，为了打开市场的战略需要，有时可能采用故意压低甚至少量亏损的投标报价。谈判时限则是对每项谈判议程和进度控制所必需的时间限界，无论是从谈判的协调和控制角度或是从谈判策略和技巧的运用角度都是必需的。拖延时间的谈判和"马拉松"式的谈判只有从战略上有特殊要求时才作为一种策略来采用。一般情况下，每项议程均宜设定一个谈判时限。当谈判已临近时限时，应该及时提醒对方，以便取得对方的合作，集中精力，加快谈判进程。或是估算在设定的时限内，由于双方仍有较大的分歧，已不可能取得成果时，宜提请暂时放一放，换个议题改变一下气氛，以便双方在会后冷静地考虑对方的意见，权衡利弊，在改善气氛的条件下重新谈判，逐步达成一致。

3. 谈判过程中的协调（Coordination）和控制（Control）

在建立谈判程序和限定谈判范围以后，还需要拟订一些谈判过程中协调和控制措施，以便使谈判能够按照建立的程序和限定的范围较顺利地进行。正如前述，首先要在谈判程序上协调一致，不是强加于人。这不仅从会谈一开始就增强了会谈的亲切气氛，而且可减少谈判者头脑的超负荷和不确定性，避免心理上的怀疑和困惑，建立彼此的信任感。如果会谈一开始就不知道在讨论什么，不知道下一步该讨论什么，也不知道谈判会持续多久，这就必然使谈判存在一个不必要的不确定区域，谈判者的头脑也必然要超负荷地去接受大量不必要的、混乱的信息。因此，谈判程序的协调一致是控制谈判进展的基本措施。另外，在谈判过程中的协调和控制措施还需要包括两个方面，即议程的协调和控制以及时间的协调和控制。一个老练的谈判者总是试图使谈判按议程中双方协调一致的重要点逐项进行，而且要竭力抑制一些不相干的讨论，并防止把很多时间消耗在琐事上。但是，要做到这一点是不容易的，因为谈判者在谈判桌上往往会情不自禁地把全部精力集中在问题的讨论上，而不会把精力集中在钟表和时间上。因此，通常的做法是，如果是以小组形式谈判，就可以指定一个小组成员专门关心和负责议程和时间的控制，及时提醒小组领导；也可以由小组领导主要起协调和控制作用，掌握议程和时间，细节讨论则发挥小组成员专长去进行。不管怎样，在热烈的争论中要做到有能力和能量去协调和控制，除了主谈者本身的能力和经验外，是需要经过一定的技巧训练，使这种技巧能形成经常校核的条件反射作用。并通过实践，逐步形成职业习惯。根据国内外经验，可以运用两种时间间隔措施具体操作和练习这种条件反射作用。一种是每隔一定时间例如一二个小时可进行小休，或当讨论的问题已产生敏感时可进行策略性休会（Tactical Recess）；另一种是每隔较短时间例如半个小时、一个小时，当发现讨论有可能超出时限时，及时提醒对方，可以用提问题的方式发问：我们能否现在小结一下？在这个议题上是否已取得了足够的进展？或是是否需要暂时放一放，先讨论另一项？按照议程进度怎么样？等等。这些问题的及时提出，是很容易被对方理解的，因为协调和控制议程和时限对谈判双方都有好处，可以有力地驾驭谈判的进程，提高谈判的效率，抓住主要事项，按照预定的进度进行谈判，并能限制琐事的讨论，堵塞不相干的事项。

4. 谈判思维（Negotiating Thinking）的准备

这是谈判的知识基础和依据。因为思维是人类运用知识的一种运动。前苏联心理学家B·B、波果洛夫斯基等人认为："思维是对依据提出的任务的内容和形式而选择出来的那些知识的运用……知识是思维的最初动力、基本手段和最后结果。"每场谈判都是知识、技巧和经验的较量。因此，在制订谈判方案时必须学习运用一切有关的、各个方面的知识和经验，形成系统的谈判思维，并通过有效地、有机地、能动地、创造性地组合各种思维方式、谋求最佳的谈判方案。至于在谈判过程中如何运用谈判思维获取有价值的信息，谈判思维如何简化、深化和开发创造力等，也需要事先作好准备，并作些基本训练，以减少头脑的超负荷状态和问题的不确定性，取得谈判的理想效果。这些都将在第3节中详细论述。

5. 谈判类型（Styles of Negotiating）的选定

每个阶段的谈判，由于谈判者身份、地位的变化，或是由于面对无情的、强权的对手，可以也需要适当改变谈判类型，这在第1章中已经作了叙述。在拟订谈判方案时就需要有针对性进行考虑和选择。一般来说，没有特殊的情况和要求，一个老练的、有经验的谈判者总是选用建设型谈判，彼此的关系和会谈的气氛将是开诚布公的、诚恳的、亲善的、和谐的和相互信任的。即使双方产生分歧时，也将用建议反建议的方式心平气和地商谈。但是，采用建设型谈判决不意味着无原则地迁就，委曲求全或甘居下风，任人主宰。当对手在无克制地进攻你时，你就必须起来自卫，运用知识和技巧给以有力的回击。另一方面，如果你已处于买方地位，当然也可以适当采用进攻型谈判。但是，在采用进攻型谈判时，务必注意不要滥用权力和地位，持强凌弱，强迫卖方退让至无法忍受的地步。这必然会导致对手今后在其它方面打伏击、做手脚，使你步履维艰，困难重重。这是在项目中标后，与国外供应商和分包商的谈判中需要注意的。因此，一个国际工程谈判老手通常都是采用建设型谈判，同时，大家还有这样的共识，即一个优秀的建设型谈判者从不想打败一个进攻型的对手，而是着眼于谈判目标的实现，还往往善于利用心理诱导方法将进攻型对手转化为建设型。

6. 谈判策略和技巧（Negotiating Tactics and Skills）的运用

以上各点都涉及一些策略和技巧，例如在限定谈判空间和时限时，都必须有一个让利或回旋的余地，在协调和控制措施上需要掌握一定的经常校核的条件反射技巧等等，但是，一个成功的、有备无患的谈判方案，必然还要在关键问题和细微处考虑适当地运用策略和技巧，这将围绕不同项目阶段和不同谈判任务在以后各章中逐步展开和论述，并在第11章中作集中和重点的介绍。

7. 各种背景材料的收集和整理

为了使谈判做到有理有据，具有充分的说服力，必然要准备各种背景材料，包括项目前期阶段的谈判成果及其背景材料，技术方案及其计算分析资料，谈判目标的技术经济分析依据，有关法律和合同条款等等。

（四）谈判人员组织

即根据工作的需要，选择优秀的谈判人员，组成谈判小组（详见第10章）。

（五）选择谈判地点

谈判地点的选择，有时直接影响到谈判的效果。国际工程谈判的谈判地点选择，一般有以下三种情况。

1. 一般工程项目

通常都是选在项目所在国的项目所在地。包括项目工地、项目所在的城市、项目所在国的首都或附近城市等。根据项目的不同阶段、不同的谈判任务进行选择。一般都由谈判主方决定，或由谈判双方商定。有时为了增进友谊，改善气氛或更好地开发项目或实施项目，应谈判客方的邀请，也可选择更自由的地点如旅游胜地去谈判。

2. 合作或联营项目

两个国家的公司合作或联营，共同开发项目时，谈判地点的选择一般也是由谈判主方（指发起方）决定，或由谈判双方商定。根据谈判地点的不同，通常可以分为主场谈判、客场谈判和中立地谈判。

（1）主场谈判。即指在谈判主方的所在地进行谈判。合作或联营发起人通常都愿意选择主场谈判。这样，可以随时查询各种资料，便于及时请示汇报，利于较快地决策。近年来，我国各大型国际公司在发起邀请各外国公司进行合作时已经比较习惯地采用主场谈判。

（2）客场谈判。是指到对方国度去谈判。对我方来说，一种是应谈判主方的邀请，一种是应我方的建议或申请，后者往往是为了进一步实地考察对方的先进技术和实力状况。

（3）中立地或第三国、第三地谈判。这往往选在项目所在地。这样，便于深入调查了解和收集当地情况和资料。

3. 特殊情况

对于在项目实施过程中，有时为了达成高层领导之间的妥协、谅解或默契，谋求解决项目难题或突破谈判僵局而特殊安排的场外谈判，则往往需要避开项目所在国而选择第三国，以便更自由地进行场外交易。

（六）模拟谈判

为了对拟订的谈判方案检验可能产生的效果，对一些大型谈判或重要的谈判往往还要象演戏一样，进行临场前的排练，即模拟谈判。既可以将谈判小组的成员一分为二，一部分扮演自身，一部分扮演对手。假戏真唱，直接交锋，排练谈判。也可以聘请本公司的一部分有经验的高级人员扮演对手，与谈判小组模拟谈判。扮演对手的人要全身心地投入，模拟对方的立场、观点和作风，真正进入角色，并发挥其想象力和创造力，提出问题，分析问题，进行辩论。这样可以丰富我方的谈判思维，充实我方的谈判方案。

第 2 节　谈判进程的把握

正如前一节所述，国际工程谈判贯穿于项目的始终，它是一个连续不断的过程。而且由于项目的各个阶段又是相互联系的，每个阶段的谈判都必须做到承前启后，为下一阶段的谈判准备条件，建立气氛。因此，如何把握好谈判的进程，使各个阶段的谈判彼此衔接，善始善终，取得谈判的成功，是至关重要的。第 1 章已经介绍过，国际工程谈判的谈判阶段一般分为 EBBS 4 个阶段，它不仅从宏观上统括了项目合同签订前的 4 个阶段及其进程，而且从微观上为每次谈判和每次会议指明了进程和导向，详见表 2-2。关于如何把握好谈判进程，归根到底是能否在整个谈判过程中，包括从宏观上和从微观上，始终掌握谈判的主动权，按照预期的目标，高效率地从一个阶段顺利地进入下一个阶段。这不仅反映出一个谈判者的能力和水平，而且体现了一个谈判者的谈判艺术。

国际工程谈判的基本阶段和进程　　　　　　　　　表 2-2

阶段进程	宏　观　阶　段	微　观　阶　段
E （Exploration）	探索阶段 即开发市场和招揽项目阶段（从开发市场开始至通过资格预审为止）	探索阶段 即开局阶段
B （Bidding）	投标阶段 即招标和投标阶段（从入选投标者名单或短名单开始至递交投标书为止）	投标阶段 即各自喊价、出价或各自提出要求阶段
B （Bargaining）	讨价还价阶段 即评标和决标阶段（从开标开始至决标为止）	讨价还价阶段 即反复磋商阶段
S （Settling）	解决问题阶段 即商签合同阶段（从决标开始至签订合同为止）	解决问题阶段 即双方达成一致意见或达成协议阶段

注：项目签订合同后，在项目实施过程中，业主和承包商之间的关系有了新的变化，已由买方和卖方关系转为合作伙伴关系，故从宏观上不列入基本阶段，但从微观阶段上仍适用。

要做到把握好谈判进程，始终掌握谈判的主动权，就要注意随时尤其是在关键时刻掌握机会，善于因势利导，并注意以下各点：

（1）尽力安排讨论好谈判程序，力争驾驭整个议程。如果控制了议程，就取得了主动地位，就能促使谈判步入正确的、预想的轨道。

（2）始终注意宏观阶段谈判和微观阶段谈判的有机结合。每次谈判既要注意在宏观阶段上所处的阶段，也要注意在微观阶段上所处的位置。根据每个阶段的谈判任务，限定适宜的谈判范围，不仅善于进攻取胜，而且善于妥协让步，循序渐进，进退自如，从一个阶段转向一个阶段。

（3）运用一定的策略和技巧。

本书从第3章开始，将分阶段详细论述每个阶段的主要谈判任务以及采用的有关策略和技巧。

第3节　谈判思维的基本训练

第1章已从心理学的角度综述了谈判思维。本节将作进一步的、深入的分析。由于国际工程谈判活动具有时间短、知识面广、信息量大、不确定因素多等特点，为了提高谈判效率，取得谈判的成功，就需要对谈判思维进行简化、深化和创新。一方面固然需要谈判者自己通过实践，不断积累经验；另一方面则需要参照国内外已有的经验和方法，对谈判人员进行一些基本训练。特别是作者有一心愿，是想把现代创造学（Creative Studies）和创造技法（Skill of Creation）的成果运用到国际工程谈判的领域中来。

一、对谈判思维的简化、深化和创新

为了减轻谈判者在谈判过程中头脑的超负荷状态（Overload）和减少问题的不确定性（Uncertainty），提高谈判的效率和成功率，就需要对谈判思维（Negotiating Thinking）进行简化、深化和创新。

（一）思维是谈判的原动力。创造性思维是取得谈判成功的主要思维方式。

在一切谈判活动中，自始至终都是人的思维在起作用。无论什么谈判策略和技巧也都是思维的产物。因此，思维是谈判的原动力。本书强调的是，不要把思维停留在思维的低级形式，即习惯性、再现性或重复性思维（Repeating Thinking），而是要进入思维的高级形式，即创造性思维（Creative Thinking）。按照心理学对思维的分类，谈判思维主要是由以下各种思维方式组合而成的。

1. 直观思维（Visual Thinking）

一般是指客观外界事物通过眼、鼻、耳等器官作用于大脑而产生的感觉。爱因斯坦曾赞扬在科学研究中"真正可贵的因素是直觉。"因为创造性思维正是由直观思维产生概念而形成。因此，直观思维是创造性思维的基础。但是，由于创造性思维决不是一种不致力于解决问题的、随心所欲的、无拘无束的胡思乱想，因此，正如前章所述，谈判活动需要的直观思维是有"目标"意识的，也就是说，要有目的地运用器官去观察，去接受与目标相关的信息。

2. 扩散思维（Divergent Thinking）

这是以自己现有的知识和经验，在直观思维的基础上，通过多维、立体的思考，不受任何约束，充分发挥想象力的一种思维方式。创造性的扩散思维则是对同一问题探索不同的、众多的、新奇独特设想的思维过程和思维方法，它追求的目标是获得尽可能多的有价值的创造性设想和方案。爱因斯坦曾经说过："想象力比知识更重要。因为知识是有限的，而想象力概括着世界上的一切，推动着进步，并且是知识进化的源泉。严格地说，想象力是科学研究中的实在因素。"在谈判思维中，丰富的想象力可以促使谈判者思想火花的迸发，各种灵感的闪现，获得更多的创造性设想。

3．集中思维（Concentrative Thinking）

这是思考者依据已有的知识和经验，集中在一点或一个方向上的思维活动。它是以某一具体工作和任务为对象，在扩散思维提出的许多方案的基础上，通过集中，选择最佳方案的思维方式。它所追求的目标是将问题和方案进行科学的简化，作出正确的选择和决策，最终获得问题的创造性解决。

4．理论思维（Theoretical Thinking）

这是系统化的理性认识，是理性认识的思维形式。理论思维可以促使创造性思维不断发展而飞跃，是思维由低级向高级发展的重要推动力。由于国际工程谈判的技术性、务实性很强，理论思维就显得格外重要。除了需要具备国际工程特有的理性认识，如国际工程通用合同条件，国际合同法，国际工程招投标、合同管理和项目管理、施工索赔等知识以外，还需要精深的有关专业技术知识；同时还要具备一些综合性的理性认识，如心理学、哲学、政治经济学、市场学、决策学等学科的一般知识。不具备或缺乏这些理论思维作工具，就不可能进行有针对性的分析、推理、判断和决策，促使创造性思维的不断发展和飞跃。

因此，任何一个创造性方案或一项创造活动，一般都要经过扩散思维和集中思维以及理论思维的互相补充，往复多次，依据"扩散——集中——再扩散——再集中"的方式进行，并通过理论思维的分析、推理和判断而取得成功的。也就是说，创造性思维正是扩散思维、集中思维和理论思维的有机结合和统一。

根据现代创造学奠基人奥斯本（A.F.Osborn）以及美国创造学基金会主席帕内斯（S.J.Parnes）教授所创立的创造性解题模式和各种创造技法，参照一些国际工程谈判专家、学者的经验和心理学的理论，并结合国际工程谈判工作的特点，进行综合分析和比较后，归纳成创造性谈判思维的能动过程示意图，如图 2-1，作为本书论述的基点和进行谈判思维基本训练的依据。

（二）开发谈判思维创造力的主要方法

创造学从本世纪 30 年代开始形成独立的创造学学科以来，经过许多专家、学者的潜心研究，创造学的理论构架已初步形成，各种具有可操作性的创造发明方法即创造技法也已逐步开发和成熟。结合对谈判思维进行简化、深化和创新的需要，本书重点推荐 3 种创造技法，即头脑风暴（Brainstorming，BS）法、检核表（Check List）法和关键词（Keyword）法。

1．运用头脑风暴法和检核表法训练开发创造力

头脑风暴法，也称智力激励法，是奥斯本于 30 年代后期发明的。1953 年经总结后著书问世。它是一种用来提出新设想的方法。这种方法已在一些美国著名高等学府如麻省理工学院、哈佛大学等开设有专门课程，训练提高学生的创造力。为了更有效地把握发明创

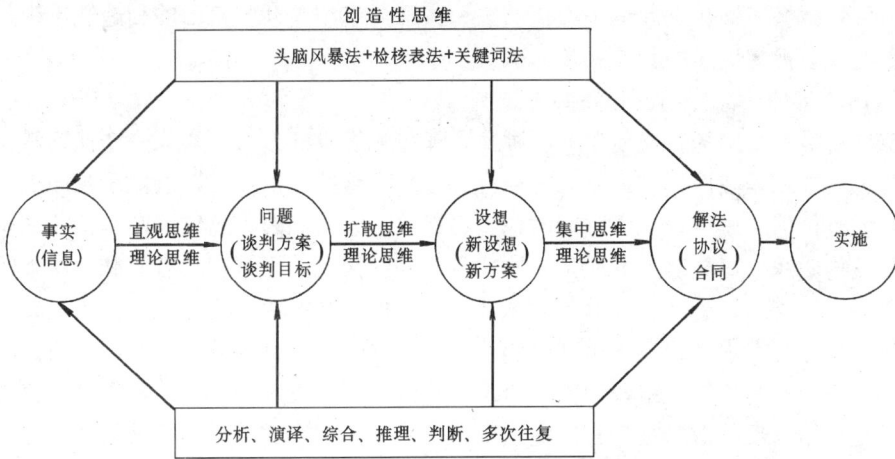

图 2-1　创造性谈判思维的能动过程示意图

造的目标和方向，在此基础上，奥斯本于 1964 年又提出了检核表法或称对照表法，可直接运用于各种类型和场合的创造活动，因此被称为"创造技法之母"。实际上，这是一种多路扩散思维的方法，是创造性设想的"思路提示法"。目的是可以按表顺序核对、思考，从中得到启迪，诱发创造性设想。它不仅利于较系统周密地思考问题，使思路更有条理，也有利于打开人们的创造思路，较深入地发掘问题和有针对性地提出更多的可行设想。在国外，检核表法已被广泛应用于企业管理中，如美国通用汽车公司就将检核表印成卡片，人手一份，用以增强职工群众的创新意识。还有一些专家、学者围绕提高效率、改进质量、降低成本等专题制订检核表，用以诱发创造性设想。头脑风暴法本来是通过一定的会议形式，相互启发，引起联想，产生"共振"，卷入头脑风暴洪流，诱发一系列设想。如果结合检核表法同时运用，就既可以通过会议形式相互启发，又可以自我充分发挥想象力，在短时间内结合自己的经验和知识，引发头脑风暴，进行多维思考，开发创造力。在谈判过程中当然也可以借鉴谈判对方的观点和想法，启迪和引发头脑风暴。考虑到谈判工作的特点以及方法的实用性和可操作性，同时又便于进行基本训练，本书推荐有机地结合运用检核表法和头脑风暴法。特别是一些技术性和业务性很强的谈判，此类方法就更有效，既可以把现有的可能的技术方案都想到列出来，又可以结合项目具体情况诱发各种创新的技术设想，开发出较多的可行的选择性方案，从中再选取技术先进和经济合理的最佳方案。对一些重点或关键性技术方案，还可以邀请专家、学者运用检核表法和头脑风暴法事先开会准备提出建议。国际工程谈判的历史经验已充分证明了这一点。很多国际公司在项目投标、项目管理上的成功都是由于能够提出技术上先进、经济上合理的创新的设想和方案。世界上一些著名的跨国大型集团公司也都是由于他们的技术水平和管理水平先进而获得声誉。例如 80 年代后期以来在东南亚各国和香港地区盛行的 BOT 项目的开发过程中，日本著名的 Kumagai Gumi 集团公司能够连续通过竞争获胜，充当澳大利亚悉尼隧道、香港东港海底隧道、泰国曼谷二期高速公路工程三个大型 BOT 项目的发起人和主办人，就是因为他们能够提出具有创造性的技术方案。正如我国古人所总结的"出奇制胜"。因此，如果我们每个工程技术人员一方面努力扩大自己的知识视野，掌握更多的、高级的理性认识，一方面又能够自觉地运用检核表法和头脑风暴法去开发自己的创造性思维，那么在谈判桌上定会把握更多的稳操胜券的机会。

2. 运用关键词法简化和深化谈判思维

关键词法是各个国家普遍使用的一种简化和深化思维的方法。作为一个谈判者，无论是在准备过程中或是在谈判过程中都需要注意减少头脑的超负荷，以避免思维的混乱，即使是一大堆有价值的思维，也不宜同时把它们都放进大脑。因为思维的超负荷往往是思维混乱的触发物。我们需要存入的应是一些非常深刻和简化的思维。只有头脑中印下的是深化和简化了的思维，才会使你能够下意识地、简单地去掌握它，避免混乱，更重要的是可以集中精力从此出发去捕捉灵感，开发创造力，关键词法的目的就在于此。目前国际上通行这样的惯例，作为论文、报告和重要会议的作者、发言人或报告人，都要写出论文或报告的关键词，用以反映文章或发言的提纲挈领性的主要内容或精华。这就是要求将复杂广涵的内容提炼成有高度内涵的关键词。对一个老练的谈判者来讲，同样要求具有将谈判思维通过简化、深化后形成关键词，写在纸上或存入大脑的能力。

根据现代科学分析，人类大脑易于储存的关键词的有效数字，对外文来说，一般为4个词汇左右；对中文来说，则一般为三四个或五六个单字组成的词汇，例如全方位、多元化、重新组合、设定界限、灵活多样、借用外力、根本性转变、增加竞争意识等等。每个关键词代表一项标题内容，即一个主要点，四五个关键词即可构成文章或发言全部内容的提示。检核表的思路提示就要形成关键词。只要把这些关键词写在纸上或印在脑海中，就可概括或提示全部文章、全部发言或全部设想的主要点，而每个关键词则代表一个想法即一个主要点。这些关键词的形成，不仅可以大大减少大脑的超负荷和避免思维的混乱，而且也是接受信息和开发创造力的导向。在整个谈判过程中，即使大脑偶而处于超负荷状态时，这些关键词会栩栩如生地在头脑中发挥提示作用。如果我们能够按照下一节介绍的方法准备好在谈判过程中需要同时扮演的3种角色的关键词，那么，无论是在接受对方信息方面，还是自己发表意见和观点方面，或是在协调和控制谈判进程方面，都会有条不紊地、高效率地进行。既可以注意接受对方敏感的信息，又不会跑题，还可以集中有效地开发创造力，提出自己的想法和建议。

二、谈判思维的准备和基本训练

以上对谈判思维进行简化、深化和创新的重要性和主要方法作了论述，以下将阐述怎样运用这些方法进行谈判思维的准备和基本训练。

根据作者的体会，在运用检核表方法时，既要考虑对需要通过谈判解决的问题能够逐项进行核对和谈判，又要考虑能够从各个角度引发头脑风暴，去诱发各种创造性设想。而头脑风暴法的运用，则大部分是通过自我激励的方式，引发头脑风暴，充分发挥想象力，开发各种创造性设想；有的则是在谈判过程中有意识地从对方的观点和想法中获得启迪，引发头脑风暴，开发创造性思想。有的重要谈判，也可事先邀请专家们召开"诸葛亮会"，集思广益，引发头脑风暴，开发各种创造性设想，然后拿到谈判桌上去。关键词法则需要时时刻刻结合检核表法和头脑风暴法加以运用。英国学者比尔·斯科特和伯蒂尔·比林在《工程建设的谈判技巧》一书中在这方面作了较好的探索，提出了比较实用的谈判思维的准备和基本训练方法，本书即重点介绍他们的方法，结合作者的亲身实践和体会，加以开发和运用。

（一）任何谈判需要按 3 种角色事先组织和准备谈判思维

由于谈判是谈判双方或有关方在一起通过讨论对某事取得某种程度的一致或妥协的行为或过程，因此，任何谈判者在谈判过程中都要扮演 3 种角色，即发挥三个方面的功能：发话人（Transmitter）或发言人（Presenter），受话人（Receiver）或聆听人（Listener）和控制人（Controller）或主持人（Presider）。谈判思维就需要按这 3 种角色进行准备和训练。

1．发话人或发言人

这种角色的谈判思维是集中体现我方作为发话人或发言人进行发言的谈判思维。它要求头脑十分清晰、条理十分清楚地反映出我方的观点和设想。这就要事先准备好发言提纲，将谈判思维简化、深化后提炼成检核表，并列出关键词。

2．受话人或聆听人

这种角色的谈判思维是要根据谈判的目标和问题，能够集中反映需要谈判对手回答和提供的信息和意见。经验表明，人们在反映客观事物时，都有自己独特的心理活动方式和思维方式。决不会有两个人在谈判过程中接受完全同等的信息。因此，在激烈的争论中，经常发生这样的情况：有的谈判者竟然会全然听不到对手的重要信息；有的谈判者则完全误解了对方的信息，导致谈判的思想混乱，增加问题的不确定性和谈判双方的不信任度。事实上，任何一个有能力的谈判者，在热烈的讨论中是不可能接受和消化对手的所有信息的。因此，如果我们只对发话人或发言人的谈判思维作了准备，没有对作为受话人或聆听人的谈话思维作准备，就很容易产生上述情况。所以，我们也要对在谈判过程中需要和必须接受的各类信息作为受话人或聆听人的谈判思维加以简化、深化后提炼成检核表和关键词。这样，既可以减轻作为受话人或聆听人在接受信息时的头脑超负荷状态，也可以作为有选择地提取和接受信息的核对和参照，又可以提示在激烈的争论中接受必需的信息。实际的做法是，在谈判过程中，我们可经常按检核表中的关键词逐项核对是否已接受到足够的信息，同时注意接受对手其它敏感的信息。

3．控制人或主持人

这种角色的谈判思维是集中体现作为谈判的主持人或控制人控制谈判进程的谈判思维。其内容主要就是本章第 1 节中要求谈判双方首先确认的谈判程序，即谈判的目的、议程和进度安排，还可以包括拟采用的必要的协调和控制措施和策略。

为了集中反映这三方面谈判思维经过简化、深化后的成果，便于随时运用和提示，又便于携带和查找，比尔·斯科特等建议用 A4 纸一折为四，成明信片大小的小合页。

第 1 页记载作为控制人或主持人的谈判思维。主要是谈判程序。在页上端冠以"程序"二字。下面即按目的、议程和进度以及措施和策略分别写入简化、深化后的关键词。

第 2 页通常为空白页。可用以记载需要拥有和掌握的关键数据和创新设想。

第 3 页记载作为发话人或发言人的谈判思维，即我方的发言或陈述，是通过检核表法和头脑风暴法开发创造力后的谈判思维。在页上端冠以"陈述"二字。下面即仍以检核表的形式分行写入简化、深化后的关键词。

第 4 页记载作为受话人或聆听人的谈判思维，即需要对手回答的问题和提供的信息和意见，也是通过检核表法和头脑风暴法开发创造力后的谈判思维。在页上端冠以"问题"二字。下面即仍以检核表的形式分行写入简化、深化后的关键词。

最后形成的小合页如图 2-2 所示。

问题 4	程序 1
修改设计时间 修改设计依据 合同文件规定 各部门意见	目的　婉拒 议程　　　　　　　进度 　　　修改设计 　　　降低造价 }1小时 　　　合同价格 　　　合同文件 }1小时 措施和策略　变换方式 　　　　　　开工后变更令

外　页

2	陈述 3
招标文件条款 　8.1　21.3　24　25.1 　26.1　28.1　28.5 变更令 　FIDIC　51、52	修改不现实 开标后不能变 合同价不能变 建议：开工后 　　　变更令

内　页

图 2-2　小合页（用 A4 纸一折为四）

这种小合页恰好可装在西服的内袋中，在去往谈判地的途中或在谈判桌上可随时取出翻阅并获得提示。

（二）谈判思维的准备及其基本训练

以上讲的是方法，现在讲如何运用方法去具体操作。这里指的具体操作，可以是谈判人员在正式谈判前进行准备时的具体操作，也可以是在谈判教学或培训时对学员进行基本训练时的具体操作。无论是谈判人员还是学员，都有必要经常进行这项具体操作的基本训练，以期达到熟能生巧，运用自如。

（1）先作为受话人或聆听人进行操作，简化出"问题"的关键词，列出检核表，写入小合页第 4 页上。

1）A4 阶段（即直观思维到扩散思维阶段）。拿一张 A4 纸，扮演受话人或聆听人角色，根据即将进行谈判的谈判任务，用直观思维列问题，并立即多方扩散思维，引发头脑风暴，充分发挥想象力和创造力，去思考可能接受到的信息、想要接受到的信息和必须接受到的信息，把所有可能的以及需要和必须对方回答和提供的信息即问题，全部很快地逐条写在 A4 纸上。在准备或训练时，必须集中注意力，只从受话人或聆听人出发去想问题，不要同时作为发言人或主持人去考虑问题，否则头脑将超负荷或产生混乱。争取在几分钟内完成列项工作。列项时要简化思维，运用关键词法只列出少数可作提示的关键词。

以本书第 3 章〔案例 3-8〕中合同谈判为例，业主及其咨询代表决定将修改设计列为补充合同文件，作为授予合同的前提，要求承包商降价，承包商不同意，通过谈判，承包商获胜。

表 2-3 为受话人 A4 阶段的"问题"示例。

2）A5 阶段（即集中思维和理论思维阶段）。拿一张 A5 纸，或以 A4 纸一折为二。在扩散思维列完所有项的基础上，运用自己已有的知识和经验，通过集中思维和理论思维对所有的问题进行科学的提炼、概括和简化，按照导向选择需要和必须对手回答的问题和提供的信息或确认的问题，以关键词法归纳出它们的标题，在标题和标题即行与行间留出足够的空间，然后在每个标题项下用关键词法填入每个标题所含的子项。与 A4 阶段一样，在思考时不要分散注意力去考虑自己将怎样发言，对方将怎样回答，而是集中注意力只思考想要对方回答和提供的信息。

表 2-4 即为受话人在 A5 阶段的"问题"示例。

受话人在 A4 阶段的"问题" 表 2-3
问　　题
设计标准　　　中标通知函
石方边坡　　　招标前
护坡道　　　　招标文件补遗
平曲线　　　　标前会议
纵曲线　　　　招标文件规定
改线　　　　　合同条款
弃方点　　　　合同价格
支线　　　　　补充合同文件
修改依据　　　授标前提
计算分析　　　监理建议
何时勘测　　　地方意见
何时试验　　　上级决定
减预留量　　　世界银行批准
降低报价

受话人在 A5 阶段的"问题" 表 2-4
问　　题
修改设计时间
招标　前
招标文件补遗
标前会议
修改设计依据
勘　测
试　验
计算分析
合同文件规定
招标文件
合同条款
各部门意见
地　方
上　级
世界银行

3）A6 阶段。纯粹是简化、深化阶段。即在 A5 阶段所列的每个标题项中选出几项最重要的能反映问题实质的、需要通过谈判解决的关键性标题项，列作最终小合页第 4 页"问题"的关键词，见图 2-2。

作为受话人或聆听人的具体操作即告完成。这种具体操作过程，比尔·斯科特称它为"A4—A5—A6"程序。

（2）其次作为发话人或发言人进行操作。同样遵循 A4—A5—A6 程序。

1）A4 阶段。拿一张 A4 纸，扮演发话人或发言人角色，根据即将进行谈判的谈判任务，用直观思维列问题，并立即多方扩散思维，引发头脑风暴，充分发挥想象力和创造力，去思考想要阐明的问题，需要突出的论点和依据（国际工程谈判特别强调科学数据、法律依据和合同条款依据）以及解决问题的建设性意见或建议，把所有可能想到的、需要告诉对方和必须告诉对方的问题和想法，全部很快地逐条写在 A4 纸上。在准备或训练时，必须集中注意力只考虑你想要告诉对手和必须告诉对手的内容，不要同时扮演其它角色。同样争取在几分钟内完成列项工作。列项时要简化思维，运用关键词法只列出作为提示的关键词。

2）A5 阶段。用一张 A5 纸（或用 A4 纸一折为二）。集中注意力只是思考你的发言。要考虑我将会见哪些人？他们对问题了解的程度怎样？哪些内容会使他们感兴趣？哪些内容需要重点作出说明？简化、深化成哪几项关键项？不要去想他们会答复什么或希望他们答复什么，只是想你自己的发言，通过集中思维和理论思维针对以上导向对 A4 阶段的内容进行科学的提炼、概括和简化，用能够吸引对手的构思用关键词法先分行列出它们的标题，在标题和标题即行与行间留出足够的空行，然后，进一步思考，在每个标题下填入子项。

3）A6 阶段。在 A5 纸上列出的所有标题项中选出几项最重要的、能反映问题实质并必须向对方陈述的，尤其是能使对手感兴趣的建设性意见或建议的关键词列行，最终形成小合页第 3 页"陈述"帽下的关键词。见图 2-2。

（3）然后再按控制人或主持人角色进行操作。同样遵循 A4—A5—A6 程序。

先操作 A4 阶段。由于控制人或主持人所要求的功能一般就是谈判程序要求的 3 项，即目的、议程和进度，再加上必要的措施和策略，只是在议程和策略、措施上要发挥想象力和创造力。因此，A4 阶段即可按此要求首先确定谈判的目的，然后有导向、有目标地扩散思维，发挥想象力、创造力，引发头脑风暴，设想不同的、众多的议程，以达到谈判的目的。与此同时，思考必要的、有价值的措施和策略。用关键词法列出标题项。

在操作 A5 阶段时，通过集中思维和理论思维在较多的议程和策略、措施中选定最佳方案用关键词法列出标题项。

最后，通过简化和深化，最终完成 A6 阶段，形成小合页第 1 页"程序"帽下的关键词，见图 2-2。

这种把谈判心理学和检核表法、头脑风暴法和关键词法等现代创造学成果结合起来的谈判思维的准备和基本训练方法，其目的就是想在谈判准备工作和整个谈判过程中学会运用创造性思维方式去操作，提高谈判工作的质量和效率，并能获得创造性的谈判成果。因此，在进行基本训练之前，需要学习一些检核表法、头脑风暴法和关键词法的知识和运用实例。最重要的是要紧密结合自己需要谈判的问题，反复练习。在通常情况下，刚开始练习时，可能需要花费一二个小时完成以上 3 种操作。但是，经过多次谈判实践后，如果熟悉业务、掌握情况，一般只需要半个小时就能完成 3 种操作。这样，这种操作方式就会形成你的工作习惯，使谈判工作迈上一个新台阶。这种基本训练，只要稍加指导，就可以自我练习，逐步达到熟能生巧。其主要收益便是通过准备和基本训练，使谈判者的头脑和心理状态在谈判工作开始前就能充分作好各项战前准备，做到先谋而战，立谋虑变，有的放矢，有备无患。既对我方必要的发言有所准备，又能做到可以随时敏捷地反映和接受对方必须的信息；在谈判过程中，由于已有各种设想，可以胸有成竹；又有较明确的程序安排和控制措施和策略，既能避免产生头脑的超负荷和混杂状态，减少模棱两可的谈判行为和问题的不确定性；又能审时度势，进退自如，分析对方的心理规律，随机应变，做到出奇制胜。

另外，作者根据检核表法的指导思想，结合国际工程谈判的亲身实践，考虑技术谈判、商务谈判、合同谈判、谈判策略 4 个方面的需要，曾采用过一些主要的"思路提示"，逐项核对对照，启发创造性设想，例如①修改改进②替代代用③简化高效④加多加大⑤减少省略⑥重新组合⑦速战速决⑧引而不发⑨拖延时间⑩暂时放置⑪改换方式⑫必要退让⑬适当进攻⑭变通灵活⑮借用外力⑯场外谈判等。可供读者在进行谈判思维的具体操作时的参考和启示，更希望以此为基点，创造出更多、更好的"思路提示"。

对一些大型项目的谈判，例如联营体谈判、BOT 项目谈判等，在程序和内容上都将有所变化，本书将在第 6 章和第 7 章专述。但是，对谈判思维的简化、深化和创新的要求是一样的，基本训练方法也是相同的，只是项目程序和内容上更加复杂、多变，对创造性谈判思维的要求也更高。请参阅有关章节。同时，对一些重要谈判，往往还要采取模拟谈判的方法，进行排练，以进一步丰富我方的思路和创新设想。

思 考 题

1. 试述谈判准备工作应包括的主要内容。

2. 谈判准备工作中应做好哪两项可行性研究？

3. 在谈判准备工作中怎样进行对手分析？

4. 试述谈判程序的三个主要问题。

5. 怎样限定合理的谈判范围？

6. 要把握好谈判进程，需要注意哪些主要方面？

7. 试论组成谈判思维的几种主要思维方式。

8. 试述开发谈判思维创造力的主要方法。

9. 简明描述头脑风暴法、检核表法和关键词法的要领和内容。试结合自己的谈判任务或以本书〔案例 8-4〕为例，试用上述方法开发创造性设想，或快速列出几个"思路提示"。

10. 试结合自己的谈判任务，或任选本书〔案例 4-9〕或〔案例 4-15〕，扮演发言人、聆听人、主持人三种角色，按 A4—5A—A6 程序进行操作训练。

第3章 项目合同签订前各个阶段的谈判任务

本章主要论述国际承包工程项目合同签订前各个阶段的谈判任务。具体包括开发市场和招揽项目阶段、招标和投标阶段、评标和授标阶段以及商签合同阶段等4个阶段。在不同阶段，不仅谈判的内容千变万化，而是由于谈判者所处的地位和身份不同，谈判对象不同，谈判的类型、策略和技巧也有所变化。作者只是根据多年积累的经验教训，从实际工作出发，结合各个阶段需要重点谈判的主要事项，逐项展开论述谈判的具体内容和注意事项以及可能采用的谈判策略和技巧，以便读者在开发国际工程承包业务的实际工作和谈判活动中有所启迪和参考。

第1节 开发市场和招揽项目阶段

万事开头难，这在开发国际工程市场方面体现得十分突出。主要体现在如何获取准确的项目信息，评估项目的风险度和效益，选定参加投标的项目等方面。这在70年代后期我国第一批对外承包公司开始迈出国门，开发国际工程市场时是体验很深的，要在全然无知，浩瀚无际的国际承包市场中寻找猎物，确如大海捞针。当时主要依靠两条，一是依靠我国驻外使馆和使馆经参处的领导和帮助，一是依靠建国以后长期经援工作建立起来的与受援国政府和人民的关系。现在的条件好多了，除了以上两条外，我国不少对外公司已经在世界各地纷纷设立了驻外办事处，这些驻外办事处可以更直接地提供各种项目信息，与此同时，通过十多年的摸索和开发，各大公司也已经建立起多种项目信息渠道，能够经常或定期收到和看到来自各种渠道的项目信息。除此以外，还可以订阅一些权威性的刊物，例如联合国刊物《开发业务》(Development Business)，每年发行24期，报上刊登世界银行贷款项目及其它金融机构（如泛美开发银行、亚洲开发银行、欧洲开发基金会等）贷款项目的信息。作为《开发业务》的补充，世界银行还发行双月刊《国际商业机会服务《International Business Opportunities Service)，它主要刊登总采购通告，包括世行已批准或正在审议给予贷款的项目信息。世界银行刊物《工作月报》(Monthly Operational Summary) 则是世行潜在的贷款项目最早的信息，它包括世行有意提供贷款的项目的名称及描述。又如亚洲开发银行发行的月刊《亚行商业机会》(ADB Business Opportunities)，报上及时刊载亚行当前的项目信息，等等。

然而，要取得较准确的项目信息，通过评估项目的风险度和效益，确定是否参加资审和投标，则往往需要通过与项目所在国有关各部门的接触会谈进一步收集资料和情况，作出取舍和决策。与此同时，尽量把各方面工作包括开展对外活动，力争做在前面。

一、项目信息接触会谈

（一）摸清项目的类型和主要情况

项目所在国各种新闻媒介和报章杂志随时都会登载和发布一些项目信息，或公开发布邀请参加资审的广告，但是一般都只开列项目的简单描述和一些主要数据。根据这些情况和数据，往往还难以对项目作出较确切的评估分析并决策是否参加资审和投标。一般来说，在这个阶段，项目还没有公开招标，招标文件可能还在编制中，甚至尚未发布消息邀请承包商参加资审或虽已刊登资审广告，但项目情况还很不具体。因此，为了把工作做在前面，只能通过开展各方面的接触会谈来尽量摸清项目的情况。根据多年的经验，此项接触会谈任务是十分必要的。它还可以和物色项目当地代理人、合作伙伴和分包商的意向谈判结合起来进行。这对能否取得比较满意且效益较好的项目，防止轻率或盲目地参加资审和投标，节约开支有着重要作用。这也是项目前期阶段的基础工作。随着国际工程市场的发展，项目和项目投标模式也已日趋多样化，例如带资承包和以实物支付工程款项目，交钥匙、总承包项目已不断增多，近年来各国对一些公共基础设施项目还推行了 BOT 方式等等。这些项目的项目程序都和传统方式，即国际咨询工程师联合会（Federation Interna-tionale Des Ingenieurs Conseils，FIDIC）编制规定的项目程序流程（Procedural Flowchart）有所不同，因此更需要通过接触会谈去调查了解，才能根据需要和可能找准项目和组织力量去开发项目。即便是传统方式的项目，近年来由于从事国际工程承包劳务公司的增加，市场竞争日趋激烈，很多国家纷纷采取保护主义政策，例如有的规定必须和当地承包公司组成联营体（Joint Venture，JV）后方能取得项目的投标权和享有标价优惠；有的硬性指定当地的承包公司分包一些专项工程；有的限制外籍普通劳务的进入等等，这些情况在没有公开发布项目招标消息前只有通过广泛地与各有关部门的接触会谈，才能摸到底细。因此，这种接触会谈是项目前期工作中不可缺少的重要环节，通过它不仅可以摸到与本项目有关的各种信息以及未来项目的信息，往往还可以在公开招标前提前拿到招标文件的一些基础资料或了解到招标文件的主要内容。经过较长时间的摸索，我国各大对外公司都已体会到这种接触会谈的重要性，它不仅应该作为各大对外公司驻外办事处的主要职责，而且公司总部还要不定期地派出主要负责人员赴国外开展此项工作。这也是公司总部和各驻外办事处开展对外友好活动的一项主要内容。

（二）分析项目的竞争者，评估项目的风险度和效益

这正是通过接触会谈所要解决的主要任务之一。这关系到要不要投标，投什么样的标和最终选定项目等重要决策。如果这些决策有失误，不仅损失大量的投标费用，浪费公司的人力、物力和财力，尤其是关键人物（包括领导和骨干）的时间和精力，有的还导致以后的项目巨额亏损。如果说在 80 年代早期初涉国际市场阶段，不少公司由于没有经验，更由于开发市场的迫切需要，多多少少都存在为了拿项目而拿项目，不管黑猫、白猫，逮住耗子就算好猫的状况，那么在很多公司已在国际市场上经历十多年的风风雨雨，饱尝了痛苦和教训的今天，拿项目就必须讲点科学性。这也是国际大型承包公司都把评估项目竞争者和项目风险度及效益作为一项重要的项目前期工作来抓的原因，而接触会谈正是为这项评估工作获取信息和资料的主要手段。不仅要和业主包括其有关部门的负责人或经办人进行接触商谈，而且要直接和一些需要的竞争对手以及熟悉了解他们的关系人物进行接触商谈。首先要摸清有多少竞争者，了解他们的实力、他们的弱点以及他们的战略。概率论告诉我们，如果有 10 个竞争者参与同一个项目投标，每个竞争者的成功率只有 10%，如果假定这些同样的竞争者继续参与类似项目的投标，每个竞争者只能希望从 10 个项目中中标 1 个项目。如果每个标平均要花费 10000 美元。那么只是为了投标，中 1 个标就要花费 100000 美元，经验还表明，每一个有大量竞争者参与投标的项目，总会出现报价特别

低的投标者，当然也有报价特别高的投标者，但是大家对他们并不关心，只是置之一笑而已。如果竞争者多达 10 个以上，那就可能经常会出现 1～2 个因估算错误而使他们的报价比实际成本还低的情况，如果他们中间有一个中标，就必将导致项目亏损。这就说明如果我们要在有大量竞争者参与投标的情况下谋求中标的话，就得冒这样的风险。因此，在有大量投标者参与竞争时，要么你在竞争中失败，丢掉投标费用；要么你中标，然后导致项目亏损。例如前一章〔案例 2-1〕，中国 B 公司在 10 家投标者参与竞争的情况下，仍然参与投标，以后又在投标保函已过期的情况下，仍然决策拿标，由于漏项和估算错误，报价比实际成本低得多，导致项目严重亏损，就是投标决策失误的突出事例。又如以下事例：

〔案例 3-1〕

某公司在非洲参与某项目投标。该标有 11 家竞争者，某公司仍然决策投标。在投标前既没有对竞争对手进行评估分析，又未进行接触会谈，只是考虑竞争剧烈的因素，在审定标价时，将报价压低了 27% 以争取中标。开标结果，某公司在 11 家公司中仍为最高标，第 1 标报价仅为某公司报价的 49.6%。损失了投标费用。

这样的事例和教训还可出举出很多。因此，在选择项目和决策是否投标上务必慎重。这也就是一些国际工程公司在投标策略上往往对竞争对手要有一个限制的缘故，一般限制在五六个左右。这里指的当然是真正的竞争对手。如果从实力或力度上衡量明显不是竞争对手的竞争者，或是竞争者有明显的弱点，或者我方在开拓市场上有战略需要时，就需要具体分析，具体对待了。一些大型项目的邀请标，也是如此，如果被邀请的公司多达五六个以上，有些国际公司也会作出婉言谢绝，不参与投标的决策。另外，在与竞争者进行接触会谈时，除了摸他们的底细以外，往往还可以谋求达成某种妥协或默契，特别是在同一时期先后对两个项目或几个项目大家都想同时投标的情况下，这种接触会谈就显得更为必要了，通过接触会谈阐明利害关系，达成对双方都有利的特殊妥协或私下交易。笔者在非洲某国同时参与投两个标时，就有五六家欧洲大型承包公司的总裁或副总裁亲自出面或电话联系进行接触会谈，可见这种接触会谈的重要性。

〔案例 3-2〕

某公司在非洲某国通过长年、多次的角逐和竞争，已和主要竞争对手，两个欧洲公司几乎成了老相识。相互接触较前频繁了，接触会谈已从最初的一本正经，摆架子，卖关子发展到了聊家常、扯关系、分析市场，再进入到私下谈交易、谋求互惠互利，最终竟达成如何平分秋色、共同瓜分该国承包工程市场的"君子"协定：在几个项目的投标报价上达成默契，即在 A 项目上你、他保我，在 B 项目上你、我保他，在 C 项目上我、他保你，以此类推。接触会谈是秘密进行的，而且各方都严守机密、信守诺言。达成协议的原则必须是以减少损失，扩大盈利，巩固和发展市场为前提，决不能坐失良机或无原则地迁就、让利或妥协。

另外，对项目风险度和效益的初步评估也是决策是否投标的重要前提。对一些风险度很大，效益无保证的项目决不能盲目投标，这方面我国各大对外公司都有过很深刻的教训。不少项目出现严重亏损局面的原因大部分是由于不评估风险，不吃透标书，只凭工程量表（Bill of Quantities，BOQ）草率计算标价，导致以低于成本的价格中标。低价中标后，在实施过程中仍然浑浑噩噩，不在管理上下功夫，进度、质量上不去，资源浪费严重所造成的。有的则是只图拿项目，不管项目资金落实不落实，盲目投标，糊涂上阵，因而工程款长期拖欠，不得不自己垫付资金干工程，以致骑虎难下，债台高筑，亏损累累。而其中一部分项目本来就是由项目所在国政府投资，支付条件无保证，项目资金有很大风险的项目。还有一些项目则是由于项目所在国政治上、经济上不稳定，法律、税收政策等的改变，通货膨胀率高等风险因素导致了项目的亏损。因此，在项目的前期阶段，较充分地评估项目的风险度和效益是非常必要的。既要考虑政治风险，也要考虑经济和商业风险，还要考虑工程和水文、地质上的风险等，同时要分析哪些风险可以转嫁给业主和承包商，哪些风险可以投保保险等。而这些风险因素信息的调查分析就有赖于和有关各方的接触会谈。一些难以转嫁、分摊和避免的风险费用就必须打入项目标价内，再综合估算项目的效益看项目是否有利可图。由于决策是否投标除了战略上的因素以外，往往要在以下两个相互矛盾的指导思想下进行的：一方面要保证报价低到可以战胜竞争对手，力争列第1标，至少也要列第2标或第3标，争取有机会上谈判桌，通过有力的谈判和对外活动，再力争中标；另一方面则要保证中标实施后，项目确有效益，做到有利可图。因此，在决策时就需要处理好这一对矛盾，如果通过分析确认项目无利可图，或是风险太大，报价降不下来，或是可能在项目实施过程中报价无法或难于包住风险，那么就不应该再冒险投标。FIDIC条款第4版在修订时有一条重要的指导原则就是风险要合理分担，对政治风险、经济风险、自然风险和支付风险等都从法定概念上加以明确，并确立了法定程序和时间约束，还专门增设了"业主风险"条款，特别指出"因工程设计不当而造成的损失或损坏，而这类设计又不是由承包商提供或承包商负责的"，"一个有经验的承包商通常无法预测和防范的任何自然力的作用"等等都属于"业主风险"。这些为承包商较确切地评估项目的风险度，合理确定报价也提供了较公正的参照。

综上所述，项目信息接触会谈的内容和目的是明确的，主要是：

（1）获取准确的、可靠的项目信息资料；

（2）了解和分析竞争对手；

（3）舍弃和选定项目；

（4）评估项目的风险度和效益；

（5）决策是否投标；

（6）拟订相应的投标策略。

会谈的态度应是积极主动和热情友好的，这不仅是为了获得更多、更细致的资料，也是为了更广泛地交朋友，为建立未来的友好合作关系打下良好的基础。因此，在谈判类型的选择上，应是建设型的。在谈判人员的选择上，应是公司的领导层和驻外办事处的负责人。

二、代理协议、联营体协议、分包协议谈判

上面已经谈到，在开展项目信息接触会谈的同时，往往可以结合物色当地代理人（Local Agent）、合作伙伴（Partner）和分包商（Subcontractor）一起进行，这是在开发市场和招揽项目阶段有时是十分必要的，特别是在新开发的地区或是一些规模较大，综合性较强的项目，或是某些在资审文件和招标文件中有特殊规定和要求的国家和地区。

（一）选定必要的当地代理人，商谈签订代理协议

在开发市场和招揽项目阶段，特别是在新开发的地区和国家，首先碰到的难题是人生地不熟，情况不了解，难于沟通和建立与项目所在国上层官员的关系，选定必要的当地代理人往往是谈判活动的首要任务。某些国家如沙特阿拉伯、阿联酋、科威特等还规定，外国公司必须有当地代理人才能开展业务。我驻外使馆或使馆经参处往往也向我们介绍和推荐一些可资挑选的在当地社会有信誉和声望并有良好上层关系的代理人，以便尽快地熟悉情况，开展工作。我国各对外公司在物色代理人的工作上大部分都走过不少弯路，有过不少教训，取得的共识是：代理人的选定要慎重，签署什么样的代理协议更需要推敲和斟酌。不仅要对候选的代理人逐个进行接触会谈，并要求提供能够证明其本人身份地位的证明材料，而且要向有关部门进行多方面的接触、查询和取证，摸清以下情况后再作抉择：

（1）代理人的政治背景及其与现政权和政府各部门的关系；

（2）代理人的社会地位、声望和信誉；

（3）代理人的活动能力和实力；

（4）代理人的主要业绩。

至于签署什么样的代理协议，一方面要看代理人的地位、能力和实力，一方面要根据工作需要，还要考虑公司长期的战略方针。根据多年的经验和教训，一般只签署一个项目的代理协议，项目结束，代理协议也同时终止，不签署地区或国家的总代理协议，通常只有在代理人现在就是现政府任职的铁腕人物或公认的有实力、有影响的权威人物（不是徒有虚名的皇族、贵族或社会活动家）时才可以考虑。一般都要经过较长时期的考察了解，确认其有背景、有能力时才扩大代理范围。因为随着时间的推移，往往还会发现更合适的代理人。例如我国某公司由于有较长历史的良好的经援工作信誉，在非洲几个国家都能物色到行业实权派的最高领导层人物如部长、总局长等充当当地代理人。这些代理人的主要作用就是能帮助拿到项目。开始他们也只是一个项目的代理人，但随着交往的发展，项目的增多，发现他们不仅能在资格预审和投标阶段及时提供项目和主要竞争者的重要信息和有关资料，并在评标、决标阶段发挥决策作用，而且能够在项目实施过程中帮助解决各种难题，包括工程款的催付，关键设备的临时租赁，协调和监理工程师的关系等等。同时他们又统管着本行业的所有项目。因此以后就委任他们为该国该行业的总代理。相反地，也有一些公司在开发业务初期，在一些国家物色了所谓的"皇族"或政府"官僚"，他们徒有"公主"、"皇亲"、"总理亲戚"、"总统侄儿"等虚名，不懂业务，不干实事，还要定期支付昂贵的代理费。有的公司甚至还找上了根本没有实力，招摇过市的政治或商务"掮客"当代理人，上当受骗。一个泰国的自称可以充当"代理人"的"骗子"，就招摇撞骗过很多中国公司，有的公司支付了一定的先期代理费，一些公司还耗资派人去泰国调查和招揽项目，以后发现这位"代理人"完全是个"皮包掮客"，他的公司地址便是家庭住址。这些教训是深刻的。

由于代理人的特殊身份和地位，代理协议的性质和条件通常都是内部的、秘密的，不能对外公开。即使需要对外公开的代理协议，也要根据内外有别的原则，除公开协议以外，再补充内部协议作为双方遵循的真正依据。

根据以往实践的经验，代理费的支付原则和条件可以参照下面的建议进行商谈：

（1）视项目和代理工作的难易程度以及项目效益的多少确定代理费的数额或比例。

（2）代理费的支付总原则应是按劳付酬，即在代理工作的职责按协议兑现后再行支付。代理工作初始尚未见实绩的阶段，一切发生费用应由代理人自行负责，最多只能承诺预付少量活动经费。

（3）分期支付代理费，一般视工作实绩和项目结算情况分期支付。只有当项目取得工作实绩如项目中标，项目实施过程中工程款已结算支付的情况下才分期按比例支付。项目实施后的分期时间视项目合同条件商定，合同中支付条款较严，约束条件较多的宜于分期少而长，以便敦促代理人做好代理工作。

（4）视代理人工作的力度和质量灵活支付，并论功行赏。工作得力，质量优异可提前支付，成绩突出并给予适当奖励；工作不力，质量低下可延缓支付，必要时处以罚款或扣款。

另外，要依据项目不同阶段的任务和合同条件拟订相应的明确的代理工作职责，列入代理协议。

（二）选定必要的合作伙伴，商谈签订联营体协议

这在一些特定国家或特定项目上是必需的。上文已经提到，有的国家明确规定，外国公司必须同当地公司组成合营公司或称联营体（Joint Venture, JV）后方能取得投标权，并享受与当地公司一样的优惠待遇。另外，有的项目规模较大或专业范围较广，需要物色合适的其它专业公司作为合作伙伴，或是为了取长补短，提高竞争力，发挥各自的专业优势，进行合作或联营。有时是我国公司物色外国公司或当地公司当合作伙伴，有时却是外国公司或当地公司找上门来主动邀请我国公司当合作伙伴。根据国际工程市场的惯例，合作伙伴或联营体都需要在项目资审阶段就基本谈妥，在递交资审文件时除了要递交各自的资审文件外，还要同时递交合作意向书或协议，或联营意向书或协议，确认各方所承担的工程和职责分工及义务，还要说明谁是牵头公司，代表联营各方负责与业主联系等。因此，这类会谈在时间上往往是很紧迫的，它受到资审文件递交时间的限制。然而有关各方合作或联营方式和条件的谈判又往往是复杂的，需要各方认真斟酌，因为它将会直接影响今后长期合作关系是否平等互利，不致作茧自缚，背上包袱。所以，这类谈判往往需要公司的领导层人员亲自出面，而且还需要有相应的有经验的专业技术人员参加，以便恰当地商定合作范围、合作条件和专业分工。商谈的主要事项是：

1. 选定适宜的伙伴关系，即联营方式

按照国际上通常做法，有以下3种联营方式：

（1）以投资入股方式组成联营体或合营公司（Equity Joint Venture, Equity J.V.）。投入资金的各方都是股东，共同经营、共负盈亏、共同承担风险。制定公司章程，签订合同或协议，按投入资金的比例分享盈利或分担亏损。

（2）以合同形式组成联营体（Contractual Joint Venture, Contractual J.V.）。各方通过签订合同进行广泛的合作。按合同规定的职责分工，分别承担相应的义务和责任。项目盈亏可各自承担，也可按合同确定的出资或参股比例负担。

（3）以合作方式组成联营体（Cooperative Joint Venture, Cooperative J.V.）。各方仅仅是开展技术合作或劳务合作，在经济上相互是独立的。通过签订联营协议，明确合作范围和合作事项。

因此，需要根据项目的具体情况和自身的条件选定适宜的方式。一般来说，第（1）

种方式法律手续比较复杂，很难适应项目资审的时限要求，除项目所在国规定必须和当地公司组成合营公司，或项目周期很长，例如有项目特许权的 BOT 项目等以外，一般较少采用。

2. 商谈合作或联营的条件，签订联营体协议（J.V.Agreement）或投标前的联营体协议（Pre-bid J.V.Agreement）

在商谈联营方式时，通常都需要同时商谈合作或联营的范围和条件，签订相应的协议。由于在开发市场和招揽项目阶段（包括资审阶段），合作各方只是根据项目需要，发挥优势互补，提高竞争力，并达到能够通过资审联合投标的目的，而且合作的各方谁也不能肯定是否能中标并拿到项目，因此没有必要花费很大精力在联营协议上进行详尽的细节性的讨论，一般都是倾向于先签一个投标前的联营体协议（Pre-bid J.V.Agreement），在以下主要问题上通过谈判达成明确的原则性的协议：

(1) 合作的宗旨、范围和方式（Purpose，Scope and Ways of Cooperation）

(2) 牵头公司（Leading Partner）

(3) 投标和报价（Bidding and Quotation）

(4) 投标费用（Expenses Arising from Bidding）

(5) 银行保函（Bank Guarantee）

由于大家没有把握中标，因此，在投标以前和投标阶段所发生的一切费用，如购买资审文件和招标文件，编制投标书、打字、复印、办公用品费以及察看现场、参加标前会、答辩质疑会、交通费、差旅费和活动费等等一般都由各方自行负担。

关于联营体协议的谈判请参阅第 6 章。

(三) 选定必要的分包商，商谈签订分包协议

这同样是在一些特定国家、特定项目上是必需的。特别是在东南亚国家和港澳地区。由于这些国家和地区各种专业分包商很多。有的国家和地区在招标文件中或在发布项目消息邀请资格预审阶段就明确规定外国公司必须将某部分工程指定分包给当在分包商或指定的专业分包商，这些分包商一般都拥有一定的专业强项和必需的设备。但是，也要注意到有的国家纯粹是为了保护本国公司的利益而推行的保护主义。有时承包商自己也需要将不熟悉的专业化程度高或利润低、风险大的部分工程项目分包出去，以便集中而有效地利用自己的人力、物力和财力，有时也是为了利用当地分包商熟悉当地情况和关系的有利条件共同开发市场。因此，选定必要的分包商（Subcontractor），商谈签订分包协议（Subcontract Agreement）或分包合同（Subcontract）往往是在开发市场和招揽项目阶段就需要作出决策的。一般来说，资审文件和投标书都明确要求需列出分包商的名称及其经验，以便业主对承包商和分包商同时进行资格审查。当然，承包商也可以在项目中标后经过业主和监理工程师的批准再选择分包商，但是届时分包商往往采用拖延谈判时间的策略，使承包商处于被动局面。为了不致影响项目总进度，迫使承包商不得不提高分包价格、降低分包条件。因此，承包商通常都在资审和投标阶段就事先选定分包商。选定分包商的谈判活动往往要花费很多精力和时间，要通过会谈进行分析比较和选定。根据以往经验，可有以下两种分包方式：

1. 劳务分包

即设备、工具、材料都由承包商负责，分包商只提供劳务。提供劳务的工种和费用支

付办法由承包商和分包商商定后签订分包协议。一般有两种计费方法。一种是人月费（Man Months Rate）计费法，即按不同职务、不同工种制定月工资额，每月支付工资。另一种是按小时计费（Hourly Rate）法，或称计工制，即按不同职务、不同工种制定每小时工资，每月按每人实际完成的工作小时（Monthly Amount of Hours Performed），记帐支付。无论是哪一种计费方法，工资包括的费用内容（例如管理费、机票费、动员费、遣散费、税收、利润、境内外社会保险、医疗保险费等）以及由承包商向分包商提供的工资以外的各项费用包括住宿费、卧具费、炊具费、伙食费、水电费、假期工资、加班工资、奖金、其它津贴等等都要在分包协议中作出明确规定。所有这些都要通过谈判后商定。

2. 工程分包

这是最常用的一种分包方式，即承包商将一部分工程分包给分包商，设备、工具、材料和人员全部由分包商自行负责。分包商除了要履行承包商和分包商签订的分包协议外，还要履行业主和承包商签订的项目合同中业主对承包商的所有制约条款。

由于在开发市场和招揽项目阶段，项目还没有公开招标，招标文件可能还在编制中，有时虽然通过对外活动从内部拿到了招标文件或招标文件草稿，但也不能向分包商公开，因此本阶段的分包协议谈判，主要是根据上述的内容和要求通过谈判达成意向性或原则性的协议，即确定分包工程范围和分包方式，明确对分包商的各项要求。

三、资审阶段多方位接触会谈

国际工程项目特别是竞争性招标项目，业主都需要对投标者进行资格预审（Prequalification of Tenderers），以便选择优秀的投标者，淘汰不合格的投标者。一般都是由业主组织评审委员会评审承包商根据邀请参加资审的要求以书面编报的资审文件，辅以必要的口头澄清和答疑，确定入选的投标者（Selected Tenderers）或投标者短名单（Shortlist）。如果不能入选或通过资审，承包商就完全失去了投标和获取项目的机会。同时，在这个阶段，作为卖方（Seller）的承包商很少有和作为买方（Buyer）的业主商谈的地位和机会，只是在业主收到文件后有疑点需要承包商澄清和答疑时才有机会。因此，承包商除了要按要求填报好资审文件，保证资审文件的完备性、正确性和有效性以外，就要利用各种场合，创造机会主动和业主及其代表、咨询公司和评审委员等进行直接的、非直接的多方位的接触和会谈，赢得他们的信任和好感。如果是由国际金融组织如世界银行、亚洲开发银行、非洲发展银行等出资的项目，还要设法争取他们的支持。力争通过资审，列上入选的投标者或投标者短名单。西方一些大型承包商都非常重视这一阶段的谈判工作，他们形象地描述这个阶段的谈判任务是：要尽量"销售"自己（或"推销"自己）（Sell Himself）；力争通过"考试"（Examination），入选短名单。对一些大型项目来讲，业主往往会在资格预审阶段，在接到承包商报送的资审文件后，要求承包商当面陈述怎样实施工程的施工组织安排和施工方法，以便使一些真正有技术能力的承包商能够参与投标，从某种意义上讲就是"技术投标"，也是技术谈判，这就为承包商"销售"自己提供了机会。西方公司都十分重视这种"销售"自己的技术谈判，而这种谈判正是需要把专业知识和创造性思维运用到谈判活动中去。他们往往由公司主要领导人或负责人亲自出马活动外，还要带领或派出熟谙该项目技术的专家、权威人士去"销售"自己的先进的技术方案，向业主及其有关部门进行叫卖和游说或答辩，或出席技术谈判，以期在入选短名单问题上取得优先权和特权。这方面成功的经验是很多的。

〔案例3-3〕

某西方公司拟参与某国一大型水工项目的投标。在资审阶段该公司就派出公司领导人员与项目业主进行接触会谈，宣传该公司的业绩。以后又在征得业主同意的情况下派出高级专家为该国的技术人员、专家和教授们作该项目有关领域世界新技术成就特别是该公司成果的技术报告，由于报告精彩，深得业主和专家教授们的好评。以后特意聘请此高级专家参与编制该项目招标文件和评标委员会，某公司和该国就此建立了长期友好合作关系。

〔案例3-4〕

我国某利用世界银行贷款的城市道路规划项目。该项目采用无限竞争性公开招标方式，并且已进入即将评审投标者短名单阶段。某西方公司获知信息后立即派出副总裁和专家来我国活动并多方游说，宣传该公司在城市道路规划方面的世界性业绩。与此同时，该公司还和世界银行进行了联系，终于获得了世行的支持，并说服了业主，通过了资审，列入了投标者短名单。以后又在竞标中获胜，中了标并拿到了项目。

我国对外公司在国外也有不少类似的经验。有些就是在资格预审阶段或评标阶段派出强有力的技术专家去游说，陈述自己的技术优势，或进行澄清和答辩，取得了信誉，开发了市场，揽到了项目，并由此建立了长期的友好合作关系。这种做法对某些发展中国家尤其是一些非洲国家是比较有效的。因为我国的技术方案往往比发达国家的西方公司的技术方案要经济合理，更切合发展中国家的国情。

另外，为了更有效地开展多方位的接触会谈，应该随时要求当地代理人发挥作用，责成他牵线搭桥，开展多方位活动。同时也要依靠我国驻外使馆和使馆经参处，必要时请使馆或经参处领导亲自出面介绍和引见。

以上讲的是开发市场和招揽项目阶段的初始情况。一旦公司在某个国家开发市场已具规模，并已实施完成一些项目，取得较好业绩，或已在国际工程市场上赢得较好信誉时，公司在通过资审列入投标者短名单问题就会容易得多，不需要再花费很多精力和时间，只是按照规定要求填报资审文件，往往就可入选了。当然也不能掉以轻心。总之，在开发新市场或是参加竞争性较强的大型项目投标时，必须十分重视资审阶段的多方位接触会谈，尤其要重视技术谈判或质询答疑，以期给项目所在国和项目业主树立良好的形象，据以建立长期的友好合作关系。

第2节　招标和投标阶段

一旦公司通过了资格预审，并被列为入选的投标者或被列入投标者短名单后，按国际工程谈判基本模式即进入了招标和投标阶段。根据国际工程的经验，公司在进入这个阶段后的首要任务是尽早任命项目经理和项目主要人员，并在此基础上组织投标班子。及时购买招标文件，并着手编标和投标。他们中间的主要人员要直接负责或参与项目各个阶段的谈判工作，自始至终，一气呵成。如果在项目中标或签订合同后再任命项目经理和项目主要人员，而他们又不是投标班子成员，则他们总是不可能与投标人有一致的认识和承诺。

以往的教训是，他们对公司的第一个反应往往是"标价太低了，干不了。"甚至说："这个标根本不应该拿。"有的还会不断指摘或挑剔投标书的"不完备"和"错误"，向公司要价，讲条件。当项目在实施过程中出现困难时，他们有的不仅不能积极主动参与谈判，努力改进工作，设法扭转局面，甚至说三道四，幸灾乐祸。因而导致项目管理和谈判活动的混乱。这种不正常现象需要从这个阶段一开始就注意从根本上防止。

这个阶段的谈判任务主要有以下几项。

一、现场考察和标前会议质疑会谈

所有入选的投标者都要按照招标文件的要求和规定的日期和安排与业主一道赴项目现场进行现场考察（Site Visit，Visit to Site）。业主还往往结合现场考察在现场就地召开标前会议（Pre-bidding Meeting）或投标者会议（Tenderers Conference）。招标文件有时还规定投标者需在召开会议 1 周前以书面或传真形式发出需要质疑的问题，并可在现场考察召开标前会议或投标者会议时当场提出补充质询。业主对承包商提出的质疑和问题，都将用会议记录形式答复并送交每个投标者，并作为招标文件的一部分。如果是投标文件未包括的有关信息，则应视作对招标文件的修改或补充。因此，这次现场考察和标前会议不仅可以起到澄清现场事实的作用，而且可以对招标文件的各项疑问和问题为承包商提供质询和收集信息的机会，也是谈判活动的一个重要环节，投标者或谈判者必须重视这个机会，事前作好充分准备。由于业主安排的现场考察时间短，只能是走马看花，不可能细看。承包商往往需要在这以前就自己进行现场考察，详细查看当地材料料源的位置、质量、规格和开采量和运距、水源、电源、当地劳力资源以及土壤地质和水文气象条件等等情况，才能在和业主一道进行现场察看和召开标前会议时有针对性地提出质疑，澄清事实。至于招标文件内容的质疑，当然更需要提前作出准备。如果既不认真阅读和消化招标文件，又不作准备，在会上提出些仅仅是常识性问题，或是在招标文件中已有明确规定和说明的问题，甚至说些外行话，就会惹起哄堂大笑，贻笑大方，影响公司形象和信誉，这种尴尬场面，笔者见过不少。

二、编制投标书期间谈判

（一）文件内容质询商谈

这是着手编制投标书以前和编制投标书期间需要高度重视的问题。因为招标文件往往会有遗漏、错误、词义含糊或前后矛盾等情况。承包商如果不向业主提出质询，后果只能自负。国际惯例是承包商如果发现有这种情况，应该及时提出质询，所谓及时就是应该按照招标文件中规定的提交质询日期时限以书面形式提出质询。一般都是规定投标截止日期前 30 天或标前会议前 7 天。如果规定的质疑时限只是标前会议前 7 天，而且标前会议又是结合现场察看召开的，则承包商只能抓紧时间，按时提出，切莫错过时机。如果质疑时限是投标截止日期前 30 天，则同样需要重视这一次机会，抓紧时间，认真准备。业主处理投标人质疑一般有两种方式：信函方式和会议方式。会议方式则可以结合现场察看召开，也可以单独召开。无论是以哪种方式处理，业主均必须以书面方式作出答复，抄送给所有投标者，并作为招标文件的修改或补充，视作合同文件的一部分。因此，承包商务必在规定的时限前，认真阅读和分析招标文件，包括投标者须知、合同通用条件、合同专用条件、技术规范、工程量表、图纸、参考资料等，都要一一阅读和分析。只有通过仔细阅读分析，才能提出中肯和重要的质疑。也只有当承包商提出的质疑内容具有一定的重要性和普遍意义，业主才往往召开投标者会议进行解答和商谈。

根据以往经验，投标者对招标文件的内容质询，一般都偏重于以下一些围绕合同条件、技术规范和当地各种法律手续、制度等方面的关键问题，以便在编制投标书和报价时计入合理的风险系数，不致在实施项目后导致亏损。当然，如果招标文件中已有明确规定和说明时就不宜再提出质询。

（1）当地币存在较大贬值风险时，在合同条件中有没有适当的保值条款？

（2）合同条件中有关支付的条款是否明确？有没有列入调价公式？调价公式中采用的固定系数是否恰当？对拖延支付有没有惩罚或补偿条款？对当地政府法令政策改变引起的各种费用增加，有没有给予补偿的条款？等等。

（3）技术上是否允许有比较方案？

（4）技术规范中的技术要求是否合理？

（5）税法和海关法等是否明确？有哪些免税条款？可否临时进口机具设备而不收海关关税？

（6）办理各种证件，如居留证、工作证、驾驶证等都有哪些手续？

（7）争端、仲裁条款是否合理？

等等。

考虑到有些发展中国家合同法还很不健全；有的虽有合同法，但主要是单方面保护业主权益，对承包商的权益考虑很少；有的则不采用国际通用合同条件如 FIDIC 条款，而是采用自己或另一国家的合同条件；有的虽然采用国际通用合同条件，但却另订了很多不合理的专用条件等等。因此，在招标文件的内容上，需要花费较大的精力去质询和商谈。上面所列的问题只是提供给读者一些思路，实际需要质询的问题和怎样提出问题，则需要针对不同国家和招标文件中的具体规定进行推敲，并经过充分的调研和斟酌后才能有的放矢地提出。只有通过质疑和商谈，弄清楚招标文件的内容和项目的风险所在，才能使投标书和报价做到相对稳妥和可靠，才有可能避免由于投标的失误而导致项目的亏损。另外，有经验的承包商在编制投标书和报价时往往还要预先设置一些谈判战略，以便以后在评标阶段或合同谈判阶段的谈判中讨价还价，处于比较主动的地位。例如在报价中要预留一些让利的余地，准备在进一步谈判时作出妥协退让或放弃。又如除按规定的技术方案报价以外，如果允许增加比较方案或备选方案（Alternative）报价时，承包商可以利用自己的技术优势，采用施工方法先进而简易、价格较低的比较方案做文章。在战略上可以在投标书中放进几个方案，多一些选择性的说明和两可的内容，然后选择某个方案报价。这样，当开标时即使基本方案投标价高，名次稍后，但比较方案的报价争取列入第一、二位时，就可能吸引业主及其咨询公司在评标阶段主动约会商谈，而且商谈会首先集中在技术方案上，届时承包商就可以通过有力的谈判，说明比较方案的优越性，并逐步去掉选择性和两可的内容，同时在价格上进一步讨价还价，适当提高利润。这样，不仅提高了投标的中标率，而且可以发挥技术优势，节约造价，增加利润，提高公司技术信誉。

〔案例3-5〕
某竞争性公开招标项目。D公司根据招标文件的工程量表、技术规范和图纸等估算出项目合理成本约在1660万美元左右，如果想获利100万美元，就要报价1760万元。D公司在对竞争者进行评估时，了解到主要竞争对手都迫切想拿到项目，他们将压低报价，可能会抛出1700万美元或更低的报价。因此，D公司在投标者会议上提出了可否另加一个比较方案的质询，得到的答复是肯定的。D公司又在会场外找到业主和编制招标文件的咨询公司，申述可能的比较方案，介绍技术上的优越性。实际上，比较方案的成本约在1450万美元左右，如果报价1550万美元，仍然可以获得预想的利润。经过对市场形势和竞争者的充分评估后，D公司认为如果以1760（比较方案1550）报出，可能会由于基本方案报价太高而被刷掉，失去进一步谈判的机会。最终决策以1700（比较方案1550）报出。开标结果，D公司在基本方案上名列第2位，比较方案名列第1位。大部分公司并没有报比较方案。通过业主和承包商之间在决标和授标前的多次谈判，业主最终采纳了D公司的比较方案，以此签订了合同。

〔案例3-6〕

非洲某公路改建工程项目。B公司在投标编标过程中对照现场察看路况发现某西方咨询公司编制的招标文件中的设计方案很不合理，完全不符合现场实际路况，当时离招标文件规定的提交质询时限还有15天，B公司便主动发函要求业主进行个别质疑商谈，业主欣然同意。在商谈中，B公司阐明了观点，并结合现场勘测结果和分析计算递交了修改设计的初步建议。业主表示赞赏，认为B公司的建议方案不仅在技术上合理，而且在施工上也简单，更切合非洲国家的国情，希望B公司进一步完善技术方案，编制工程量表，估算总费用。B公司随即组织突击，拿出了详细的技术方案，编制了工程量表，估算了总费用，结果比原设计方案可节约15%，而且更切合现场实际情况。业主非常满意，当即表示决心采纳B公司提出的技术方案，并建议B公司在编标中作为比较方案列入投标书中，这样便可在公开竞标中获胜。B公司接受了业主的建议。后来该国政局发生动乱，项目评标工作不得不被迫中止。

以上两个实例也说明在谈判中运用创造性思维的重要性。至于不重视或不进行招标文件内容质询商谈的教训就多了。有的公司派出的投标班子往往只是注意按照工程量表计算单价和总价以及按照"投标者须知"办理有关手续，对合同条件、技术规范、图纸，甚至工程量表前面的编制说明都很少研究分析，有的甚至都不过目。现场察看也是马马虎虎，派个人向业主报个到便算了事。这样带来的后果往往是投标和合同条件上的失误，导致项目的亏损。本书已有不少案例说明了这种状况。又如B公司在某国承建某工程时，当地币年年贬值，当地币和美元的兑换率，平均每年上浮约20%，而在合同中却没有任何保值条款，导致项目的巨大损失。这种由于忽视在合同中设置保值条款，在合同实施过程中由于当地币贬值，汇率不断上升，极大地超出中标时的汇率，导致项目严重亏损的实例是不少的。有的公司甚至在当地币没有保值条款，一部分设备和材料又必须进口以外汇支付贷款的合同条件下，不提出任何质询，而在编标时却决策将外汇比例的要求降到20%～40%去片面追求项目中标，导致项目的巨大损失。这些教训需要认真吸取。

（二）代理人商谈

在编制投标书期间，要充分发挥和利用当地代理人的作用。上面已经谈到，在一些国家外国公司必须有当地代理人才能开展业务，有的国家还规定招标文件只卖给当地代理人。因此，在招标和投标阶段需要经常和代理人商谈，鼓励和敦促他随时沟通和业主的联系，提供编制投标书所需的一切咨询服务：包括法律、税收、银行、保险、海关、当地物资、劳力、市场行情、竞争对手、分包商等等的信息和资料。在可能的情况下，还要求提供咨询公司编标的底标和竞争对手可能的报价等情报。与此同时，还要要求他开展多方位活动，力争项目中标。当然，不能把宝全部押在代理人身上，自己也要开展多方位的对外活动。在和代理人的商谈中，仍然要坚持按劳付酬，论功行赏的原则，并在项目中标和与业主签约后方能按协议分期支付代理费。

（三）询价谈判

在编制投标书期间，询价谈判往往是一项繁重的谈判任务。当然，并不是所有询价都需要通过谈判，有的只需要以信函、传真方式采用货比三家的方法就可以确定供货商。至于购货合同或订货合同，国际上已比较成熟，一般都有通用的模式可资遵循。通常包括货物产地、技术规格和标准、质量保证、检验证书、包装方式、装运标志、装运条款、价格、支付方式、技术文件、交货日期、延期交货赔偿、不可抗力、税费、违约、索赔等条款。由于设备和材料总价往往要占项目合同总价的 60% ~ 70%，而设备、材料的性能优劣又是保证项目进度和质量的关键。因此，不仅要根据项目施工方案和技术规范的要求选定适宜的设备和材料，而且要十分重视主要设备和材料的询价谈判。询价谈判不只是商谈价格、付款条件和交货方式等，而且要通过商谈弄清设备、材料的技术规格、性能以及设备所需的配套机件，同时要争取到较好的技术培训、售后服务和另配件供应等条件。如果只是重视供货，不重视选型，只安排物资人员从价格上货比三家去谈判，往往会带来严重的后果。对设备来说，选型不当或质量不合格，或设备不配套，或另配件供应不及时等，都会严重影响项目的进度、质量和成本。而材料质量不合格，有的甚至连质量检验证明都没有，监理工程师不验收、不接受，因而引起工程返工，不得不重新更换材料以致延误工期的事例也屡见不鲜。

另外，在进行询价谈判时，承包商已不是卖方，而是买方，地位发生了变化，供货商是卖方。承包商手中已有了权力，为了增加项目经济效益，在谈判中可以适当采用进攻型谈判方式，使用些压力迫使卖方降低，特别是在几个供货商进行竞争时，这种方式往往是有效的。但是也要注意防止滥用权力，决不要强迫卖方让利过多，甚至让利至极限或超过极限，这样会导致物极必反，供货商必然会在供货的质量和时间上采用手法暗中反攻，使承包商在项目实施过程中遭受损失。此外，更需要防止有的"聪明"的供货商施加各种手法投人所好。如果贪图小恩小惠，那就容易中了供应商的糖衣炮弹，导致项目的惨重损失，这方面的教训也是深刻的。

（四）分包商谈判

在开发市场和招揽项目阶段特别是在资审前已和分包商进行了多次接触，并就分包工程的范围、方式和要求上达成过一致意向，在编制投标书阶段就必须进入实质性谈判阶段了。因为在编制投标书时，必须通过谈判把以下各项问题落到实处。

1. 分包商的分包价格

即要求若干个已商谈过的或已选定的分包商按商定的分包范围、分包方式进行报价和商谈。如果是劳务分包，则进一步就工资标准和工资以外其它各项费用、津贴等进行具体商谈，并落实分包所需的职别、工种和总人数等。如果是工程分包，在商谈中要注意确认分包商用以报价的前提，即分包商的施工方案、施工方法、设备和人员配备、质量保证体系和措施等。如果技术方案不可靠，设备、人员配备不足，报价再低也不可取。这样的分包商无疑没有必要进行详细报价。各分包商在报价时必须按照招标文件中工程量表所列要求报出单价和总价，必要时要附有单价分析。然后，综合评估分包商的报价和其它条件，最终选定分包商，签订正式的分包合同或协议。

2. 分包商可能违约或破产的防范

承包商在选择分包商时必须考虑在项目实施过程中分包商可能违约或破产，导致整个工程进展受到影响的风险。如果一个项目有多个分包商分担工程，则容易引起互相攀比、干扰和连锁反应，在进度和工序的安排和配合上讨价还价。因此，在商谈中要特别注意分包商的资信度和经济实力，近年来的工作业绩和经验，防止选定没有实力，缺乏经验的分包商。即使是有经验、有实力的分包商，也要在分包合同或协议中规定分包商违约的处罚和赔偿条款。例如规定承包商有权通知和督促分包商加快工程进度；规定分包工程延期违约损失赔偿金；规定如承包商发现因分包商开工不足或管理人员无法弥补其拖延的工期时，承包商有权雇用其它分包商或工人施工，而由原分包商支付发生的费用；甚至还可没收分包商的履约保函而终止分包合同或协议，等。在有多个分包商存在的情况下，还要规定各分包商都必须服从承包商的合理协调和组织管理等等。

3. 转移部分风险给分包商

这是国际承包商通用的转移风险的方式。在分包合同和协议中，一般都要求分包商接受项目合同中业主对承包商的所有的进行制约的条款，使分包商分担一部分风险。有的承包商则把业主和承包商签订的项目合同中的有关履约担保、保留金、误期损害赔偿费等全部或至少按比分包金额比例较大的比例加给分包商。有的承包商则在业主对承包商规定有预付款的情况下，却对分包商规定无预付款。有的还直接把风险大的部分工程分包给分包商，再将业主规定的投标保函、履约担保、保留金、误期损害赔偿费全部打入分包合同或协议中。然后，在谈判中再适当让步，将风险尽量转移给分包商。

4. 其他鼓励和约束分包商的措施

这也是一些承包商常用的用以鼓励分包商更好地履行合同义务，同时部分限制分包商的权利的措施。例如拟定分包商提前竣工的奖励条款以及限制分包商索赔权利，在承包商拿到业主相应的工程款后才支付给分包商等条款。

以上这些问题都需要通过谈判商定后在分包合同或协议中双方签字确认。根据国际工程谈判经验，和询价谈判一样，由于承包商已处于买方地位，分包商是卖方，承包商可以利用手中的权力适当采用进攻型谈判方式，施加些压力，迫使分包商降价，接受条件和签约。一般的做法是先狠狠压价，并提出苛刻条件，再扳起面孔（Poker-faced）采用拖延策略（Delaying tactics）和策略休会（Tactical recess）等施加压力，迫使对方让步。然后通过几轮谈判，在双方让步已基本可接受的情况下，从双方现存的差异中，谋求折衷方案（Leading towards compromise）（以上请参阅第 11 章第 2 节）。但是，笔者仍然提请注意：采用进攻型谈判必须适当，只是利用强有力的地位去谋取较大的利益，决不能滥用权力，强迫对方弃利就范，作出根本不公平合理的让步。这样做的后果可能有两条，一是分包商无利可图，放弃分包；另一是分包商先接受"压迫"，以后在项目实施过程中打"反击"，采用种种手段找回补偿，使承包商陷于困扰，蒙受难以预料的损失。因此，笔者认为即使在有利的情况下，也宜尽量采用建设型谈判方式，讲清利害关系，创造良好的合作气氛，既可达到预期的目的，又利于今后共同把项目经营管理好。

（五）合作伙伴谈判

在开发市场和招揽项目阶段谈判达成的共同资审、共同投标的基础上进一步商谈。商谈的主要问题有：

（1）如何组织共同投标；

（2）项目施工组织安排、采用的技术方案和施工方法；

（3）各方拟投入的资源，包括资金、设备、材料和人员等；

（4）编标依据的理论、程序、方法和策略以及各种原始资料，包括工效定额、各项费用构成和费率等。

一般情况下，对大型项目来说，根据国际工程联营的经验，即使是相同行业以投资入股方式组成的联营体，由联营各方各自分开编标然后综合分析比较的方法比组成联合投标小组共同编标的方法为好。至于不同行业组成的联营体，自然是各方分开编标，然后再综合在一起。因为大型项目的合作伙伴，一般都来自不同国家，制度各异，方法不同，组成联合编标小组后，在初始阶段，合作精神是很弱的。即使强调合作气氛，各方的意见和想法还是有分歧和冲突的，而各方往往都坚信自己的工作方法和工作制度是最好的，因此，可能在每个单项的计算方法和结果上都会相差悬殊，因而争论不休。例如机械设备的使用费构成，在折旧、维修、动力、人工等方面的费率规定和台班定额都不相同，在运杂费的摊销方法上也不一样，间接费的比例和构成上差异更大。要避免不必要的争论和冲突，就需要耗费很多精力去了解对方的计算方法和依据，并进行相互关系的协调。如果在一些问题上双方成员都各持己见，喋喋不休地争论，就可能导致合作气氛的长期破坏，产生灾难性的不协调和不合作。因此，通常的联合投标商谈，宜于将主要精力集中在技术方案、施工方法、资源分配、投标策略等方面，提倡运用创造性思维提出高质量的建议，达成一致认识后，各方分开编标，完成后再开会进行综合比较，先按工程量表比较每项单价，再比较分类大项的汇总价和合同总价。对双方出入较大的单价、汇总价再由各方对费用构成作出解释和分析，并选取双方确认的合理价。由于联营谈判是为了共同利益而结成伙伴关系之间的商谈，当然应主要运用建设型谈判方式，自始至终开诚布公、相互信任、亲密合作，尽量防止出现紧张气氛。至于联营体协议，在开发市场和招揽项目阶段已达成过原则性一致，本阶段没有必要详谈，因为项目仍未中标，因此，联营体协议的细节性谈判可留待项目中标后再进行。

（六）竞争者商谈

在招标和投标阶段，通过调查哪几家承包商购买投标书的信息而获悉的竞争者已不再是可能的竞争者，而是现实的竞争者了。当然，在研究分析招标文件和投标书后，有的竞争者放弃投标的可能性也是存在的。根据以往的经验，本阶段承包商与承包商之间即竞争者之间的接触和商谈比以前频繁，不仅是相互摸底，而且是交换信息，有的还私下交易进行投标策略上的联合，以便控制标价，或轮流保标。因此，在商谈中必须讲究谈判策略，注意保密，争取主动，防止中计或上当。

〔案例 3-7〕

非洲某公路项目，有2个合同段同时招标，A合同由世界银行出资，B合同由欧洲共同体出资。竞争激烈。购买A合同投标书的承包商有7家，购买B合同的有6家。其中欧洲德、法、意等国有6家著名大型承包公司同时都买了两个合同段的投标书。中国R公司根据招标文件的规定，只能购买A合同的投标书。当时同时招标的还有由德国复兴银行出资的另一个公路项目，下称C合同。中国R公司和这几家欧洲公司除个别公司外也都购买了C合同的投标书。中国R公司在该国市场已承包完成了多个公路项目，有良好的业绩，卓有声誉。欧洲各公司都害怕中国R公司的参与竞争，纷纷派遣他们的关键人物包括总裁、副总裁、总工程师、办事处经理等主动追踪中国R公司，找上门来开展活动，进行商谈。有的以友好的态度讲："A和C两个标竞争很激烈，各个公司都势在必夺。如果大家火拼，势必压低标价，导致无利可图，大家都劳民伤财。你我是竞争者中的强手，要共同设法改变局面。"有的则以傲慢的口吻胁迫："我们是你们的强劲对手，我公司这次将不惜任何代价夺标，你们知道我公司的实力，请你们认真掂量，别再和我们战斗了。"有的公司则在初次商谈了解中国R公司的决心后，却通过另一竞争对手出面斡旋，声称他们已通过内部协调，只要中国R公司肯拿出20万美元给该公司作为补偿，他们可以放弃竞争。"中国R公司在全面评估各竞争者的实力后确信这6家欧洲公司中只有2家是真正的竞争对手，另外4家公司在国际上虽有声望，但近年来在该国并无实绩也无经验，当地也没有设备，一切要从零开始，报价不可能低，竞争威胁不大。同时又实事求是地进行了自身分析，认为要同时上两个项目，即A合同和C合同，无论从财力或物力上都有困难，要量力而行。同样，竞争对手也存在类似的心有余而力不足的状况。因此，R公司在投标决策上是确保一个项目中标，谈判策略则是因势利导，联合保标，控制标价。对威胁不大的竞争对手，不伤和气，敷衍了事，不谈实质性问题，不漏底，不上当，对其中的傲慢者也不示弱，明确表态，同意战斗。对有实力的可能的竞争对手，则进一步创造谈判气氛，谈项目效益，谈合作，谈联合。开始是一家一家单独谈，在取得相互了解后，又把两家可能联合的竞争对手邀在一起谈。3个合同，3家真正的竞争者，通过协调，正好都有所获，各得其所。为此，3家竞争者在编标方法和投标策略上达成了默契。具体做法是，每个合同都是采用"以三保一"的方法，联合保标。每个合同的第一、二、三标的标价均先由今后将中第1标的公司定价，然后共同商定并确认，各公司再按照商定的标价分别编标和投标。中国R公司虽然未投B合同标，但在联合保标和控制标价的谈判中发挥了联锁和核心作用，也确保了自己在A合同的竞标中获得了第1标。3家公司的合作气氛极为融洽，在谈判中不仅都能出好主意，而且都能信守诺言，最终都实现了"以三保一"的预想并相互致贺。

　　如果在招标和投标阶段对竞争者缺乏评估和商谈，闭门造车进行编标，或匆忙参与竞标，则往往对市场行情心中无数，盲目报价，导致在竞争中失败，损失了投标费用或以过低价中标，在项目实施过程中亏损严重，这样的教训也是不胜枚举的。例如中国F公司在非洲某国先后投了两个竞争标，都得了最后标。在购买招标文件时，一个标购买者达7家，另一个标多达11家，一些名牌欧洲公司都购买了。但是，在递交投标书时，发现这些欧洲公司绝大部分退出了竞标，其原因就是竞争者太多，而且多半都是当地公司，而合同条件对当地公司又过于照顾，有的专用条件甚至规定要承包商自己负责解决工程用地、料源、税收、保险、施工干扰和安全设施等费用。中国 F 公司仍然决策投标，并以直接费的 77% 增列了间接费和风险费，开标结果仍名列最后。两个标的报价竟分别为第 1 标的 255% 和 213%。不仅损失了投标费用，而且影响了公司声誉。

（七）银行和保险公司商谈

国际工程在项目投标和项目实施过程中经常要和银行和保险公司来往。按照招标文件规定，这些银行和保险公司通常均需经过业主的确认和批准。而银行和保险公司的信誉及其各种费率、利息或保险金额的规定常有差异，需要通过承包商的商谈获得较优惠的条件，以便在编制投标书时合理地计算各项费用，减少风险系数。这往往可以通过谈判先以会议纪要或备忘录形式双方签署确认，项目中标后再签订正式协议。通常需要和银行商谈的问题有：

1. 各种保函手续费

一般都按业主要求的保证金额的比例提取手续费。例如，投标保函为 1‰～3‰，履约担保为 2‰～5‰。由于各个银行提取手续费费率有差异，而且由于履约担保的保证金额较大，各个银行开具保函的条件也不同，往往要求承包商有相应的抵押金，按保证金额的比例 50%～100% 存入银行后才出具保函。承包商需要通过商谈，争取减少手续费，压低抵押金比例。

2. 贷款和贷款利息

承包商往往由于资金不足或资金周转不灵要用银行贷款组织施工，或是由于业主资金紧张，有时也要求承包商先行垫付资金，这就需要在报价时考虑贷款的可能性，并计入部分贷款利息。需要承包商通过商谈落实贷款的可能性，争取较优惠的贷款条件，据以计算报价。

3. 银行透支的可能性

承包商在项目实施过程中往往会发生业主没有及时支付工程款，或承包商的银行存款不足时，需要临时支付一些急需款项，而又因金额不大或时间不长，没有必要办理银行贷款手续，只要银行允许透支（Overdraft）一定数量的金额，资金便可得到周转或缓解。由于不同国家、不同银行、不同项目、不同信誉的承包商，银行透支的可能性和允许透支的额度是不同的，这就需要通过谈判建立和提高银行和承包商之间的信任度和增加银行透支的可能性，同时可以在编标时适当减少风险度系数。

4. 及时提供国际外汇市场行情和动态信息

如果通过商谈，银行能够同意定期和及时地提供这方面信息，承包商在避免和减轻因汇率风险而产生的外汇收支过程中的汇兑损失方面就增加了可能性，有时还可以利用汇率的变化在金融市场上增加收益。这样，在报价时可以较少地考虑汇率风险。

需要和保险公司会谈的主要问题有：

1. 保险项目和保险费

根据招标文件合同条款的规定，需要投保的保险项目一般有工程一切险（或称工程和承包商装备的保险）、第三方保险、人身意外险、事故致伤医疗保险、施工机械保险，还有其它根据项目实际情况需要投保的保险项目，如货物运输险、汽车保险以及战争保险等。由于保险费率往往与项目的性质、风险度大小和项目所在地的地理条件、自然条件、工期的长短、免赔额的高低、工程所在国的劳动法和社会安全法以及货物运输的方式、货物特性、运距等不同因素有关。因此，需要承包商向保险公司说明本项目的具体情况，并根据合同文件和所在国法律规定的最低限额与保险公司商谈分别确定合理的保险费率，以及保险公司承担赔偿责任的保单明细表。谈判的好坏反映在承包商能否以较小的保险费换取遭受损失时能得到较大补偿费的保障。这样，在报价时就可列入较小的保险费和风险系数。

2. 根据需要参加汇率保险

如果招标文件合同条款中没有防止外汇风险的保值条款，而承包商对国际金融市场的汇率浮动趋势又缺乏预见能力时，承包商往往需要参加汇率保险，以免在项目实施过程中因汇率变化急剧而导致项目巨额亏损。在报价时就要计入这笔保险费。

（八）其他会谈

包括海关、税务等部门的商谈。由于各个国家的海关法规、清关手续和税收法以及涉及工程承包业务的其他税务条例都不同，特别是有关公司利润所得税、营业税、合同税、关税、转口税、印花税等等的规定有着较大的差别，有的国家对外国承包商还常常索要税法以外的费用或实行种种摊派。这些都将影响投标报价的准确性。因此，必要时承包商要在充分调研的基础上，提出问题和海关、税务等有关部门进行商谈并确认，有的还可以通过有力的商谈获得一些可能的免税证书。

第3节 评标和决标阶段

承包商按要求递交投标书后，业主即在规定的日期、地点、时间当众开标（Tender Opening），宣布所有投标者送来的投标书中的投标者名称和报价，使全体投标者了解各家的标价和顺序。如果投标者列上了第1标或排在前几标，则说明投标者已具有进一步谈判和取得项目的可能。从国际咨询工程师联合会（FIDIC）编制的招标投标程序流程图上看，就进入了评标（Evaluation of Tenders）和决标（Award of Contract）阶段。从国际工程谈判的基本阶段来说，就进入了讨价还价或磋商（Bargaining）阶段。对承包商来讲，这个阶段是通过谈判手段力争拿到项目的阶段，谈判工作是本阶段的主要任务。如果投标者列不上前几标，一般也就失去了进一步谈判和项目中标的可能。除非在正式评标以前审查投标书过程中或在正式评标阶段发现列在前几标的投标书中有不符合招标文件的要求或投标报价中有错误而被视作废标的情况。

按照常规，业主和承包商之间的合同谈判一般都分两步走：

一、评标和决标阶段的谈判

业主往往采用与通过评审委员会初步评选出的最有可能被接受的几个投标者（一般为二、三家）以个别邀请或约见的方式要求承包商进行澄清（Clarification）或商谈。有时由于评标阶段长达四、五个月或半年，这种个别约见和商谈往往要进行多次。澄清或商谈的问题主要是技术答辩，也包括价格问题和合同条件等问题。对一些大型项目，业主很少能接受获胜标中的全部内容和承包商另外提出的一些条件和要求。通过商谈，双方讨价还价，反复磋商，逐步达成谅解和一致。必要时业主在发出中标通知函前双方还要先达成谅解备忘录（Memorandum of Understanding）。

二、商签合同阶段的谈判

业主通过对最有可能被接受的几个投标者的评审、澄清、答辩和商谈，最终选定了中标者。在向中标者发出中标通知函后，还要和中标者进行决标后签订合同前的谈判，把过去双方达成的一致意见具体化，形成一整套完整的合同文件，进一步和承包商协商和确认，并最终签署项目合同或协议书。有时，在这个关键阶段，业主及其咨询人员还会提出一些额外要求。

因此，承包商与业主之间的讨价还价和磋商往往会持续较长的时间。在这一段时间里，承包商首先要通过成功的谈判获选为唯一的中标者。然后通过进一步的谈判，签订项目合同。怎样才能保证本阶段谈判的顺利进行，并取得较好的效果或预期的成功，根据国内外经验，结合实际问题的谈判和一些谈判策略和技巧，列举以下基本思路和做法。

（一）创造性地进行技术答辩

技术方案、价格和合同条件是本阶段谈判的主题。而技术方案的先进性和可靠性则是其它谈判的前提，也是项目能否成功的前提。因此，本阶段的谈判一般总是先集中于技术谈判，或要求承包商进行技术答辩，在技术谈判取得满意结果后再进行商务谈判。技术答辩往往由业主或评标委员会主持。要求投标者回答中标后如何组织施工，如何保证工期，采取什么重要技术措施，并相应详细阐述投标者的比较方案或备选方案（Alternative）。虽然投标者在编制投标书时对上述问题已有准备，但是这次是正式的技术答辩，并已有了中标的希望。对投标者来讲，确是又一次"销售"自己，宣传自己的极好机会，需要投标者进行认真细致的准备，并组织高级技术专家参加，运用创造性思维，做到创造性地进行技术答辩，以取得评标委员会和业主的信任和赞赏。对比较方案的说明，正如前面已介绍过的，就要详细阐述自己的技术优势，方案的先进性和可靠性，对原先在投标书中保留的两可的内容作出明确的抉择，伺机再适当增加些价格，作为谈判的筹码。同时，在谈判的准备工作中，必须充分考虑到会有你的竞争者介入和干扰，这是在很多国家的官僚机构里经常发生的事，你的投标书和比较方案常常会被业主或评标委员会成员放到你的竞争者桌上，要求他们提出你的弱点。因此，在谈判的准备工作中要高度重视充实自己的弱点，组织技术专家们从技术上予以完善和提高。

（二）确保满意而合理的报价

双方在技术方案上达成一致意见后，业主往往会利用手中权力和有力地位以及投标者谋求中标的急切心情，迫使投标者进一步降低报价。虽然按照国际惯例，合同价格必须以投标者的报价为基础，而不是根据业主的主观要求，同样，承包商也不得随意变更自己的报价。但是，在谈判中业主要求承包商降价已是一般规律，有时还会就外汇比例，工程变更的变更费率和价格调整以至延期支付条件等问题要求投标者作出让步。甚至利用投标者对国际惯例和合同条款等缺乏知识设置圈套，例如第9章最后所附综合案例中业主怂恿承包商在谈判中签下了"即使在合同实施过程中由于增加工程变更费用超过合同总价的20％时，我们确认不调整合同单价"的声明。因此，承包商要在双方达成技术方案的一致后，在商务谈判前首先要设定能使自己满意的报价范围，包括期望水平和让步空间，其次也要尽量摸准可使业主满意的价格水平。在谈判中运用策略（如下面第（三）和（四）中所述）讨价还价，适当让步，最终确保自己设定的满意而合理的报价。与此同时，务必学习掌握和认真对照合同条款，提高警惕，防止上当。

（三）策略地讨价还价

国际工程谈判往往运用以下的"给/得"哲学（"Give/Get" Philosophy）掌握讨价还价的原则：

（1）要想得就得给，有所给，就必须有所得。

（2）不要老是给。因为对方会很快忘了你以前的所给，而要求你再给、给、给，因而形成给的越多，得的越少。

（3）要伺机而给，有条件地给，摸准可有所得时才有所给。

（四）适当地让步

必要时退一步要有所进一步。

如果双方有价格差距，一般总可以在接近中间值处找到双方都能接受的折衷价。但从谈判策略上讲，在谈判中不要马上顺从或屈服于压力，而且决不要一步到位，要分步走。要根据对方的态度和心理状态，利用时间因素逐步缩小差距。还需要在考虑每一次让步的同时，在别的问题上提一些附带条件，例如在价格上让步的同时，提一些支付或合同条件方面的附带条件，这样就可以做到退一步的同时却又有所进一步。有时往往还可以做到吃小亏占大便宜，这就是策略的威力。例如价格商谈，业主的价格为1000万美元，承包商的价格为1200万美元，两者的中间值为1100万美元，业主立即提出要求承包商降到1100万美元，承包商马上顺从，一步到位。这时，承包商可能已作出了最大让步，但是，事成后业主可能并不满意，认为承包商让步太爽快了，肯定还留有余地，因此反而有点失望。如果在谈判中换一种让步方式，即承包商明知道可让到1100万美元，但不马上到位，先坚持和解释1200万美元是承包商的最低价，不可能让到1100万，并建议业主放弃1100万的要求。这样，最终价格也就会在1100～1200万美元之间商定，业主反而可能会觉得承包商确实作了诚恳的降价让步。即使通过反复磋商，业主仍然坚持1100万，最后再表示勉强接受也为时不晚。也就是说，承包商最初可设定的报价期望水平和空间为1100～1200万，估计对方即业主为1050～1150万，承包商在谈判中采取逐步缩小差距的让步策略，从1000～1200至1100～1200，再到1100～1150，通过讨价还价，最终可能在1120～1130之间达成双方都能接受的价格。关于让步方式，何拍森编著的《国外工程招标与投标》一书中引用了国外统计分析资料，介绍了8种让步方式，即降价方式（见表3-1）。摘录如下。

8种不同的让步方式　　　　　　　表3-1

让步方式	预计降价总额 （万美元）	第1次降价额 （万美元）	第2次降价额 （万美元）	第3次降价额 （万美元）	第4次降价额 （万美元）
1	80	80	0	0	0
2	80	20	20	20	20
3	80	5	15	25	35
4	80	30	25	15	10
5	80	40	25	10	5
6	80	60	15	5	5
7	80	60	20	−10	10
8	80	0	0	0	80

假设卖方即承包商准备在整个谈判过程中共降价 80 万美元，共分 4 次降价，则可采用表 3-1 中所示的 8 种方式。这 8 种方式，各有特点。

第 1 种方式一开始对业主具有极大的诱惑力，但容易在中、后期造成僵局。一般工程承包一次降价可成交的很少，所以只能用于金额不大的小项目。

第 2 种方式是卖方可以长期吸引买方。利用这种方式，卖方可使买方持续与自己谈判，但由于每次让步额相同，买方心理上总是企图使卖方再次让步。

第 3 种方式的特点是一开始容易出现僵局随后即可使买方产生期望，但由于一次比一次降价多，使买方认为谈判次数越多，得到的好处越多，这种心理不利于成交。

第 4 种方式表明卖方有一定的诚意，也愿意让步，因而整个谈判过程中一直能够吸引对方，也不致使谈判在中期出现僵局或破裂。

第 5 种方式表明卖方有较大的诚意，谈判一开始就能吸引对方。

上述两种方式，随着谈判的深入，卖方的降价幅度却越来越小，随即也就增加了谈判的复杂性和艰苦性。但也使买方感到增加的次数多了，得到的好处也不会太多了。在国际工程谈判中，这两种降价让步方式运用较多。

第 6 种方式虽然在谈判开始阶段就能吸引对方，但买方很快就会感到失望，越到谈判的后期破裂的风险就越大。

第 7 种方式和第 6 种方式基本相同。不同的是，第 7 种方式到第 3 次谈判时，卖方的立场显得更强硬。这一着可使买方早下决心拍板成交，但卖方也要冒谈判破裂的风险。就在买方对成交或破裂作出选择时，卖方很快在第 4 次又给买方一点好处，这样可给买方挽回一点面子，使买方也感到满意。

第 8 种方式表明卖方在谈判初期和中期拒不降价的坚定立场，非到最后万不得已时决不让步。但在初期和中期容易发生僵局，谈判破裂的风险较大，除非卖方有较强的优势，否则不要轻易运用这种方式。

一般来说，任何一方的降价都取决于谈判对方的态度、降价的额度、速度及其它条件。但买卖双方各自处理降价的总方式是不相同的。通常买方在开始时让步的数额都较小，且在长时间内让步缓慢。同时各次降价的数额差异也不会很大。而卖方在开始期间往往都能作较大的让步，在后来的长时间的谈判过程中再作缓慢的让步。

总之，第 1、2、3、8 这 4 种降价方式，在实际谈判中是很少采用的，而大多数谈判都较常运用的是第 4、5、6、7 这 4 种降价方式。然而，在买方从一开始就狠狠压价的情况下，卖方无论如何不要轻易地顺从，除非是很合情理的压价。要说明情况，并设法打消买方不合理的压价势头和想法，然后再在自己设定的期望水平和谈判空间里，根据情况的发展，比较参照以上的让步方式，通过谈判，逐步缩小双方差距，取得谈判的成功。另外，在每一次让步的同时，还可以相机在别的问题上提出些附带条件，取得额外的谈判成果。

（五）切忌伤感情，要顾全面子

在谈判过程中，双方的谈判者都会忠实地代表自己一方，力陈辩词，捍卫一方利益，不愿让步。对谈判者个人来讲，往往认为向对方让步即意味着谈判不力、丢面子。因此，在关键问题上相争不下时，谈判者往往容易从个人出发动感情，发火、甚至吵架，使谈判陷入僵局。在出现动感情的场面时，一个有经验的谈判者会及时注意顾全面子，不伤感情，需要很快引入别的话题，以避免正面冲突，缓和气氛，或是建议策略性休会，让大家冷静下来，再考虑考虑，或是建议离开谈判桌，找个地方换换空气或轻松一下，改善气氛。

（六）主要运用建设型谈判类型

这不仅是由于承包商在本阶段所处的卖方地位所要求，而且是为了在谈判中争取主动，创造气氛，赢得信任，使谈判始终在亲切、友好、合作和相互信任的气氛中进行。每次谈判要有自己的底牌，即期望水平、目标和谈判空间，底牌不要只此一招，要多招，要运用创造性思维开发更多的可行设想，即选择性方案，以便在谈判中创造共同探讨的局面。在谈判过程中要力争防止出现大的分歧，更不要相互指责导致冲突和破裂。

第4节　商签合同阶段

当业主已最终选定一家承包商作为唯一的中标者，并只和这家承包商进一步商谈时，就进入了商签合同阶段，从国际工程谈判的基本阶段来说，就进入了最终的解决问题（Settling）阶段。一般先由业主发出中标通知函（Letter of Acceptance），然后约见和谈判，即将过去双方通过谈判达成的一致意见具体化，形成完整的合同文件，进一步协商和确认，并最终签订合同（Signature of Contract，Signing Contract）。有时由于规定的评标阶段长，业主也往往采用先选定中标者，进行商谈后再发中标通知函，同时发出合同协议书，进一步商谈并最终签订合同协议书。本阶段的谈判特点是，谈判局面已有所改变，承包商已由过去的时刻处于被人裁定的卖方的地位转变为可以与业主及其咨询人员（即未来的项目监理工程师）同桌商谈的项目合伙人（Partner）的地位。因此，承包商可以充分利用这一有利地位，对合同文件中的关键性条款，尤其是一些不够合理的条款，进一步展开有理、有利、有节的谈判，说服业主作出让步，力争合同条款公平合理。必要时还需要加入个别的保护承包商自身合法权益的条款。当然，这决不能对以前已经达成的一致进行翻案，言而无信，而是从合作搞好项目出发，进一步提出建设性意见。另外，也要看到在双方未签署合同协议书以前，买方仍然有权改变卖方，买方可以约见第二位卖方另行商谈。一般来说，买方不会轻易这样做，因为买方与第二位卖方的会谈将会更困难，第二位卖方的身价必然要升高，买方的有利地位将削弱。因此，形成的合同文件中如果确有不合理的条款时，由于合同未签约，尚未缴纳履约担保，承包商不受合同的约束也不致蒙受巨大损失，在一些强加的不合理条款得不到公平合理的解决时，承包商往往宁可冒损失投标保证金的风险而退出谈判。然而，对承包商来说，毕竟还是要力争拿到项目的，并且还要考虑，一旦合同签约，这种有法律约束力的合同关系将会保持和延续很长时间，如果在本阶段的谈判中留有较强的阴影，必将在整个履行合同过程中导致一定程度的反映和报复。所以，本阶段的谈判必须要和以前的谈判保持连续性，并坚持运用建设型谈判方式，谋求双方的共同利益，建立新的合作伙伴关系，使双方能在履行合同过程中创立最佳的合作意愿和气氛，保证项目的顺利实施和建设成功。根据以往的实践经验，本阶段的谈判重点一般都放在合同文件的组成、顺序，合同条款的内容和条件以及合同价格的最终确认上。如果双方的合作意愿和谈判气氛良好，双方还会目标一致地商谈项目的开工日期。由于国际工程的合同形式还没有统一，近年来，虽然大部分国家已广泛采用 FIDIC 合同条件，但在专用条件上往往有较大变动。因此，本阶段谈判有时会持续很长时间，谈判需要的专业性和技巧很强，对一些重要项目来讲，除了要有知识面广和工程经验丰富的技术专家和高级业务管理人员参加谈判以外，往往还要配备合同管理专家或律师。下面就本阶段谈判的几个主要问题分别作些简要叙述。

一、合同文件的组成和优先顺序

合同文件（Contract Documents）是签约双方在项目实施过程中必须遵守的具有法律约束力的文件。如果拟定的合同文件不严密、不周全，将会给合同执行阶段留下隐患，直接影响合同双方的利益和项目的成败。这里需要指出的是对合同文件的组成（Composition of Contract Documents）要有一个全面理解，它不仅包括双方最终签署的合同协议书（Contract Agreement），更重要的是要包括需要在合同协议书中提及的一些文件，如同 FIDIC 条款第 4 版中所附的合同协议书模式中所列出的：

（1）中标函（The Letter of Acceptance）；

（2）上述投标书（The said Tender）；

（3）合同条件（第一、第二部分）（The Conditions of Contract（Part I and Part II））；

（4）规范（The Specification）；

（5）图纸（The Drawings）；

（6）工程量表（The Bill of Quantities）。

按照国际惯例，合同文件不仅应该包括业主在项目招标、投标、评标、决标各个阶段发给承包商的主要文件，还要包括在上述各个阶段双方通过谈判达成的需要列入合同文件中的重要成果文件，如招标文件的补遗（Addeda），标前会议的质疑解答（Queries and Replies）或会议纪要（Minutes of Meeting），决标前达成的谅解备忘录（Memorandom of Understanding）等。由于国际工程合同形式的不统一，而项目各个阶段的谈判过程又长，谈判人员可能有变化，谈判达成文件的内容前后也可能出现歧义和矛盾，因此，最终如何通过本阶段的谈判形成双方共同确认的严密、周全的一整套完整的合同文件，并且按法律决定它们的优先顺序（Priority，Order of Precedence）是体现本阶段谈判成果的最终反映。FIDIC 条款第 5、2 分条款对合同文件的组成及其优先次序作出了以下规定：

（1）合同协议书（The Contract Agreement）；

（2）中标函（The Letter of Acceptance）；

（3）投标书（The Tender）；

（4）本合同条件第二部分（Part II of these Conditions）；

（5）本合同条件第一部分（Part I of these Conditions）；

（6）构成合同一部分的任何其它文件（Any other document forming part of Contract）。

FIDIC 条款第 4 版"应用指南"（Guide to the Use of FIDIC）中对这一分条的说明，这个规定的优先次序只是一个建议，其它优先次序可由业主选择。因此，承包商在收到合同协议书后，不仅要注意在合同协议书中所提及的一些文件是否严密和周全，是否包括了各个阶段业主发来的与合同有关的主要文件以及双方达成的重要成果文件，而且要注意业主选择的文件优先次序。对没有提及和列入的重要文件，要通过谈判提请列入或以备忘录或附录形式列为合同协议书的附件，同时对业主选定的优先次序提出必要的修改或调整。由于这项工作的重要性和严密性，在谈判前务必进行充分的准备，考虑长远利益，权衡利弊，认真推敲，提出意见。

二、合同条款的内容和条件

这个问题在编制投标书期间，通过文件内容质询商谈以及在评标和决标阶段的个别商谈，已经基本得到解决，本阶段可进行一次复查，主要针对一些关键性条款和不合理条款。另外，本阶段业主及其咨询人员还会提出一些额外要求如修改设计、增加工程、改变技术规范、调整价格等问题，作为授予合同的附带条件。承包商也同样可能要提出一些补充要求如开工日期、预付款支付、外汇比例调整等问题，希望业主给以照顾。因此，在合同签订前，业主和承包商通常都会就合同条款的内容和条件进一步商谈。

（一）修改设计

业主的咨询人员，包括未来项目实施时的监理工程师，在评标阶段可能会对原设计以及承包商的比较方案提出一些修改设计的想法。他们往往会在合同签订前建议业主列入合同谈判范围，以此要求承包商进一步降价。对此，承包商需要慎重对待。

〔案例 3-8〕

非洲某公路工程项目。中国 B 公司已中标。在授予合同前，业主咨询人员即未来项目实施时的监理工程师向业主提出了修改设计的想法，包括几段路线的改线，石方边坡的变更、平、纵曲线半径的调整，取消原设计中的两段支线等等，并拟定了修改方案和降价方案（降价 31.09%，在征得出资的世界银行同意后，建议业主列入合同文件，和承包商进行谈判。B 公司对修改方案和合同条款进行充分研究后认为是不合理要求，开展了有理有利有节的申辩和谈判。在谈判中，承包商提出了以下 3 点理由：

（1）招标文件中明确规定，在招标、投标阶段业主有权对招标文件作出修改，但在开标后即不能修改。同样，承包商的投标书在开标后除了业主审核和修改其数字计算错误外，也不容许作任何修改。合同文件还明确指出，任何这种修改所形成的前后矛盾对所有承包商都是不合理、不公正的。因此，咨询工程师在开标后才提出如此重大的修改是不符合合同文件的，也是不合理、不公正的。

（2）咨询工程师并非是原设计者，未经过详细的现场勘测在短期内就作出如此重大的修改设计方案，这种设想的方案在项目实施时是不一定能够实现的。只有在实施过程中根据现场地形、地质实际情况才能作出比较切合实际和合理的修改方案。

（3）合同文件规定合同数量是容许增减的，但这是有关在施工过程中变更设计的合同条款，即 FIDIC 条款第 51 和 52 条，它只能在项目开工后结合工程进展和现场实际情况以下达变更令的方式使用。

在与业主谈判的同时，B 公司向世界银行也发出了正式文函，申诉以上理由，并附上有关合同条款，同时提出了合理的建议。建议合同文件要以投标书的报价为基础，中标函和合同文件的合同总金额及单价要和投标者的报价相一致。至于对原设计的重大修改，可依据合同条款第 51 和 52 条在开工以后结合现场实际情况再下达工程变更令，使修改方案更切合实际。世界银行采纳了 B 公司的建议，并正式下文通知了业主。这样，业主和承包商之间的商谈终于获得了公平合理的解决。

（二）增加工程

按照国际惯例，增加工程有两类。一类是合同内的附加工程（Additional Work），这也是需要按照 FIDIC 条款第 51 和 52 条在开工以后结合现场实际情况以下达变更令的方式进行增加的；另一类是合同外的额外工程（Extra Work），这不是完成合同所必须的附加工程，需要另签新合同进行增加（请参见本书第 4 章第 2 节）。因此，增加工程不是合同签订前需要谈判的内容。但是，业主往往从本国利益出发，在合同签约前事先提出这方面的附带条件，作为授予合同的前提，诱导或迫使承包商接受，为以后在长期的合同履行过程中以下达变更令的方式增加工程埋下伏笔。例如第 9 章最后所附综合案例中业主怂恿和引诱承包商在合同谈判过程中签署的声明文件："即使在合同履行过程中由于增加工程变更费用总额超过合同总价的 20% 时，确认同意不调整合同单价。"随后，业主又进一步明确将此声明列作正式的合同文件。承包商由于合同知识的贫乏导致合同谈判的失误，给以后的项目实施造成了极端被动的局面。因此，在合同签订前的谈判中，承包商对业主提出的任何额外要求或附带条件，务必提高警惕，慎重对待，不要急于中标而轻率表态。一般来说，对业主提出的额外工程等附带条件，均应依据合同条款予以婉拒，也可建议放到施工过程中再商谈。

（三）技术问题

一般来说，技术问题在招标、投标阶段，特别是在编制投标书期间通过文件内容质询商谈均已获得解决。在授予合同前的谈判中，业主及其咨询人员往往会就承包商提出的比较方案进一步在技术上提出些额外要求或附带条件，以保证工程质量。由于比较方案是承包商的技术优势，也是由承包商主动提出的，在谈判中承包商理应持积极支持的态度。但是，这需要在业主采纳比较方案并按比较方案授标的前提下，双方进行友好商谈，共同探讨，达成一致。可以以会谈纪要的形式签署补充文件。在价格问题上，一般都不再变动投标书中比较方案的报价或在评标和决标阶段双方讨价还价谈判中达成的价格。待以后在项目实施过程中再按照实际完成的工程量进行结算。另外，承包商在投标阶段由于时间仓促，未能及时发现而在投标后经过仔细钻研进一步发现的有关技术规范方面的一些主要问题，承包商也可在签订合同前积极主动地提出商讨，以免将来造成施工困难或贻误工期，例如一些主要材料和主要施工工艺的技术规范等。至于个别的、不影响全局的技术问题，则应留待施工过程中再进行商谈。

（四）其他问题

如果承包商和业主通过较长时间的接触来往和频繁的商谈已经建立起了相互合作和信任的友好气氛，承包商可以对以下一些问题和业主进行商谈，以获取更好的合同条件。

1. 开工日期

合同条款一般规定是承包商在接到监理工程师有关开工的通知后，应在合理可能的情况下尽快开工，而开工通知则在中标通知函颁发日期之后，于投标书附件规定的期限内（一般为合同签订后 1 个月）发出。由于开工日期直接关系到项目竣工日期，竣工时间是从开工日期算起的。而开工前又必须具备一些条件，否则将导致开工后的误期，影响整个工程进度。为此，FIDIC 条款第 4 版"应用指南"中作出了明确的阐述：在送交开工通知前"业主一定要对现场拥有占有权，并且清理好通往现场的通道，同时根据已确定的计划完成其它的法律或财务手续。尤其重要的是业主能够履行向承包商支付预付款的义务。"

FIDIC 条款第 42.1 分条款还强调指出，"否则，将根据承包商提出的合理建议开工"。因此，承包商有必要在友好的商谈气氛中运用以上合同条件保护自己，主动建议一个十分有利的合理的开工日期，并与业主达成一致。

2．预付款

合同条款一般规定，在承包商向业主呈交履约保函和预付款保函（一般为颁发中标通知函之日后 30 天内）后，由监理工程师开具证明在 28 天内支付给承包商。有的项目，支付设备、材料预付款还有些别的规定条件，例如设备、材料到场的数量和时间等。然而，如果双方关系融洽，谈判气氛良好，通过友好商谈，业主在条件许可时往往可以允诺较规定的日期提前支付，有时还可在前期超额支付，以应急需，有时还可通融用形式发票验证即可支付设备、材料预付款等，这对缓和承包商流动资金需要有显著作用。

3．外汇比例

投标报价时为了中标往往算得比较紧或压的比较低。有时由于评标和谈判时间长，需要进口的材料和设备已经过了有效询价期而涨价，有些本拟用当地币支付的款项需改用外汇支付，因而在标书中所定的外汇比例明显不足。如果谈判气氛融洽，承包商可以编标时考虑不周、评标时间长、市场急剧变化等为理由，提出较充分的计算依据，要求适当增加外汇比例。通过友好商谈，业主在条件许可时有时也会予以考虑并承诺。有的则同意将在项目实际过程中结合物价修正条款进行调整。

三、价格的最终确认

前面已经详述了招标和投标阶段等谈判中关于价格问题的商谈，双方已经作了充分的讨价还价，并在让步和妥协的基础上达成了一致的意见。在商签合同阶段的谈判中，双方要对合同金额进行最终确认，以便写入中标通知函或合同协议书。一般来说，双方不会再有变动和争论，只是履行签字确认手续而已。如果发生类似上面所述的业主要求修改设计等带来的修改合同金额问题，或由于采纳承包商提出的比较方案进一步要求修改合同金额问题，在谈判中一般都是坚持"合同必须以投标者的报价为基础，而不是根据业主的要求"的原则说服业主，并可以建议在以后项目实施过程中再根据实际完成的工程量进行结算。

以上只是根据以往的经验教训，列举了一些主要问题。在实际工作中问题是千变万化的，需要谈判者根据实际情况以及合同文件和合同条款细致研究，慎重对待。一旦通过谈判形成了正式的合同文件及附件，并签署确认生效，则将成为在项目实施过程中合同参与方履行合同义务的法律依据，也是谈判成果的体现。

下面再讨论一些在谈判中需要注意的问题：

（一）合同形式和谈判方法

以上讨论都是以 FIDIC 标准土木工程施工合同条件即 FIDIC 条款为基础进行的，如果项目合同是采用其它类型的合同条件，则谈判的内容必然会有所差异。一方面需要注意翻译的准确性，做到准确理解合同条款；另一方面对一些主要问题应尽量参照国际上已广泛采用，各方面经验已比较成熟的 FIDIC 条款和本书的内容提出中肯的合理的建议，作为谈判的基础，以便遵照国际惯例取得谈判的成功。

（二）谈判的策略和技巧

（1）合同谈判是严密的，业务性和逻辑性都很强。防止授人以柄，不要让对方认为你对合同缺乏理解，或牵强附会。除了要选派得力的主谈人员和翻译以外，必要时还要配备法律顾问或合同专家，并按照第2章要求认真细致地做好各项谈判准备工作。

（2）在发表我方意见之前，务必先听清对方的观点并理解准确。在形成我方观点前，务必将问题想透彻、想全面，要分析哪些观点对方可能接受，哪些则可能引起争论。要运用创造性思维多设想几种选择性方案，以便在可能产生剧烈争论时必要时修改谈判方案，提出建议方案或改换话题。

（3）不要把对我方有利的所有论点和证据一揽子都抛出去。如果你手中掌握6条论据，可以先提几条无可争议、最有说服力的，使对方信服，以创立谈判优势。否则，对方肯定会抓住你6条中的最弱点攻你，使你处于劣势、守势，从而丧失谈判的主动权。

（4）在谈判中要竭尽全力将复杂问题简单化，抓主要矛盾、抓关键、抓要害。要在熟悉合同条款的基础上，充分利用合同条款的合理性、合法性和内在联系来说明问题和保护自己。例如［案例3-8］中业主及其咨询人员提出的修改设计和修改合同金额问题，如果承包商缺乏合同知识，不会运用合同条款保护自己，而是和业主一项一项地逐项讨论修改设计的具体问题，这必然会导致问题的复杂化，使谈判陷入无休止的讨论中，使自己处于极为被动的地位，而且也将在谈判中失利。

（5）虽然承包商的地位已有了变化，已由卖方转为项目合作伙伴的关系，承包商可以充分利用这一有利地位，对合同文件中的关键性条款，尤其是一些不够合理的条款，展开有理、有利、有节的谈判，说服业主作出让步。但是，谈判双方都是项目未来预期的合作者，进行友好合作取得项目的成功应是双方的共同愿望和共同利益，因此，在谈判中仍然以采用建设型谈判为主，积极创造和蔼、合作和相互信任的谈判氛围。然而，在合同谈判中往往也会碰到无克制的进攻型的业主，如果我方从对方的各种反应和表现确认对方已持肆意进攻的态度，合同条件苛刻，谈判刻薄，固执，我方也只能被迫采用进攻型谈判来防卫和保护自己，以便使对方在付出代价的基础上获取可能的回报，决不要一味妥协，委曲求全。我们的基本目的仍然是"得"，对对方提出的额外要求小心留神地"给"，"得"的越多越好，"给"的越少越好。要利用策略和技巧，取得较好的效果。根据国际工程谈判的经验，对付进攻者的反进攻策略不少，现将经常运用的简要介绍如下，请参阅本书第11章。

1）利用时间（The use of time）。进攻者往往急于求成，并使用压力迫使速战速决，我方为了自身利益，必须设法拖延时间。要根据谈判的进展和对方的心理状态，选择和变换时刻（Moment）和时限（Limit）因素，该拖的拖，该决的决。

2）扳起面孔（Poker-faced）。针对对方的进攻或连珠式的逼问，可以一本正经地扳起面孔，使对方感到难以捉摸，深浅莫测。既不要避而不答，也不要有问必答，有时还可以反提问，镇定自若地应付。

3）稳住对方（Secure the opponent）。进攻型谈判的对方往往在关键时刻使用终止谈判的战术进行恐吓或威胁，如果我方无意退出谈判，就要设法稳住对方，把对方缠在谈判桌上。可以提出新的想法和条件吸引对方，也可以以"如果你同意……，我也就同意……"的姿态，作出有条件的妥协和让步，使对方在心理上有所缓和和满足。即本着有所"给"必须有所"得"的原则，在接受和满足对方提出的额外要求的同时，在别的问题上提出补偿条件或交换条件。例如，业主坚持非降价不可，承包商可以提出调整外汇比例或改善预付款支付办法等作为交换条件进行商谈。

4）策略休会（Tactical Recesses）。在双方各持己见，难以妥协的情况下，如再继续进行谈判，则势必陷入僵局，可以建议休会，以便双方冷静思考，提出新的谈判方案，在缓和紧张气氛后重开谈判。

5）私下接触（Private Contacts）。在关键问题上遭遇进攻，谈判陷于困境时，一方面可以建议策略休会，另一方面可以根据对方的爱好，选择方式私下接触以缓和气氛，增进友谊和信任，例如高尔夫俱乐部、娱乐中心等等，在轻松愉快的环境和气氛中交换意见，或进行私下交易，达成默契。

关于进攻型会谈的模式，请参阅第 11 章第 1 节。

思 考 题

1. 试述项目信息接触会谈的几项主要任务和内容。
2. 试论决策是否参加投标的前提条件。
3. 签订投标前的联营体协议时，要讨论谈判哪些主要问题？
4. 试述招标和投标阶段的主要谈判任务和内容。
5. 怎样运用创造性思维进行招标文件质询商谈？
6. 分别叙述在询价谈判、分包商谈判、合作伙伴谈判和竞争者商谈中应该注意的主要事项。
7. 在评标和决标阶段的谈判活动中，应抓住哪几个主要环节？
8. 试述在价格上讨价还价的策略。
9. 试述合同谈判的主要任务和内容。
10. 简述合同谈判时需要采用的主要策略。

第4章　项目合同实施过程中的谈判任务

项目合同签订后，业主和承包商之间的关系有了新的变化，谈判活动也将主要在受业主委托的监理工程师和承包商之间进行。本章首先论述怎样从项目实施一开始就建立起有利于谈判的氛围；其次论述项目合同履行过程中需要通过谈判解决的主要事项，并逐项讨论谈判的具体内容以及怎样在谈判中合理运用合同条款和策略维护承包商本身的合法权益。

第1节　怎样建立有利于谈判的环境和氛围

项目合同签订后，项目即进入按合同规定的任务全面实施的过程。在项目招标、投标、评标、授标和签订合同过程中，谈判主要是在业主、咨询商和承包商之间进行。合同履行或项目实施过程中，谈判则主要将在承包商的工地代理人即项目经理和受业主委托的监理工程师之间进行。他们以前可能是谈判小组的成员，现在成了经常谈判的最高层。同时，随着项目的进展，一些专家、分包商、供应商和服务商等等会陆续参加到谈判中来。由于一个大型工程项目从准备、修建、竣工到缺陷责任期结束往往需要 3～5 年，甚至更长的时间，其间的谈判将不胜其数，因此有必要从项目实施一开始就建立起有利于谈判的环境和气氛，当然免不了会有以前谈判遗留的阴影和影响，如果以前谈判曾经有过进攻型谈判历史的，那么会在一定程度上带来难以改变的好战后果。如果以前谈判都是建设型的，就将会继续不断地发展亲切友好的关系，这种关系在未来的过程中也可能被不同的参与人或偶然事件破坏，但至少会有一个较长时间的良好开端。怎样从项目一开始就建立起有利于谈判的新鲜的环境和良好的气氛呢？根据以往的经验教训，要注意做好以下两项工作。

一、建立双方关系的正确导向

项目开始实施后，一些"新人"开始聚会在一起，权力和地位改变了，并进行了再分配。在此之前，买方或业主是主宰者，卖方或承包商是乞求者，是竞争者。现在权力已分享，参与各方已是捆在同一个项目里共同工作并有着固定关系的合伙人了。过去谈判的事都是未来要发生的、设想的事，现在要谈判的已是项目的现实世界里的事，并将共同争取合同承诺的最佳预期目标，赢得项目的成功。这里，承包商工地代理人项目经理和受业主委托的监理工程师之间的关系起着主导作用。他们之间如果发生争论，那怕是一个小小的漩涡，就会波及和影响整个关系网的其它参与方。因此，从双方第一次会面的一霎那开始，就需要建立起一个正确的导向。他们在参与方全体见面会的第一小时，甚至是几分钟、几秒钟就会给其它参与方形成第一印象，如果一见面就有一种论战的气氛，那么每个参与方都会处在这种气氛之中，不可能开诚布公，而是大家都处在心存戒心的防御状态。而第一印象却将对未来潜在的气氛起着关键性作用。有经验的谈判者必须从一开始见面就要开发正面关系，建立起正确的导向，不要急于讨论具体业务，更不能轻率地导向争论，甚至冲突。一般做法是首次见面宜在轻松的气氛中相遇。有的西方人不喜欢在办公室中约见第一面，而在其它娱乐场所在轻松的气氛中会面并寒暄几句，即便约会在办公室，也只是相互介绍并寒暄客套一番，再谈谈今后的联系和沟通办法。为了建立正确导向，在首次见面时可以建议在安排第一次工地会议或联席会议时用较多的时间先讨论明确项目初始阶段各参与方的职责、作用和主要工作事项以及如何加强相互信任，并逐步建立起在有争论或分歧时双方都能够在开诚布公和亲切合作的气氛中谋求解决，共同打好建设型谈判的基础。根据以往的经验教训，要建立正确导向并不是十分容易的，尤其是中国的项目经理面对西方的监理工程师往往从一开始就出现困扰，一些中国项目经理还经常埋怨："秀才见了兵，有理说不清。"这就要从项目开始实施便注意处理好关系，否则就难免出现关系上的恶性循环。例如，一开始就忙于争论和谈判履行合同，相对来说，买方代表即监理工程师肯定处于较为优越的地位，毕竟他直接为买方即业主工作过一段较长时间，了解项目情况和合同条款更多些，而且他掌握着工程款的结算权，在项目实施过程中承包商的建议和行动他也有权批准或拒绝。因此，项目一开始如果导向不正确，双方的相互正常关系很容易导入或退化为由买方或受买方委托的监理工程师主宰承包商的地位。在这种情况下，如果监理工程师是个滥用权力者，项目经理往往成了由监理工程师任意摆布或言听计从的人。要主动设法避免这种情况的发生，并从项目一开始就建立起正确的导向。除了以上谈到的双方初次见面时需要注意点外，还要着重注意以下各点：

1. 要显示自己的实力和友好态度

这常常是赢得相互尊重的一条好经验。要在私下接触中有分寸地、实事求是地显示自己的资历和经验，让对方感到你是一位有资历、有经验、合格的伙伴。如果对方也这样做的话，也相信他是一个有经验、合格的伙伴，并表示在今后的工作中要向他请教和咨询。同时在生活上也关心他，使他感到你是尊重他、关心他，是一位好伙伴。从而建立起相互信任、相互尊重、共同工作的友好气氛。我国有的项目经理往往不是这样做，不是一味奉承，言听计从，就是畏人三分，敬而远之；或是讲人家摆臭架子，爱搭不理。这样当然不能处理好关系。

2. 宜经常主动会面并交谈

生活的经验告诉我们，当你多次主动和诚恳地会见某人时，这个人很难对你持不友好态度，当然不是过于频繁地约见而惹人讨厌。因此，项目经理从项目开始实施，尤其是在项目初始阶段，就需要主动会见监理工程师，诚恳交谈，虚心请教并共同探讨，建立起双方友好合作的良好气氛。千万不要对方约见一次才去一次。如果从项目一开始就不能和对方友好相处，那么以后彼此就必然心存戒心，很难见面。长此以往就会形成双方连喝杯咖啡闲聊的机会都难得有的局面。

3. 切忌甘拜下风

国际工程界有一条重要的经验之谈，那就是："If he establishes himself as an underdog, he will never get up to equality"其含意是，如果卖方的项目经理在趾高气扬的买方雇用监理工程师面前退避三舍，甘拜下风，忍气吞声，任人主宰，他在履行合同工程中将永远得不到平等的待遇。我国不少国际工程的项目经理都已饱尝了这种任人主宰的痛苦。〔案例9-6〕中的项目经理就曾形象地讲过这样的话："我们好象掉进大海的漩涡里，无论怎样拼搏，拼死拼活，到头来始终是亏损经理，背黑锅，永远处在被告席上。"究其历史，就是从项目一开始，业主和监理工程师就以泰山压顶之势施加淫威主宰承包商，这位项目经理虽然工作勤恳，但缺乏国际工程合同条款和合同管理知识和经验，在监理工程师频频下达工地指令和工程变更令面前束手无策，在业主和监理工程师的诱逼下，往往只能忍气吞声，言听计从，从而形成了"束手就擒"的局面，导致附加工程、额外工程频频增加，不仅延误了工期，而且亏损累累。因此，承包商从项目一开始，就不能一切无原则地妥协和让步，甘拜下风。既要注意处理好双方关系，也要学会合同管理按合同条款办事，运用合同条款保护自己，必要时要站起来战斗。如果监理工程师主宰的局面业已形成，要想通过现有双方的谈判改善关系和扭转局面是十分困难的，只有按以下途径另找出路，谋求从困境中解脱出来。

（1）如果承包商已经察觉项目经理不称职，则尽快撤换项目经理。

（2）如果承包商找不到能够对付监理工程师的项目经理替换人物时，也可设法找借口把监理工程师换掉，这在国际工程谈判中也不是无先例可循的。但是，这必须在有确切的把握时才着手，否则一旦换不掉，承包商项目经理的日后处境将更困难。一般来说，这往往需要通过特殊安排的双方相当于公司总裁一级的秘密高层谈判来解决。其把握性则有赖于：

1）双方相当于公司总裁一级间的个人交往的友好程度；

2）掌握监理工程师滥用权力证据的充分程度。需要对照合同条款作出有力的说明和解释；

3）寻求双方潜在的共同利益。包括公司之间的和高层谈判之间的以及对项目现状包括进度、质量和成本的改善可能和保证。

（3）如果项目经理或监理工程师都无法或不具备条件替换时，往往可以采用聘用专家加强项目管理、合同管理和索赔工作的办法，不动声色地维持监理工程师主宰的局面，一方面努力加强项目管理和合同管理工作，另一方面积极收集资料和有理有力的证据，准备索赔报告和对外谈判。国际工程界称这种战术叫"游击战"（"A guerilla attack"），也就是让对方沉溺于得意忘形的主宰统治之中，然后在你认为对方难以报复的时刻，以无懈可击的证据，出其不意地进行突然袭击，令其大吃一惊，然后猛醒过来谋求改善关系，讲妥协，求和解。

二、通过"角色"谈判（Role negotiation）建立新的伙伴关系

正如上面已经谈到的，项目开始实施后，参与各方已是捆在同一个项目里共同工作的合伙人了。根据国际工程的实践经验，需要通过"角色"谈判，建立起新的伙伴关系，明确各自担任的角色和任务，职责和分工，达到相互密切配合和协作。也就是达到 FIDIC 条款第 4 版应用指南引言中所强调的 Close cooperation and teamwork。以往的经验教训告诉我们，双方关系的恶化往往会从各自对自己担任角色和任务的不同理解产生分歧而开始的。在日常生活中，即便是至亲好友甚至夫妇之间也难免会这样。如果关系双方能够为同一目标按各自的职责和分工密切配合和协作，相互理解和信任，则在产生分歧时往往会相互宽容和谅解。一旦这种配合和协作以及相互信任和理解受到某种损害，或在认识和做法上有差异或误解，双方关系就很快恶化成互相推诿、指摘、甚至谩骂。美国工业领域曾经进行过研究，结果表明，上司和其亲密下属在担任的角色和任务上的看法只有 35%是重合和一致的，也就是说，上司希望其亲密下属要做的和其下属自己所想应该做的，只有 35%

是重合的。因此，各种各样的误解是不可避免的，特别是在一些重要的、紧迫的事情处理上。由此可见，在项目实施过程中，合同双方对自己担任的角色和任务，职责和分工的看法上出现一定程度的不一致、误解和混淆也是不可避免的。出现这种情况时，谁也不会承认是在向对方故意制造困难和麻烦。事实证明，任何工作准则和规范都难以解决此类问题。国际工程界的共识是，为了减少在工作过程中看法上的分歧，当合作伙伴们第一次坐到一起开始工作时就需要先进行"角色"谈判。通过谈判，在相互信任和理解的基础上，对共同目标下各自担任的角色和任务，职责和分工取得一致的看法和具体安排，并在个人与个人之间，小组与小组之间树立起良好的第一印象，为长期合作打下牢固基础。一般的做法是首先建立一个核心工作小组或领导小组，小组人数视项目的大小确定。核心工作小组由来自各方的主要代表人物组成，例如买方和卖方的代表人物各若干人，分包商和主要供应商的代表各1人。核心工作小组主要商谈以下内容：

(1) 保证项目总体计划统一实施的联合目标以及各自的职责；

(2) 各方需要有关方协作配合的工作目标及其相应的保证措施；

(3) 各方日常通讯联系的方法和具体安排；

(4) 核心工作小组的定期和不定期会议制度。

首先由各方自行讨论形成每方的要求和建议方案，由各方代表带到核心工作小组谈判会上进行讨论和交换意见，然后把会上各方提出的相同点和分歧点带回去进行修改和补充后再带回来，在核心工作小组会上通过商谈形成统一的工作计划和设想。这样就能保证在会上统一看法，分清责任，确定目标和任务以及相互联系的方法和安排，并且在项目的关键问题和一些业务交叉问题上取得有关方的密切配合和协作。

核心工作小组会议和谈判不仅在项目开始时召开，以后还可以定期召开，也可根据工作需要不定期召开。在一些重大问题和关键问题上还可以聘请有关专家和顾问进行咨询和指导。

第2节　项目实施过程中的谈判任务

上一节的叙述是为了从项目实施一开始就能够建立起有利于谈判的环境和气氛。本节则展开讨论本章的主题，也就是在合同履行或项目实施的全过程中业主和承包商或受业主委托的监理工程师和承包商的工地代理人项目经理之间经常谈判的主要事项。在此过程中，双方的谈判仍然主要是建设型的，但是双方都会在自己处于有利的情况下，适当采用进攻型谈判。有的监理工程师受业主影响经常更多地采用进攻型谈判。但是，正如上一节已经提到的，双方已是捆在一个项目中的合伙人了，双方都需要在谈判中考虑今后的合作和长远利益，作出必要的妥协和让步，并主要采用建设型谈判。即使必要时偶而采用进攻型谈判，也需要掌握好尺度，符合合同条款，不强词夺理，也不致导致谈判破裂而诉诸仲裁。

以下根据作者亲身实践列出12项在项目实施过程中经常发生并需要通过谈判解决的事项或问题，逐项展开讨论。

一、额外工程（Extra Work）

土木工程合同在实施过程中，由于不可预见的自然因素与外界障碍的变化，原设计的考虑欠周或深度不够，以及业主或其他第三方的干预和要求等等原因，都会引起工程变更或简称变更（Variations）的要求。有关变更事宜，一般都在合同中有法定规定的范围，例如目前全世界范围已普遍采用的 FIDIC 合同条件第 51.1 分条款就有明确的规定。这里指的则是法定变更范围外的额外工程。这种额外工程往往由于双方所处的地位不同，对合同条款的理解和解释就会有所争执，需要通过谈判取得合理的解决。这就有赖于对合同条款的熟悉和理解的程度以及能否结合实际情况合理运用合同条款来维护自己利益，同时还有赖于谈判的策略和技巧。

在谈判中首先会辩论的是额外工程的定义。由于额外工程一般都是业主进攻型谈判行为结果的一部分，也是其策略的一部分，甚至是一种圈套。事先业主往往是通过监理工程师以合同附加工程（Additional Work）的名义并以下达变更令（Variation Order）或工地指令（Site Instruction）的方式下达给承包商的，从而认为是承包商必须履行的合同义务。如果项目经理不熟悉合同条款或默认而接受，也无进行索赔的意图和要求，业主即取得了成功。如果项目经理根据国际惯例或合同条款察觉这不是合同附加工程而是额外工程，则会立即向监理工程师递交书面文件要求调价或另签新合同，或是递交进行索赔的意向通知。中国各对外公司的不少项目经理在开展国际承包工程的较长的一段时间内，一方面由于不熟悉国际惯例和合同条款，另一方面还由于片面地强调照顾双方关系，发展友好合作而往往言听计从或是默认，用外国监理工程师的话说："你们总是讲'Yes'，不会讲'No'，而且该调价的不要求调价，该索赔的不进行索赔。"如同［案例 9-6］中的项目经理在业主的压力下盲目接受了变更令，用了 1 年的时间放下合同内工程不干而去干了合同外的额外工程，不仅延误了合同工期，面临巨额误期损害赔偿的危机，而且导致了项目的严重亏损。以后，总公司派出强有力的工作组，进行了艰苦的对外谈判和施工索赔工作，才走出了死胡同，渡过了罚款危机，减少了项目亏损，扭转了对外形象。因此，额外工程的谈判是一项事关项目成败和效益的大事。首先，需要对额外工程的定义有个正确和合理的看法。以下按照国际惯例，援引几条重要的额外工程概念：

（1）额外工程是不属于合同规定的工程范围（Scope of Work）内的工程。在谈判中，双方对法定的工程范围是经常扯皮的。理奇特在《国际工程索赔》一书（Richter, International Construction Claims, 1983, p.61）中作出过明确的阐述，即"一切变更令必须在合同规定的工程范围内""不应有性质上、数量上显著不同的变更令"。而合同规定的工程范围按照国际惯例是在招标文件的"投标者须知"（Instruction to Tenderers）中就需明确列出，而"投标者须知"是合同文件的组成部分，其规定理应视作合同规定。如果是合同规定的工程范围没有列出的工程，就是"非合同工程"（Noncontractual Work）或额外工程。

（2）额外工程不是完成合同工程所必需的工程，其性质（Nature）和数量（Amount）也和合同工程显然不同。FIDIC 条款第 51.1 分条款（e）中就明确指出，监理工程师有权作出的变更应是"实施工程竣工所必需的任何种类的附加工程"。这里指的"实施工程竣工所必需的"工程就是合同规定的"工程范围"内的工程。华莱士在《国际土木工程合同》一书（Wallace, The International Civil Engineering Contract, 1974, p.97）中还指出："监理工程师无权下达属于合同外工程的变更令。"否则就应另签合同，另议价格。

（3）额外工程是超出承包商按合同工程需要配备的工程设备能力的工程。这在 FIDIC 条款第 4 版"专用条件"中对第 51.1 分条款提出了补充规定，即："承包商没有义务实施任何不能用承包商目前使用的工程设备实施的工程变更。"

（4）变更的工程量和款额，已超出合同内"附加工程"按国际惯例规定的界限和范围时，应属于额外工程。这在 FIDIC 条款第 4 版"专用条件"中已按国际惯例对第 52.2 分条款提出了明确的补充规定，即"合同内所含任何项目的费率或价格不应考虑变动，除非该项目涉及的款额超过合同价格的 2%，以及在该项目下实施的实际工程量超出或少于工程量表中规定之工程量的 25% 以上。"

因此，业主或受业主委托的监理工程师都无权指令承包商做任何未在合同中列出的工程项目，即额外工程。如果业主已责令监理工程师以口头或书面形式下达了正式指令，承包商就可以递交书面文件要求另签合同，另议价格。这样，谈判就开始了。在谈判中如果业主又出面强行干预，更说明是一种进攻型谈判的行为。在这种情况下，承包商就需要被迫自卫和防御，并视双方关系的密切程度，在主要采用建设型谈判方式的同时，适当采用进攻型谈判，运用如同上述的有关合同条款进行说理斗争，要求签订新合同，另议价格。否则拒不接受或进行婉拒。当然，承包商出于双方友好关系和长期业务合作的愿望，在有能力并愿意接受额外工程的情况下，也可以通过建设型谈判适当妥协并照顾对方面子，不伤感情，不突出强调"非合同工程"或额外工程，要求另签新合同，而只是要求签订补充协议，另议价格，并延长工期。如果承包商已在较长的一段时间内按照指令实施了额外工程，在此过程中又从未提出过另签合同，另议价格的要求，以后再要求谈判，情况就要艰巨得多。因为按照国际惯例，如果承包商已经自愿并主动地实施了额外工程，表明双方对以前有关额外工程的指令和来往文件已经确认生效，承包商只能默认吃亏，可能补救的措施就是疏通各种渠道，通过谈判进行施工索赔，取得工期和费用的适当补偿。

二、取消工程（Deleted Work）

在合同规定的工程范围内，根据 FIDIC 条款第 51.1 分条款（a）至（f）作出减少（Decrease）或省略（Omission）是正常的工程变更。这里所指的取消工程是正常工程变更外对合同工程项目的取消，即取消合同规定的工程范围内的工程项目。其含义恰好和额外工程是相对应的，是额外工程的反义词，也即负的额外工程。一般都是业主为了削减工程预算或由于某些特殊原因而取消工程的。正常变更作出的减少或省略和取消工程这两者在工程性质和数量上是显然不同的。减少或省略是指在完成工程量表列出的项目中对该项目的某些组成部分的减少或省略，例如在桥梁、涵洞项目中对某些铺砌、栏杆、翼墙等的减少或省略；在线路项目中对某些路缘石、护坡、挡墙等的减少或省略。取消工程则是对工程量表中某个项目的整体取消，例如取消全部路面工程、支线工程等。

如同对待额外工程一样，合同签订后业主和监理工程师也是无权下达取消工程的变更令的。如果业主和监理工程师以下达变更令的方式指令取消工程，承包商理应根据国际惯例和合同条款表示反对或不接受，或提出施工索赔要求，通过谈判维护承包商本身合法权益，不要无原则地或盲目地接受，导致经济损失。当然，业主和监理工程师可以提出取消工程的要求和承包商进行商讨，如果承包商认为不致蒙受巨大经济损失，为了照顾双方长远利益，有时也可接受下来。一般来说，业主和监理工程师在提出取消工程的同时往往会提出相应增加另外一部分工程或承诺给予别的工程项目以弥补承包商的经济损失。由于取消工程的谈判是业主和监理工程师有求于承包商，在谈判中承包商处于有利地位，此时，业主或监理工程师通常会采用建设型谈判，提出一些补偿的选择性方案供承包商考虑，承包商则可以适当采用进攻型谈判，以便讨价还价，取得较多补偿。但是也要适可而止，以免影响双方关系，在其它场合招致报复。有经验的谈判者往往会有机地同时使用进攻型和建设型两种类型，最终以建设型谈判在良好的气氛中结束谈判。

三、工程变更估价（Valuation of Variations）

监理工程师依据 FIDIC 条款第 51 条规定下达变更令后，承包商必须对照合同文件和工程量表（Bill of Quantities，BOQ）进行细致的对照和研究，分清以下几种情况：

（1）如果是额外工程或取消工程，应按以上所述立即递交书面文函，提出不同意见，并要求进行商谈；

（2）如确属合同规定的工程范围内的工程项目，且有适用的费率和价格（Rate and Price）一般即应根据工程量表规定的费率和价格进行估价，没有谈判的必要；

（3）如果在工程性质（Nature）和数量（Amount）上有较大改变，导致原定费率和价格已显然不合理（Inappropriate）或不适用（Inapplicable）时，则需要通过谈判另行议定合适的费率和价格。如果还可能导致工期延长，就要同时提出施工索赔（Construction Claims）的要求。

按照国际惯例和 FIDIC 条款规定，这项确定费率和价格的权力是在监理工程师手中，因此，在谈判过程中要充分做好监理工程师的工作，并且运用建设型谈判。关于在什么情况下费率和价格变得不合理和不适用的问题，在谈判中往往是争论的主要问题，为此，FIDIC 条款第 4 版"专用条件"中已对第 52.2 分条款提出了明确的补充规定，已在上面叙述的"额外工程"一段中作了引用，可以作为谈判的主要依据，请参阅。实际上，这个界限按国际惯例已是从合同规定的"附加工程"变为"额外工程"的界限，进行费率和价格调整已是情理中的事了。如果项目变更在性质和数量上已截然不同，事关重大，当然应该要求另签新合同或补充协议了。另外，FIDIC 条款第 52.3 分条款的规定，即当最终结算时的合同价超过或小于有效合同价（Effective Contract Price）（系指不包括暂定金额和计日工补贴的合同价格）的 15% 时应进行合同价调整，也可以框算结果的概念作为谈判的参考依据。除此之外，承包商在接到变更令后，即应主动和监理工程师接触和沟通，不要等到监理工程师执行 FIDIC 条款第 52.2 分条款"工程师有确定费率和价格的权力"后再去协商，在既成事实面前，监理工程师往往不愿丧失自己的权威去改变已定的费率和价格，承包商因而陷于被动。

[案例 4-1]

中东某城市道路工程项目中有一处道路交叉工程。原设计是平交，监理工程师从美观的角度提出改为转盘花园，便下达工程变更令并附上草图给承包商。承包商在接到变更令后，一方面着手施工设计和测量，一方面即提出调整费率申请。监理工程师商业主后认为原工程量表中土方开挖、排水系统、路缘石等费率均依然适用，不同意调价。承包商主动做监理工程师的工作，监理工程师表示有难处。以后，承包商作了充分准备，拿出准备好的施工详图和估价单，提出在环形岛上施工是小方量施工，大型设备用不上，还有绿化、美观等措施和要求，另外，路缘石改弧形，需要另作模板预制，因此，费用增加，费率需要调整。通过商谈，监理工程师终于同意原定费率向上浮动。

上述案例费用增加不多，但是谈判是成功的。相反，［案例9-6］中的几项附加工程，虽然其实际施工数量已相当于工程量表所列数量431.3%至16771.5%，在工程数量上已大大超过了25%的限界，早已达到要求调价的水平，且应作为额外工程对待，要求另签新合同或补充协议，但是由于承包商缺乏国际合同知识，缺乏运用合同条款维护自己合法权益的概念，长期没有主动进行工程变更估价的谈判，导致项目严重亏损和工期延误。

因此，在工程变更估价的谈判中，承包商应自始至终地坚持运用建设型谈判，并注意以下几点：

（1）态度要诚恳，积极配合监理工程师的工作。

（2）细致做好各项技术准备和经济分析工作。按工程分类，施工工序做好方案说明和费率分析，摆事实，讲道理，逐步让监理工程师理解和接受自己的方案。

（3）第一次提出的估价不宜过高，以免监理工程师认为是无理的漫天要价而拒之于千里之外。

（4）在谈判中要作出必要的妥协和让步，较圆满地达到自己的谈判目标。

四、不符合技术规范事项（Non-compliance with Specifications）

在项目实施过程中，监理工程师和承包商都可能发生不符合技术规范的事项，大部分是属于工程质量包括设计质量和施工质量两方面的问题，而且双方很容易发生争论或扯皮。特别要注意的是，有的合同的技术规范中对某些项目施工质量的技术要求并没有细化，无明确标准，有时还说明"施工质量要达到监理工程师满意为止。"这样，由于监理工程师的技术知识和施工经验的局限，或不能公正地办事，往往会有不同的或不切实际的认识，就更容易产生矛盾和争论。有时业主和监理工程师还以施工质量差和不符合技术规范为借口作为对承包商扣除部分工程款的手段。因此，在整个合同履行过程中，这类问题的谈判是经常的。要获得谈判的成功，除了需要丰富的技术知识以外，还需要熟悉合同条款和合同管理知识，并掌握一定的谈判技巧。从总的来说，由于业主和监理工程师处于有利的地位，承包商应坚持采用建设型谈判。然而，当业主和监理工程师提出的要求显然不合理和无理，而承包商在技术上、经验上又处于优势地位时，也可适当采用进攻型谈判，但必须有理有节，着重事实论证，注意双方的长远合作关系。

（一）属于业主或监理工程师责任的事项

这种事项主要有以下两方面问题：

1. 设计质量

在通常情况下，项目的前期工作包括可行性研究、项目永久工程设计、招标文件和合同文件的编制等都是由监理工程师所在的咨询（监理）公司承担并完成的。由于工程设计不当造成的设计质量问题理应由咨询（监理）公司负责。然而在项目实施过程中，由设计质量或施工质量引起的工程质量风险和事故损失有时很难区分，不少设计上的错误，在施工前也是很难发现的，往往要在施工过程中或部分工程完工后才能发现，因此，监理工程师为了维护本单位的利益和信誉，经常把工程质量问题笼统地归咎于承包商施工不当，不符合技术规范造成的施工质量问题。FIDIC条款第3版虽然把纯属监理工程师的工程设计所引起的工程损坏或损失列为"例外风险"（Excepted Risk），但实践证明这种提法容易被误解，因为人们有时听成"可接受的风险"（Accepted Risk），而且监理工程师仍然在"纯属"的解释上做文章，责任难以分清。FIDIC条款第4版吸取了多年的经验教训，已采用

"业主风险"（Employer's Risks）这一术语和规定，在第20.4分条款中从项目一开始就明确设计责任，即承包商只对自己负责的设计错误承担责任，其它一切设计错误的责任均已纳入"业主风险"内，进一步维护了承包商的权益。因此，作为承包商，从项目一开始就要十分注意工程质量的责任问题，必须在施工过程中注意积累各种实际资料和试验数据，以便必要时据理力争，用充分的资料和数据证明是设计上的错误，为谈判工作和索赔工作提供依据，同时防止监理工程师笼统地借口施工质量差，不符合技术规范将责任转嫁给承包商。这类问题多年来在国际工程项目实践中是常见的现象，必须予以充分重视。

[案例4-2]

非洲某公路工程项目，道路路面设计采用厚度为3cm的沥青砂面层，基层采用石灰改善天然珊瑚石土。按照合同文件技术规范的要求，面层混合料的空隙率指标规定为5% ~ 7%。在施工中，监理工程师指令面层混合料只能使用由他认可的现场唯一可获得的两种天然砂进行掺配配制。承包商在试验中发现，这两种天然砂配制的沥青砂混合料基本上由中粗颗粒组成，1.0mm以上的粗颗粒和0.15mm以下的细颗粒极少，与富勒氏最大密实度曲线有相当大的的偏离，由于级配不良，路面压实后能够达到的空隙率为8.5% ~ 10%与技术规范要求的5% ~ 7%相差很远，虽经频繁试验，均告失败。为了符合技术规范，监理工程师又片面地强行指令用石灰或水泥作填缝料进行填充掺配，施工初始阶段采用石灰为填缝料，实测空隙率仍然超过7%，以后全段改用水泥为填缝料，水泥用量高达13%，导致面层普遍出现裂缝。与此同时，路面基层由于珊瑚石土风化严重，含有大量粘土成分，经过石灰处治，材料性能有一定的改善，但其水稳性和强度仍然不符合技术规范的要求，在施工过程中又按照监理工程师指令反复调整石灰掺配比例进行试验和施工，但是收缩开裂的病害始终在不断发生。因此，基层与面层的病害同时交织在一起，情况复杂，不仅导致工期延误，而且费用大大增加。为此，承包商提出了索赔的要求，编写了索赔报告。但是，在与监理工程师谈判过程中，监理工程师始终采用进攻型谈判，坚持是承包商的施工质量问题，不同意索赔，而承包商则始终强调是设计质量问题，并以来往函件、实际资料和试验数据反复说明承包商的施工是完全遵照合同文件和技术规范以及监理工程师的指令实施的，并且指出问题的症结纯属原设计不当所引起的。由于当时FIDIC条款第4版刚刚面世，尚无翻译文本，项目经理部又缺乏合同管理和索赔工作的专门人才，谈判很不得力。双方相持不下，形成"马拉松"式的谈判持久战，一直延续到临近缺陷责任期结束，仍无结果。监理方眼看各种病害仍在不断发展，感到脸上无光，也不能自圆其说，无法向业主交代，因此，不得不向承包商适当妥协。双方商定，在项目最终验收前由承包商在一些路段进行罩面处理，监理方同意颁发缺陷责任证书，不再提及误期损害赔偿问题。以后，业主和监理工程师又根据承包商的索赔报告批准了极少量的索赔金额。承包商在整个项目实施中亏损达300余万美元。

〔作者评析〕 上述谈判是一个不太成功的谈判案例。当时FIDIC条款第四版已经公开发行，关于"业主风险"的阐述十分明确。如果承包商能够在工程质量上进行更科学细致的分析，并坚持按照FIDIC条款第四版第20.4分条款的规定精神，重视和抓紧进行施工索赔的谈判，并充分做好监理方的工作，进一步说服业主和投资银行，是可以取得更为圆满的成果的。

2. 监理工程师的不合理要求或无理要求。

在一些施工现场，有时还会遇到专业知识较差而又傲慢的监理工程师，他们不仅放不下架子，还往往提出一些不合理或无理的要求，颁发技术标准过高或不切实际的工地指令，如承包商不遵照办理，便以不符合技术规范为由尅扣部分工程款，使承包商蒙受无谓的经济损失。因此，承包商不仅要仔细阅读分析合同文件的技术规范，而且要对监理工程师下达的每一项指令进行研究，对一些不合理要求或无理要求通过建设型谈判提出不同意见和改进方案。

〔案例4-3〕

某国公路工程项目。其合同文件的技术规范中对路基、底基层、基层和面层都规定有相应的压实度标准，对道路两侧边沟边坡和坡底未规定压实度要求。监理工程师缺乏施工经验，独出心裁地颁发了一条工地指令，作为边沟施工的补充技术规范，规定边沟边坡和沟底的压实度分别要求达到98%和95%的重型击实标准。项目经理部对此虽表示过异议，但监理工程师为了维护自身尊严，坚持执行其工地指令。在实际施工中，由于边沟边坡为1:4，工作面小而陡，不可能走行重型压路机械，只能使用小型蛙式夯具人工夯实，根本不可能达到98%的重型击实标准，而且工程进展十分缓慢。为了配合整个工程进度，项目经理部不得不组织20多人的施工小分队，使用多台蛙式夯具，反复夯打，突击施工，但是仍然达不到要求。承包商公司总部的技术专家在工地发现了这种情况后，立即与监理工程师重开谈判。监理工程师仍然采用进攻型谈判，态度蛮横，咄咄逼人，由于承包商总部技术专家施工经验丰富，掌握不少国家技术规范要求，在技术上和经验上处于优势地位，也采用进攻型谈判进行防御自卫和反击，在态度上则坚持以理服人，着重事实论证，并提出两条建议，一是希望监理工程师提出自己拟订技术规范标准的技术依据，拿出任何国家技术规范中类似的规定；二是建议监理工程师组织示范性施工，费用由承包商承担，只要切实可行，承包商一定遵照办理。事隔多天，监理工程师既拿不出任何参考的技术规范，又提不出切实可行的示范性施工方案，在事实面前，监理工程师不得不妥协，并表示对该工地指令可以放松要求，由承包商自行严格掌握，注意工程质量。

〔案例4-4〕

某国桥梁工程项目。其合同文件的技术规范中要求使用符合德国DIN规范标准的水泥。项目开工后不久，承包商原定的符合DIN规范的水泥供应商因两伊战争原因原运输线路被阻断，难以按计划供应，严重影响现场施工进度，周边国家也找不到符合DIN规范标准水泥的供应商。在此情况下，承包商再三申请改用其它规范标准水泥，但是监理工程师因缺乏施工经验，教条地坚持必须按照合同文件中技术规范办事，双方谈判达半年之久，仍然相持不下，严重延误工期。承包商经过周密调查研究后认为如果按照监理工程师要求行事，就需要易地供应DIN规范标准水泥，运输距离长，水泥供货价高，不仅延误工期，而且工程成本大大增加。如果改用英国BS规范标准水泥，则所在国就有供货商，既可加快工程进度，又可大大降低工程成本。原设计采用德国DIN规范标准，本来就是设计上考虑不周，没有就地取材。在进一步的谈判中，承包商便准备了德国DIN规范和英国BS规范的水泥质量检验标准的详细比较表以及生产厂的试验报告单等证明文件，向监理工程师和业主分别作了详细的说明和建议，终于说服了业主并劝服了监理工程师，结束了长达半年多的谈判僵持局面。

（二）属于承包商责任的事项

这里指的是由于承包商施工质量不良引起的不符合技术规范的事项。

作为承包商来说，按照技术规范和监理工程师的要求进行施工是合同规定的职责。一般来说，施工操作程序和施工质量标准均已在合同文件的技术规范中都有明确的规定和说明，承包商只要严格遵照办理即可。但是，有时在技术规范中对某些项目并没有细化，只是说明"施工质量要达到监理工程师满意为止"，尤其是有些交钥匙工程项目（Turnkey Project）即总承包项目的合同文件往往只有使用要求的说明，缺乏技术细节方面的规定。如果承包商事先没有向监理工程师主动征求意见并商谈，就容易在施工质量问题上和监理工程师产生分歧和争论，甚至导致工程返工或质量事故。国际工程在这方面的经验教训是很多的。尤其是我国的工程技术人员对国外技术规范和国际合同管理还不熟悉，一部分人员还语言不通，缺乏和监理工程师的经常联系和沟通，往往更容易不自觉地或盲目地发生不符合技术规范的事项，从而导致施工质量不合格和工程返工。至于承包商偷工减料或不遵照技术规范，自作主张造成的施工质量事故，理应由承包商负责。监理工程师在这方面提出的批评和指责，承包商应该虚心接受，这些都不需要谈判，只是接受和改正的问题。谈判的重点应放在以下两方面：

1. 在技术规范中无明确规定的事项

对技术规范中无明确规定的事项，承包商就要主动征求监理工程师的意见。重要的要请监理工程师下达书面指令，以便有所遵循，千万不要擅自解释和行事。有的还需要承包商自己去细化规范、图纸，提供材料或半成品样品或进行一些试验，提出建设性方案，征得监理工程师的同意和批准后再施工。在此过程中就需要谈判，谈判的过程正是双方技术知识和感情的交流和沟通的有利时机，也是增进双方了解，加强友好的过程。因此，在谈判方式的选择上应该主要采用建设型谈判，开诚布公，和蔼友好，互相探讨，谋求一致。

2. 双方理解不一致的事项

由于知识和经验的局限，或由于所处地位的不同，以及某种人为的偏见，承包商和监理工程师对技术规范产生理解上的不一致，因而出现矛盾和分歧，在日常工作中是难以避免的。关键在于双方都要有合作的愿望，要通过协商谈判取长补短。对待技术问题要提倡实事求是，反对虚假和浮夸，更不能自以为是，我行我素。只要不是蛮横无理，强加于人，作为承包商就需要虚心听取监理工程师的解释，然后提出自己的建设性看法和建议。一个谈判者就要力求客观，注重事实论证，做到以理服人。

五、不符合合同条件事项（Non-compliance with Contractual Conditions）

项目的实施标志着项目合同双方即业主和承包商对合同条件的同意和确认。因此，合同的任何一方都有权要求另一方严格遵守合同条件，履行合同的各项职责，合同条件也相应地规定了任何一方不履行合同职责而违约的条款，例如 FIDIC 条款第 63 条和第 69 条，承包商为此还提供了履约担保（Performance Bond）。尽管如此，由于土木工程合同的履约时间长，主客观情况千变万化，仍然不可避免地会出现一些不符合合同条件或违约事项，这就要求合同双方能够及时交换意见，通过谈判协商解决。谈判的目的很明确，即要求对方遵守合同条件，改善履约状况，保证合同的顺利实施。

（一）业主不遵守合同条件或违约（Default of Employer）

业主不遵守合同条件或违约，通常表现在以下两方面。这也是在项目实施过程中使承包商最感头痛的问题，是谈判的重点，是影响承包商能否顺利完成合同规定任务的主要事项。

（1）不能及时向承包商提供合同规定的施工场地，即现场占有权及其通道（Possession of Site and Access），包括施工场区内的拆迁工作。

（2）不能及时或中断支付承包商应得的款项，包括预付款和工程款。

为此，FIDIC 条款第四版在总结历史经验教训的基础上已经作出了相应的比较明确的规定，如第 42 条和第 69 条。承包商在谈判中就要运用这些合同条款合理维护自身正常利益，业主也应遵守合同条款，履行合同规定的职责。例如，FIDIC 条款第 42.2 分条款规定，如果业主未能按照第 42.1 分条款及时解决征地而使承包商延误工期和（或）付出费用，则监理工程师应同意延长工期并偿付有关费用。在 FIDIC 条款应用指南（Guide to the Use of FIDIC）中还对第 41.1 分条款作了重点解释，即向承包商下达开工令前"业主一定要对现场拥有占有权，并且清理好通往现场的通道，同时根据已确定的计划完成其它的法律或财务手续。尤其重要的是业主能够履行向承包商支付预付款的义务。"这不仅对业主及时解决征地、拆迁、进场道路等作出了规定，而且对支出预付款也提出了要求，这为承包商的谈判工作提供了重要依据和谈判力度。世界银行等国际金融组织对其贷款项目的土地占有（Land Aquisition）和拆迁再定居（Resettlement）问题非常重视，往往把这些问题的解决作为和业主谈判和支付贷款的先决条件，要求业主递交和报批详细的再定居行动计划（Resettlement Action Plan, RAP）。因此，作为承包商，一方面要在下达开工令（即开工通知）之前尽力做好业主和监理工程师的工作，通过磋商和谈判，根据业主履行合理的具体情况，选定合理的开工时间。一旦开工令下达，就必须按照第 41.1 分条款的规定及时开工。在开工后，往往还会发生施工场地和拆迁问题，有时还导致被迫中止施工，这样，在谈判中除了运用上述合同条款外，还要运用第 40 条暂时停工的有关条款，提出工期和费用索赔的要求。同时还应注意两点：一是要监理工程师及时以书面下达暂时停工的指示，承包商就要在接到指示后的 28 天内写出索赔要求的通知；二是如果暂时停工时间超过 84 天，监理工程师仍不能下达复工令时，承包商可通知监理工程师要求在 28 天内允许继续施工，如果此要求得不到批准，承包商就可根据第 40.3 分条款选定对承包商有利的处理方法及时书面通知监理工程师和业主，即可按照第 51 条规定，将此项停工视为可减少的工程，或将此项停工视为业主违约，并根据第 69.1 分条款终止合同，同时执行第 69.2 和第 69.3 分条款。

关于不能及时或中断支付承包商应得款项方面的问题，将在本节"九、支付延误"中再作详细论述。

〔案例 4-5〕

某国道路改建和加宽工程，老路两侧均是很大的树木，需要砍伐清场后才能施工。这项工作按照合同规定是业主的职责，应由业主在提供施工场地前就处理完毕。但是，业主和监理工程师下达开工令后，由于业主和当地土地所有者在征地和砍树问题上并没有达成一致意见，伐树工作无法进行，延误了一定的时间。与此同时，承包商的设备也未能按时进场。因此，下达开工令后的一段时间内，现场施工无任何进展。为此，业主和承包商相互指责，业主称工程进度上不去的原因主要是承包商的设备进场慢，而承包商则说是业主未能及时提供施工场地，砍树工作尚未进行，无法施工，要求业主和监理工程师延长工期。通过多次谈判，由于承包商始终坚持建设型谈判，双方终于都采取克制态度，停止了相互指责，顾全对方面子，共同商讨加快工程进度的改进措施。业主根据现场实际情况提出现场占有权问题由业主负责，砍伐树木改由承包商负责，由监理工程师下达工程变更令，由监理工程师和承包商议定新单价，并希望承包商不再提出工期索赔要求。承包商考虑到业主已作出妥协和让步，便立即表示谅解和接受。事后，承包商又根据当地具体情况把整个伐树工程分包给沿线的地主，条件是所伐树木归地主所有，多伐多得，这样也调动了地主的积极性，沿线树木很快伐完，承包商设备也终于到场，工程进度追了上去。

〔案例 4-6〕

某国道路新建工程。业主和监理工程师下达开工令后，工程施工比较顺利。但开工二年后因业主拖欠不能及时偿付当地居民征地款，当地居民向政府索要征地款无着后，把矛盾转向中国承包商，采取多种手段堵塞施工路段，围困施工队伍，阻止承包商继续施工，以此向中国承包商施加压力，由中国承包商向该国政府交涉尽快偿付征地款，以免严重影响施工进度，承包商被迫多次中止施工。政府官员不得不多次承诺将分批偿还征地款。但是，由于政府经济拮据，始终不能兑现承诺，当地居民的骚扰愈演愈烈，承包商已无法再进行施工，业主和监理工程师根据实际情况也不得不下达了暂时停工的指令。通过谈判，承包商按照合同条款进行了工期和费用索赔。

〈作者评析〉 根据 FIDIC 条款第 4 版应用指南对第 41.1 分条款所作的解释，可以看出，以上两个案例中的业主都没有能够做到如同解释中阐述的那样，即向承包商下达开工令前"业主一定要对现场拥有占有权，并且清理好通往现场的通道，同时根据已确定的计划完成其它法律或财务手续。"而承包商也没有在下达开工令前对业主拥有现场占有权的具体细节以及其他法律和财务手续的完成情况进行质疑和落实，也未通过磋商和谈判，根据业主履行合同的具体情况，选定合理的开工时间。因而在开工后分别导致了如同案例中叙述的被动局面。这说明了在下达开工令前业主认真履行合同职责以及谈判选定合理开工日期的重要性。但是，两个案例中的承包商在被动局面下运用合同条款通过谈判灵活处理解决实际困难，扭转被动局面的做法是正确的。

(二) 承包商不遵守合同条件或违约（Default of Contractor）

承包商不遵守合同条件或违约往往表现在很多方面，业主和监理工程师用以制裁和处理承包商不遵守合同条件或违约的合同条款也相应有很多。下面根据以往经验列出一些通常可能发生并进行谈判的有关承包商违约的主要方面：

(1) 未能按时开工。

(2) 进场人员和设备和投标书不一致。

(3) 开工后施工进度上不去。

(4) 材料和设备不合格。

(5) 违反 FIDIC 条款第 4.1 分条款关于合同分包的规定等等。

事实上，如果承包商具有明确的合同观念和工作责任心，自觉学习、遵守和履行合同条件，在日常工作中积极主动与监理工程师配合，不遵守合同条件和违约事项是可以有效避免的，谈判活动也可以大大减少。反之，如果承包商不尊重或无视监理工程师的职责和权力，在工作中我行我素，或不顾影响、唯利是图、忽视质量、偷工减料，监理工程师也很容易运用有关合同条款对承包商进行制裁和处理。例如运用第16条撤换承包商的任何人员；运用第37.8或第39.1分条款拒收材料和设备或责令拆运、重置；运用第46.1分条款要求承包商采用加速施工措施，承担一切附加费用并补偿额外的监理费用；运用第63.1分条款处理承包商的违约，等等。使承包商很难堪，在谈判活动中也必然处于被动挨整的地位。然而，多数的情况是在合同履行的漫长过程中，不可避免地会遇到国际、国内环境条件和法律、政策的变动，合同双方本身条件的变化，导致履行合同条件的困难，因而发生一些不符合合同条件或违约事项。这时，就需要合同双方通过谈判，进行友好协商，谋求合理的解决。尤其是我国的承包商由于不熟悉国际合同条件，不懂外语和合同管理，合同观念较薄弱，更难免不自觉地发生不符合合同条件或违约事项，使监理工程师不满，尤其是在履行合同的初期。因此，对承包商来说，从履行合同一开始，就需要重视学习合同条件，加强合同观念，注意与监理工程师的联系和配合，加强友好协商和谈判活动，实事求是地向监理工程师申述和解释某些合同条件在执行中的实际困难及其主、客观原因，谋求同情和谅解，获取双方的妥协。由于在承包商可能违约的事件中，监理方始终处于强有力的地位，他们可能会经常采用进攻型谈判方式。作为承包商，就必须沉着而耐心，坚持运用建设型谈判方式，提出建设性的改进措施或解决方案，而且要注意遵守诺言、言而有信、言必信，行必果，更重要的是要督促工地把工程进度和质量搞上去，以实际行动赢得谈判桌上的主动，取得业主和监理工程师的信任和支持。

〔案例4-7〕

E公司在某国大型工程项目中已竞争得标。在授标前的谈判中，业主要求承包商派出以项目经理为首的项目主要人员进行技术答辩。在答辩时业主发现项目经理不会外语，完全不能与监理工程师直接交流。业主认为这不仅不符合合同条件，而且违背了承包商在投标书中的自我承诺，很不满意，提出如果不按投标书原定人员或按合同要求更换项目经理，他们将不予授标。承包商虚心听取意见后，由其它人员详细介绍了项目经理，说明他会外语，因缺乏实践，难于对话交流，但能看懂技术资料和有关文件，有较高的技术水平和业务能力，并善于项目管理与施工总体安排，并说明这是公司为了项目实施成功而作出的重要安排。通过多次技术答辩和考核，业主终于同意不再换人，但要求在项目实施过程中为项目经理配备一名专职翻译，同时要求其它主要技术人员必须具备专业对话能力。如果承包商不能按照要求提供人员，影响工程实施，则监理工程师将随时提出撤换，必要时终止合同。承包商为此作出了承诺，最终获标。

〔案例4-8〕

公司在某国承包公路项目，由于第三国供货商长途海运误时和清关人员不熟悉所在国海关清关手续，施工设备经常不能按进度计划要求及时进场，严重影响工程进度，监理工程师已多次提出意见，承包商毫无改进。以后监理工程师又发出书面警告，仍未引起承包商足够重视。在此情况下，监理工程师不得不运用FIDIC条款第46.1分条款和第63.1分条款按承包商违约正式通知承包商，并且按照第63.1分条款（d）款指出："承包商无视工程师事先的书面警告，反而固执地或公然地忽视履行合同所规定的义务"，要求承包商在14天内采取措施，改变现状，否则将终止或分割合同。至此，缺乏合同观念的承包商才恍然大悟，四出奔走。一方面向供货商发出警告，要求必须做到按时供货，并按订货合同向供货商进行索赔，同时在当地高价租用部分设备，应付现场急需；一方面又通过业主在当地物色了强有力的清关代理商，加速办理清关手续。与此同时，积极主动分头向业主和监理工程师做工作，要求通过友好谈判解决问题。经过再三游说，并在谈判中实事求是地分析了客观原因，检讨了自己，递交了调整后的施工计划，提出了上述的各种改进和保证措施，由业主出面斡旋，才获得了监理工程师的谅解，避免了一场终止合同或分割合同的危机。

六、不利的外界障碍或条件（Adverse Physical Obstructions or Conditions）

这是指在合同履行过程中项目及其所在地区受到不利的外界障碍或条件的影响，包括自然和气候条件，地质状况，地下构造物和公共设施（如管线、管道、电缆、电话等）的情况等等，导致工程进度的延误和额外费用的增加，使合同双方均蒙受损失。一般来说，对这种影响，FIDIC条款第12.2分条款已规定较明确的处理方法和程序，承包商可按照该条款尽早据实通知监理工程师，并提出工期延长和费用索赔（Claims for Extension of Time and Additional Costs）申请报告。但是，业主和承包商往往都希望把造成的影响和损失由对方来承担。因此，双方对合同条件的理解和解释往往有矛盾，尤其是有些不公正的监理工程师有时不能客观地、正确地对待这一问题，他们片面地认为如果承认了不利的外界障碍或条件的存在，就是承认了设计工作的缺点和不完整性，为了维护自己公司的信誉，他们常常借口承包商提供的有关不利的外界障碍或条件的证据不充分而拖延不决或不置可否。因此，承包商在遇到这类问题时，需要认真收集资料和原始数据，摄制必要的现场照片，同时进行充分的论证。在论证和谈判中要特别注意以下两个问题：

（1）结合FIDIC条款第12.2分条款论证"这些障碍和条件是一个有经验的承包商也无法预见到的"。

（2）根据FIDIC条款第12.2分条款实事求是地分析计算需要延长的工期和可能发生的任何费用额递交索赔申请报告，要求监理工程师作出决定。在分析计算时，按照该分条款规定，既要包括因监理工程师签发有关指示而引起的工期延长和费用增加，也要包括承包商在无监理工程师具体指示的情况下自己采取并为监理工程师接受的任何合理恰当措施可能发生的工期延长和费用增加。

根据以往经验，以上两个问题是在谈判中双方经常争论的重点。对第1个问题，FIDIC条款第4版应用指南中有以下三点解释很重要，可以作为谈判的依据：

（1）应用指南对第12.2分条款的解释："尽管各方都进行了招标前现场勘察，然而承包商还会遇到不可预见的外界障碍或条件。"

（2）应用指南的引言中指出："为了取得最好的结果，在进行招标时，不应期望投标者在他们所报的单价中把在准备投标时不能合理预见或估计到的风险包括进去，这一点是最基本的"。

（3）应用指南的引言中还强调："如果业主能在合同中承担某些事件引起的费用，这些事件可能从来不会发生，或承包商无法控制，或不能按合理的保险金对其保险，那么这是对业主有利的。上述风险在第4版中被列为‘业主的风险’”。

因此，合同双方都应该客观地承认确有一些障碍或条件是一个有经验的承包商所无法预见到的。同时，对一些特大的自然灾害等不可合理预见的意外风险要求承包商在投标报价时都加列风险费用也是极不合理的。只能是在意外事件出现时实事求是地对待和处理才合理。

第2个问题则是在双方通过谈判确认第1个问题以后，对这些障碍或条件影响的范围和程度进行评估，决定工期延长和增加费用产生分歧时的重要依据。特别是在出现一些十分困难和复杂的技术条件或地质条件且与设计资料出入很大，严重影响工程进度或质量的情况后，监理工程师常常会指令承包商改变施工方法，增加设备。有时监理工程师也拿不出克服困难的施工方法，需要承包商自己动脑筋、想办法，并添置设备和增加额外费用。在这种情况下，承包商就要注意事先以书面方式请示监理工程师获取同意和批准后再实施。只有这样，承包商才能做到符合第12.2分条款要求，并根据该条规定通过谈判取得合理的延长工期和额外费用。否则在谈判中监理工程师往往对承包商自行采取的措施和方法不予认可。

[案例 4-9]

非洲某公路工程项目，位于洪泛区。在开工和施工阶段的5年中就遇到无法预见的4次特大洪水和4次中小洪水，导致工期延误，施工道路和工地被淹，便道和便桥以及在建桥梁和排水构造物被冲毁，运输中断，材料、工具等被冲走，路堤溃决等等。对此，承包商根据合同条款提出了延长工期和额外费用索赔要求。在谈判中承包商根据合同条款突出强调了3点：

（1）项目位于洪泛区，河流属于变迁性河流，原设计文件中连桥位处河道横断面都没有；

（2）当地没有历史气象水文资料，一些气象站原有历史档案以及水位测标等在过去洪泛期间被冲毁或丢失；

（3）桥位处承包商实测的洪水位、流量和流速大大超过设计文件和图纸提供的设计数值。

以此论证和说明情况确实属于承包商所无法合理预见的。然而，监理工程师依仗手中的权力，既不愿意承认设计工作的缺陷和不足，对承包商的索赔申请也长期敷衍，拖延不决。直至项目缺陷责任证书颁发后，在批复承包商的总索赔报告时才笼统地作了考虑。承包商为此蒙受了较大的经济损失。

[作者评析]　上述事例无论是根据 FIDIC 条款第 20.4 分条款（g）款"因工程设计不当而造成的损失或损坏，而这类设计又不是由承包商提供或由承包商负责的"和（h）款"一个有经验的承包商通常无法预测和防范的任何自然力的作用"的阐述和规定，都是属于"业主的风险"，或是根据第 12.2 分条款"一个有经验的承包商也无法预见到"的规定，业主都应赔偿承包商的经济损失。但是，由于施工索赔和谈判工作不力，未能取得合理赔偿，确属遗憾。

[案例 4-10]

非洲某公路工程项目，开工后在边坡切方施工中发现大量流砂（Quick Sand）现象，既影响边坡的稳定性，又将严重影响路基强度，必须马上进行处理。承包商及时报告了监理工程师，并会同监理工程师对流砂的大小、深度和影响范围进行了核实。随后，承包商提出了流砂处理方案和费用增加计算。在第1次谈判中，业主强调这种流砂现象在这个地区是常有的，并认为承包商在投标报价时应该考虑到，业主不再另行支付额外费用。承包商因准备的资料和论据不够充分，没有立即展开辩论，而是坚持建设型谈判，先避而不谈费用问题而是着重讨论现场补救措施和流砂处理方案，以防止现场事态的进一步扩大。业主和监理工程师对承包商的合作态度和对工作负责的精神表示赞赏，并确认了承包商提出的疏导方法，使流砂不致影响既成边坡和路基，同意立即施工。第二次谈判，承包商准备了充分的资料和数据，首先报告疏导方案的成功实施和承包商为此付出的代价，随后拿出招标文件和图纸以及所附的探坑展示图、地质钻孔柱状图等资料，说明在招、投标阶段没有任何文件和资料提及有流砂的存在，又拿出承包商在考察现场阶段和施工开挖以前拍摄的地貌照片说明也无任何流砂迹象。因此，流砂现象确属"是一个有经验的承包商无法预见到的不利的外界障碍或条件"，希望业主和监理工程师按照合同条款第12.2分条款批准承包商延长工期和增加费用，与此同时，承包商又主动作出不再要求延长工期的让步。业主和监理工程师鉴于承包商工作认真、态度诚恳，终于批准全额补偿承包商为处理流砂增加的额外费用。

[案例4-11]

某给排水工程项目，施工后发现地质情况和设计文件迥异，不仅地表下岩石数量超过投标书工程量表的几十倍，且大部分为坚硬的凝灰岩和辉绿岩，同时还有地下水，污水和有毒气体。项目位于居民区，地方政府规定禁止采用爆破法施工，工程进度十分缓慢。为此，承包商进行了多种施工方法的试验，均无成效。监理工程师也束手无策。在这种情况下，承包商在与监理工程师多次研商并报经监理工程师同意批准后增加了设备和工具，采用挖掘机头部改装岩石破碎器，加班加点，突击施工。但是，工程进度仍然落后于合同工期。承包商根据实际情况提出了延长工期和增加费用的索赔申请。在谈判中，承包商根据合同条款第12.2分条款规定说明情况确属一个有经验的承包商无法预见到的，并分别详细申诉和分析了由于各种试验以及增加设备而产生的工期延误和增加费用。业主和监理工程师承认情况属实，表示理解和同情，但是强调了合同"专用条件"中的一条规定，即"土壤条件在技术规范中已列出。然而，承包商应察看现场，亲自熟悉土壤性质，拟采用的开挖方法以及可能影响施工和报价的自然障碍和条件。允许他在单价中包括处理在施工中需要和可能碰到情况的一切费用。由于对现场条件缺乏认识的一切索赔不予接受。"为了表示对承包商的理解和同情，不再按合同工期的要求执行误期损害赔偿的合同规定，并由监理工程师和承包商具体商定最终竣工工期。虽然承包商资料充分，赢得了免除误期损害赔偿，但是由于投标时的粗心大意，对合同专用条件缺乏研究，丧失了索赔的有利条件，导致了严重亏损。

七、修改设计（Amendaments to Design）

西方设计咨询公司在设计发展中国家尤其是非洲国家项目时，往往由于其技术人员不能深入现场第一线，地质勘探不够，调研工作不充分，有时还脱离该国的国情和现场实际情况，盲目追求较高的技术标准，因而在设计上经常会存在一些不合理和不切实际的东西。我国的承包商只要细心观察，深入调研，必要时通过科学试验取得可靠的数据，提出一些切实可行的合理的修改设计方案，往往可以加快工程进度并获得相当可观的经济效益。在这方面，中国的一些对外公司已经积累有不少经验。其首要条件是在保证工程质量的前提下，技术上确有创见，是合同双方都可以接受的合理化建议；其次是要和监理工程师建立起相互信任和友好合作的关系，没有监理工程师的支持是无望实现的。同时，必须按照合同规定的程序办事，要事先通过商谈和监理工程师取得一致意见，由监理工程师按FIDIC条款第51条下达工程变更令，然后再按第52.1和第52.2分条款规定的程序和监理工程师议定新的费率或价格。如果遇到比较客观、公正的监理工程师，双方通过谈判确认可以加快工程进度和降低成本或提高工程质量以后，往往较容易取得一致意见并付诸实施。如果监理工程师缺乏经验，思想比较保守或教条，则往往需要向监理工程师进行艰苦细致的说服工作，说服不了时也不能强加于人。无论是哪一种情况，承包商必须注重用事实论证，耐心细致，充分说理，注意谈判方式和策略。

[**案例4-12**]

B公司在非洲某国连续实施两个公路项目。前一个项目沿线天然红土砾石料十分丰富，是国际公认的很好的筑路材料，但西方设计咨询公司在设计中根本没有考虑就地取材，路面基层教条地全部采用机轧碎石。承包商在科学细致的现场调研基础上，根据沿线天然红土砾石的分布和产量情况，向监理工程师提出了在基层中分别掺配不同比例的天然红土砾石的合理化建议，以加快工程进度，降低工程成本。监理工程师欣然接受了建议，还同意基本维持原定基层费率，承包商获得了较好的经济效益。后一个项目，其路面结构原设计采用沥青表处，但承包商考虑到已在该国实施了上述的项目，已有现成的沥青混凝土整套设备，如果采用沥青表处路面结构，还需要另行配置设备。同时，该公路项目是通往该国西南部港口的主要通道，如果改用沥青混凝土路面结构，不仅可以大大提高工程质量，而且承包商可以就地利用闲置设备，避免添置新设备。承包商据实向监理工程师提出了此项合理化建议，并且争得了业主的同意和支持，监理工程师以下达工程变更令的方式，采纳了承包商的建议，并根据合同条款第52.2分条款议定了沥青混凝土的费率，比原路面结构单价提高18%。

八、工期延误（Delays）

工期延误是指承包商在合同规定的工期内未能如期完成合同要求的工程，延误了竣工或移交工程的时间。按照国际惯例，常把这种延误严格地区分为两大类。

（一）可原谅的延误（Excusable Delay）

这种延误不是承包商的责任，而是由于业主、监理工程师的责任或外界影响引起的延误，承包商是可以原谅的。这类延误又分为以下两种：

（1）如果延误的责任是在业主或监理工程师方面，则承包商不仅可以得到工期延长（Extension of Time EOT），还可以得到经济补偿，这种延误被称为可原谅并可给予补偿的延误（Excusable and Compensable Delay）。

（2）如果延误的责任者不是业主或监理工程师，而纯属外界影响，承包商可以获得工期延长，但得不到经济补偿。这种延误则称为可原谅但不给予补偿的延误（Excusable but not Compensable Delay）。

（二）不可原谅的延误（Non-Excusable Delay）

这种延误的责任者是承包商。即由于承包商缺少设备、材料或人力资源，管理不善等原因造成的工期延误。这时，承包商不但得不到工期延长，而且得不到经济补偿。

项目实施过程中，施工进度拖延是经常发生的，如果任其拖延，严重时就会使工程项目不能按合同规定的工期建成，承包商就要支付误期损害赔偿费（Liauidated Damages for Delay），承担巨额经济损失。因此，当发现施工进度拖延，或监理工程师指责施工进度拖延时，承包商应按上述分类及时分析延误的原因。如果责任是在自己方面，则应尽快采取措施，赶上进度计划，严格按合同工期建成项目。如果是业主和监理工程师方面的原因或是外界影响，则承包商有权获得工期延长，即按 FIDIC 条款第 44.1 分条款申请和索赔工期延长。如果进度拖延属于业主和监理工程师方面的责任，则承包商不仅有权获得工期延长，还可以得到额外费用的补偿。FIDIC 条款第 4 版应用指南中对第 44.1 分条款中可能引起工期延长的原因作了较详细的阐述，可以作为索赔和谈判的依据，例如获得现场占有权的延误（第 42 条），颁发图纸或指示的延误（第 6 条），不利的外界障碍和条件（第 12 条），暂时停工（第 40 条），额外的工作（第 51 条）或者工程的损害或延误（第 20 和第 65 条）。

然而，在实际施工过程中，工期延误的原因是多方面的，而业主和监理工程师对核批工期延长的掌握是很严的。首先是要看是否属于可原谅的工期延误，其次是必须发生在工程网络计划的关键路线（Critical Path）上。因此，工期延长的谈判是一项专业性很强的工作。既要熟悉合同条件的有关条款和国际通用的分类原则，又要熟练掌握网络技术，善于应用关键路线法（Critical Path Method，CPM）分析论证。一般来说，工期延长的谈判，业主和监理工程师掌握主动权，处于有利地位，他们往往采用进攻型谈判，承包商则需要运用建设型谈判，着重事实论证，注意以理服人，即便责任在业主和监理工程师方面，也要注意照顾对方的面子，心平气和地、客观地进行说理。为了作好分析论证，承包商必须重视日常的基础工作，随时作好施工日志（Site Diary）和同期记录（Contemporary Records），分析拖延发生的原因，即使原因发生的当时只有 1 天或几周，不足与业主和监理工程师正面交锋和谈判，但在整个工程施工期间积少成多，累计即可达几个月。有时，业主和监理工程师当时未认可或批准，但在工程尾声的谈判中，在承包商论据充分的情况下，为了保证项目的顺利竣工，不得不有所考虑或确认。

[案例 4-13]

某国大桥工程项目，由于各方面原因，承包商预计工程可能延误工期 1 年。如果按合同条款处置，承包商将要支付误期损害赔偿费一百多万美元。为此，承包商提出 3 条原因申请延长工期 1 年。

（1）由于海湾战争影响，主要施工设备进场延误 6 个月；

（2）同样由于海湾战争影响，主要物资进口延误 3 个月；

（3）现场占有和拆迁工作延误 3 个月。

监理工程师和业主在收到申请后，复函不同意，并约定日期进行谈判。谈判前，承包商准备了大量的文件、信函作为谈判的依据和证明材料，并对延误时间和施工进度计划进行了相应的排列。第一次谈判主要是由承包商阐述申请延期的理由，由监理工程师进行核查。在第二次谈判中，业主和监理工程师对承包商的申请提出了3条评审意见：

(1) 承包商提出的3条原因，有一部分发生的时间是重合的，属于同时发生的延误（Concurrent Delay），应核销重合的部分；

(2) 除场地占有和拆迁工作延误以外，有些延误不在施工关键路线上，不同意考虑；

(3) 承包商未能按合同规定及时提出工期延长的申请，承包商的权利应受到限制。

最后表示只能核准延长工期半年，双方未能达成协议。随后，承包商多方活动，一方面敦促设备材料供应商和海关等分别出具因海湾战争影响而误期的证明，并错开重合的时间；一方面利用与监理工程师长期友好合作的关系，再次争取同情和支持。终于在第三次谈判中，各方在友好的气氛中，达成了妥协方案，同意总工期延长10个月。

九、支付延误 (Late Payment)

支付延误是指业主未能在合同规定的期限内及时向承包商支付由监理工程师签发的承包商应得的款项。FIDIC条款对此作了明确的规定。

(1) 第60条是一个完整的支付条款。它对付款手续、付款程序、付款方法、支付时限等都作出了明确的规定。

(2) 第60.10分条款明确规定，当监理工程师将经过审核签字颁发的任何临时证书（Interim Certificate）包括月报表即月结算单（Monthly Statement）送交业主后，业主应在28天内向承包商支付承包商所有的应得款额。还说明如果业主在规定的时间内没有支付，则业主应负责偿付超期款项的利息。

(3) 第69条着重强调了不能中断支付承包商应得款项的重要性以及对业主违约的处置。第69.1、69.2、69.3、69.4、69.5等分条款又为此规定了业主违约的范围、界限和处置办法以及承包商可以采取用以维护本身权益的有效措施。例如业主在第60.10分条款规定的应付款时间期满后28天内仍未能向承包商支付时，承包商可在提前28天通知业主并将一份副本呈交监理工程师的情况下，暂停工作或减缓工作速度。必要时承包商也可向业主发出通知终止合同，同时明确说明发出通知满14天后，承包商有权撤离设备，业主还应支付承包商由于该终止引起的或与之有关的或由其后果造成的任何损失的费用。

尽管合同条件有明确的规定，但是由于临时证书、月报表等所要履行手续的部门较多，其中每一个环节都可能产生延误，而业主也往往由于政府财政困难或从本身经济利益出发，企图拖延支付。因此，支付延误问题在合同履行过程中是经常发生的。有的拖延几个月，有的甚至半年、1年以上，尤其是由当地政府提供投资的项目。因为支付延误，往往导致承包商在流动资金上陷入困境，有的不得不为此债台高筑，蒙受巨大的经济损失。作为一个国际承包商，就要熟悉有关的合同条款，主动按照合同规定的时限跟踪工程款和各种款项的支付状况，安排专人负责催款。在发生支付延误问题后就要及时发出通知，并通过谈判，做好业主和监理工程师的工作，说明自己的困难，阐明自己的观点，并表明自己是熟悉合同，善于运用合同条件这个武器的，尽量提醒和说服他们遵守合同，按时支付。如果他们仍然敷衍拖拉，劝说无效时，必要时可以申述准备终止合同和索赔的意图，向业主施加一定的压力。一般来说，在业主拖延支付问题的谈判活动上，承包商处于较有利的地位，必要时适当采用进攻型谈判是恰当的。

[案例 4-14]

某阿拉伯基金会投资的项目。业主出于本身的经济利益，始终不能在合同规定的时间内向承包商支付工程款，导致承包商资金周转十分困难。经过多次谈判和耐心敦促，仍然无效。在关键时刻，承包商不得不根据合同条款第69条"业主违约"写出通知，说明这是长期耐心工作后迫不得已采取的最后行动，并表示如在发出通知后14天，如果业主仍然不予支付，承包商将终止合同，停止施工并撤离设备，业主将承担一切后果。这次行动果然引起业主的高度重视，并立即派出特使专程奔赴投资银行办理，不到14天终于向承包商支付了部分工程款，承包商也作出了适当妥协，表示友好合作，继续施工。

[案例 4-15]

某承包工程，是由当地政府提供资金的项目。在履行合同过程中，经常出现业主拖欠工程款的情况。承包商为此组织了专门的催款小组，采取各种办法进行催款，但均无实效。承包商运用合同条款与业主谈判，强调在承包商提出月报表后的56天（包括监理接到月报表28天内签发证书，以及在该证书送交业主后28天内业主受理并支付）内业主应支付给承包商。如果再过28天仍未支付，则属业主违约。但是，业主在谈判中并不重视，反复强调由于没有收到政府的拨款，无力支付。于是谈判陷入困境。在此情况下，承包商认为有必要向业主施加一定压力。会后，承包商立即发出通知，在通知中明确以下两点：

(1) 由于业主长期拖欠付款，并已超出合同规定时限，根据合同条件第69条，已属业主违约。而且较长时期以来，由于资金周转的严重困难，承包商不得不放慢施工进度。为此，承包商有权按照合同条件第60.10分条款要求业主从应付之日起按当地中央商业银行对外贷款利率支付全部未付款项的利息。与此同时，由于资金困难使工程进度减慢而造成的延长工期，其责任在业主方面，承包商有权索赔，业主理应批准并给以补偿。

(2) 如果业主在接到本通知后14天内不能作出有效答复，承包商将不得不按照合同条件第69.2和第69.3分条款停止施工，并终止合同。为此发生的一切费用和后果由业主负责。

业主收到通知后，震动较大，改变了原来敷衍塞责的态度。一方面表示正准备付款，只是在付款的时间和方式上建议由双方进一步面谈；一方面主动提出将在一周内通知谈判的地点和时间。恢复谈判后，双方都着眼于长远的利益，采取克制和谅解的态度。业主反复解释了很多拖欠付款的理由，承包商也说明了由于支付延误所带来的经济损失，希望业主能在一个月内付清所有的欠款和付息，承包商将尽一切努力加快工程进度。业主表示同意付款，但按承包商的时限要求确有很大困难，提出改为半年内付清所有欠款，并支付部分利息。由于双方期望水平差距较大，承包商提出暂时休会，建议双方再作慎重考虑。休会后的再次谈判，双方各自作了让步，承包商要求3个月内付清欠款和利息，业主表示仍有困难，但同意支付全部利息。第三次谈判双方终于在互谅互让的气氛中达成了一致。业主同意在6个月内用信用证形式将所有欠款分6次支付给承包商，并同时支付相应的欠款利息。业主还同意给予承包商由于业主拖欠影响工程进度所造成的2个月延长工期。承包商也表示同意在业主的承诺兑现后，将尽最大努力，保证完成整个项目的施工。双方签署了备忘录，作为合同文件的正式补充文件。

另外，由于承包商本身工作不力或不符合合同要求，也可能导致业主支付的延误。承包商在谈判活动中就会处于较弱的地位。这也是我国对外公司在对外承包工作中经常发生的事情。有以下两种情况：

（1）不熟悉合同条件，不熟悉业务，月报表（月结算单）过不了关。这几乎是我国承包商在项目开工后一段时间内的通病。有的竟然连续几个月甚至半年、一年都通不过，监理工程师很不满意。月结算单通不过，工程款的支付必然延误。FIDIC 条款第 60.1 分条款明确规定了款项涉及的具体内容，并且指出"承包商应在每个月末按监理工程师可随时指定的格式提出一式 6 份报表"。事实上，每个监理工程师都有他自己习惯的工作方式，在格式的指定上也会有所差异。因此，作为承包商，就要在日常工作或谈判活动中不耻下问，主动配合监理工程师工作，取得监理工程师的帮助，并遵照其指定的格式做好月报表。决不要自以为是，我行我素，招致反感和责难。

（2）工程质量或材料质量不符合合同条件或技术规范，或监理工程师对承包商的工作执行情况不满意，因而根据合同条款第 60.2 分条款对有关款项进行扣除或删去。这是监理工程师的权力和职责，承包商需要实事求是地予以确认。如果情况不属实，就要在着重事实论证的基础上，通过谈判以理服人，争取获得监理工程师的改正，列入下一期的月报表。

十、基本竣工（Substantial Completion）和移交证书（Taking-over Certificate）

当工程能够按照预定目的被业主占有和使用时，工程就可被视为已基本竣工。一般的做法是，先由承包商申请竣工检验，业主和监理工程师在收到承包商申请后，联合其它有关部门组织联合验收。在验收合格后，由监理工程师签发移交证书，工程即进入缺陷责任期（Defects Liability Period）。移交证书确认工程已基本竣工，注明基本竣工的日期，明确在该日期由业主接收工程，照管工程的责任即转交给了业主，工程的缺陷责任期即开始。在移交证书后面还要附上在缺陷责任期内需要承包商继续完成的未完成的项目一览表（A List of Outstanding Items）。

然而，工程完成到什么程度才可被视为是基本竣工，这往往是合同双方争论的问题，也是需要通过谈判解决的问题。因为合同文件上不可能对基本竣工的定义和条件阐述得非常准确和清楚。对承包商来说，只要主体工程和主要配套设施已完成，已不影响项目的正常使用，就可以申请竣工检验，要求颁发移交证书。如果把一些不影响项目正常使用的次要的配套设施和零星工程都列为基本竣工前必须做完的项目，而且不存在任何缺陷和瑕疵需要修补，则承包商就可能面临误期损害赔偿的危险。例如公路工程项目，在道路及其主要构造物已全部完成，道路并已全部铺上路面并划线后，即可认为是基本竣工，还剩有一部分零星工程如植树、铺草皮等等就可放到缺陷责任期去完成。然而，对业主来说，由于经济上或其它多种原因，往往想拖延接收，并为此找出种种借口声称项目尚未基本竣工，要求承包商继续完成他认为必须完成的工作。如果对任何已完工程居心挑毛病的话，即使质量良好，总是可以找出问题来的。因此，在基本竣工和移交证书问题上，谈判任务是很重的。当然，也有业主要求提前占有和使用工程的情况，这时承包商就比较主动，只要在不影响工程质量的前提下尽力满足业主的要求即可。竣工移交的谈判也就相对顺利得多。另外，对一些大型项目，根据投标书的要求或实际情况的发展，需要区段或部分工程分别移交时，办理程序和手续以及谈判任务基本上是相同的。只是各段或各工程进入缺陷责任期的时间不同，并有相应的多个缺陷责任期和移交证书。

一般来说，从承包商提出申请基本竣工到监理工程师签发移交证书，有两轮重要的谈判。第1轮谈判是确定工程完成到什么程度可被视作基本竣工，并初步认可需要完成的未完成工作，包括竣工检验前必须完成的工作以及在缺陷责任期内需要完成的工作。第2轮谈判是在通过竣工检验后，双方进一步坐下来，对原有的未完成工作一览表进行调整和补充，确认承包商在缺陷责任期内要完成的未完成项目，列出一览表附在监理工程师将要签发的移交证书后面。

第1轮谈判往往是在竣工检验前举行。在第1轮谈判前，承包商要做好充分准备，画出工程竣工概况图，列出已完工的主体工程和主要配套设施的详细清单以及未完工作的清单，事先个别征求监理工程师的意见，尽力说服监理工程师接受自己的方案，必要时可以作出适当妥协，争取多完成一些工作，并共同商定竣工检验的日期和方法。在谈判桌上，承包商要详细阐述工程的实际完成情况和剩余的工作，着重说明在完成竣工检验前需要完成的工作后，剩余的工作已不致影响整个工程的正常使用和发挥项目效益。同时表明在通过竣工检验后，将向业主和监理工程师提出在缺陷责任期内完成必须完成的工作的书面保证。在整个谈判过程中，承包商要坚持运用建设型谈判方式，对待不同意见要着重事实论证，耐心说服，以理服人。第2轮谈判是在竣工检验结束后进行的。在谈判前，承包商要对联合检验中大家提出的意见抓紧处理，以实际行动表明自己对待工作的认真负责态度。同时，向监理工程师递交调整补充后的缺陷责任期内要完成的未完工作一览表。由于在第1轮谈判中双方已建立起友好合作的氛围，承包商又能够在实际工作中显示认真负责的态度，会上会下又进行了频繁接触和交换意见，因此，第2轮谈判一开始，双方都会以建设性态度进行商谈。业主和监理工程师会结合竣工检验对主体工程等进一步提出些改进意见，并参照承包商递交的在缺陷责任期内要完成的未完工作一览表对剩余工作的时间安排和工程质量提出些具体要求。最后，承包商在会上进行表态并作出保证。谈判便可在轻松的气氛中顺利结束。

十一、缺陷责任期（Defects Liability Period）

缺陷责任期，一般也称维修期或养护期（Maintenance Period），有的也称为保用期（Warranty Period），是指项目基本竣工，移交证书已签发，工程已移交给业主后，项目即进入这段时期。这段时期的长短，应在投标书附件中就注明，通常为1年，对于有些项目也可例外地为两年，甚至更长，起始日期则在移交证书中注明。一个项目有多个缺陷责任期时，则由相应的多个移交证书分别注明。缺陷责任期的主要目的是要在使用条件下，证明合同的规定已得到遵守。在此期间或期满后的14天内，承包商不但必须完成移交证书中所列的未完成的工作项目，而且还须修补出现的任何缺陷，以便在缺陷责任期满时，工程能按合同要求的条件（合理的磨损除外）并以使监理工程师满意的状态最终移交给业主。由于合同并不要求承包商在缺陷责任期内负责使用中的维修（除非在招标文件中有明确规定或在投标书工程量中列有专项，并在技术规范中有相应的叙述），因此，维修费用和修补费用由谁来承担的问题往往是在缺陷责任期内双方谈判的主要任务。争议的分歧是：

(1) 哪些缺陷的修补费用应由承包商自行承担，哪些则由业主承担，并由业主支付给承包商。

(2) 什么情况下缺陷的修补费用可被视作额外费用，即承包商有权进行索赔，并取得缺陷责任期的延长和额外费用的补偿。

由于工程在使用过程中出现的缺陷，往往是由各种原因交织在一起产生的，其中可能有设计上的原因，也可能有施工中的问题或是使用者使用不当的问题，还可能是偶然事件和意外事故等等其它原因。因此，在整个缺陷责任期内，承包商必须做好有关的记录和分析，保存好来往文函，以便随时进行谈判和索赔。更重要的是承包商必须对有关的合同条件有充分的理解，并且熟悉国际惯例，才能在谈判中赢得主动。例如，FIDIC 条款第 49.3 分条款中就有比较明确的规定。它既列出了承包商必须自费修补的缺陷，同时也规定了如果修补缺陷的费用不由承包商负担时应遵循的程序。费用划分的原则就是这些缺陷的产生如果是由于承包商未按合同要求施工，或由于承包商负责设计的部分永久工程出现缺陷，或由于承包商疏忽等原因未能履行其义务时，则应由承包商自费修复。否则就应由业主承担费用，并由监理工程师按照第 52 条规定在合同价格中增加一笔款额追加支付给承包商。同时，第 50 条还明确规定在缺陷责任期内任何时间出现任何缺陷，承包商根据监理工程师指示进行调查的调查费用应由业主负担，除非是由于承包商的责任使用了有缺陷的材料、设备或工艺或其它违约而引起的缺陷。另外，按照国际合同法专家阿勃拉哈姆森（Abrahamson）等阐述的国际惯例，承包商不应对缺陷责任期内发生的偶然、意外事故性的损坏承担维修和调查费用。所有这些规定和阐述都可以作为谈判工作的主要参考依据。

[**案例 4-16**]

中东某桥梁工程项目，工程竣工验收后进入缺陷责任期。在缺陷责任期内，桥头混凝土预制块砌体护坡出现凸起现象，造成大量裂隙，加上水的冲刷，边坡上已有不少坑洞。为此，监理工程师指出，这是由于承包商施工质量不良引起的责任事故，指令要求承包商自费进行抢修，重砌所有边坡。承包商在接到指令后进行细致的现场勘察和测定，准备了充分的分析计算资料和照片，与业主和监理工程师开展了谈判。在谈判中，承包商从理论上详细分析了凸起现象产生的原因，指出主要是由于该地区气温太高，混凝土预制块热膨胀过大相互挤抬所致。并且说明承包商是按照设计图纸和技术规范施工的，并已通过监理工程师的质量检验，因此责任不在承包商。同时着重指出，这是设计上的原因，如果不修改设计，仍然按照原设计返工重砌，以后必然会出现同样的病害，并将严重影响桥台边坡的稳定性。因此，建议改用浆砌片石。业主和监理工程师有些疑惑，要求承包商提出试验资料和已建工程的经验证明。在第 2 轮谈判中，承包商递交了试验和计算资料和已建工程的图片，业主随即表示同意修改设计，并责成监理工程师与承包商按照合同条件第 52 条议定价格。这样，承包商不但避免了自费维修返工的费用支出，而且争取了一个新的小型增加工程。

十二、索赔（Claims）

索赔工作是承包工程中项目合同管理的重要组成部分，也是项目在合同履行过程中的主要谈判任务。当前，国际工程市场竞争激烈，标价趋低，索赔工作愈显重要。尤其是承包商的施工索赔（Construction Claims），它是承包商用以维护自身合法权益，减少和弥补风险损失，防止经济亏损，增加项目效益的一种重要手段。国际上一些大型承包公司或集团在项目实施过程中往往不惜重金聘用合同管理和索赔专家，专事索赔和索赔谈判工作，通常都能取得可观的收益。很多从事国际工程活动的工程师也已开始认识索赔工作的重要性，他们已经把它列为自己日常工作的一个重要组成部分。然而，在实际工作中，由于文化背景和知识水平的不同，对索赔工作的理解和态度上往往还存在着很大的差异。在一些人看来，索赔工作在项目合同履行过程中是一项正常工作，是很自然的事，是理所当然的。在每月的月报表和日常支付中都可含有索赔的内容。但是，对另一些人来说，却把索赔工作视作是"份情面"的事，甚至把索赔工作看成是"不友好的行为"，是"破坏双方友好关系"和"开战"的象征。有的业主或监理工程师还往往规劝承包商，说什么"不要索赔，这样会破坏合作气氛。我们没有必要谴责自己，自己找自己麻烦。"等等。因此，索赔工作的谈判任务既是一项技术性、合同和法律观念很强的工作，又是一项艰苦细致的思想说服工作。

（一）引起索赔的事件及有关的合同条款

随着国际工程市场的发展，国际工程施工合同条件的不断完善和规范化，国际工程界在索赔工作上已逐步取得了共识，大家也都意识到了索赔工作的必要性和重要性，"索赔"已是国际工程界的通用词汇。大家都开始认识到索赔是合同双方，业主和承包商，都具有的权利。任何一方都有权主动提出索赔要求，以维护自己的正当合理的经济利益，而且把承包商向业主的施工索赔（Constructiom Claims）简称为索赔（Claims），把业主向承包商的索赔称为反索赔（Counter Claims）。FIDIC 条款第 4 版也明确作出了第 53 条"索赔程序"的新规定，提出了一个对业主和承包商都有利的关于索赔工作的约束方式。

FIDIC 总部编写的关于第 4 版 FIDIC 条款"摘要"（FIDIC Digest）中还分别列出了承包商和业主在进行索赔和反索赔时可引用的有关合同条款，见表 4-1、表 4-2，它是进行索赔工作和索赔谈判的重要参考依据，也正是开发谈判思维创造力的"检核表"即"思路提示"。

从以上两表可以看出，可能引起索赔的事件的范围是很广的。实际上，本章本节前面所述的在项目实施过程中经常发生并需要通过谈判解决的 11 个问题，还有这里讨论的索赔问题，都是可能引起索赔的事件并需要进行谈判的事项。我们应该学习和掌握表 4-1、表 4-2 中所列的有关合同条款，不丢失每一个重要的索赔的机会，也要注意防止和认真对待可能来自业主的反索赔。我国不少对外公司在过去较长的一段时间里，由于缺乏索赔意识和合同管理经验，曾失去了许多可以索赔的机会，导致项目亏损。一些外国公司、业主、监理工程师或投资方曾坦率地评论我们是国家公司，不怕赔钱，还说我们有的项目经理是"法盲"，"工地遍地是钱，不会拣"。

根据国际工程施工索赔的实践经验，归纳起来主要有以下十几种索赔：

（1）增减工程引起的索赔；

（2）地质条件变化引起的索赔；

（3）不利的外界障碍或条件引起的索赔；

承包商向业主索赔可引用的合同条款　　　　表 4-1

序　号	合同条款号	条　款　主　题　内　容	可索赔的事项
1	5.2	合同文件含糊	T + C
2	6.3 ~ 6.4	图纸误期	T + C
3	12.2	不利的外界障碍和条件	T + C
4	17.1	工程师数据差错，放线错误	C + P
5	18.1	工程师指令钻孔和勘探开挖	C + P
6	20.3	由于业主风险造成的损失和修复	C + P
7	27.1	发现化石、古迹等	T + C
8	31.2	为其他承包商提供方便	C + P
9	36.5	进行检验	T + C
10	38.2	指示剥露和开孔	C
11	40.2	中途暂时停工	T + C
12	42.2	业主未能提供现场	T + C
13	49.3	要求修补缺陷	C + P
14	50.1	要求调查缺陷	C
15	51.1	工程变更	C + P
16	52.1 ~ 52.2	变更令支付	C + P
17	52.3	合同额增减超过 15%	± C
18	65.3	特殊风险对工程的损害	C + P
19	65.5	特殊风险引起的其他费用	C
20	65.8	终止合同	C + P
21	69	业主违约	T + C
22	70.1	费用的增加或减少	按调价公式 ± C
23	70.2	法规变化	± C
24	71	货币及汇率变化	C + P

表中　T—工期　（Time）；
　　　C—费用　（Cost）；
　　　P—利润　（Profit）。

业主向承包商反索赔可引用的合同条款　　　　表 4-2

序　号	合同条款号	条　款　主　题　内　容	是否须通知承包商
1	25.3	承包商保险失效	不需要通知
2	30.3 及 30.4	损坏了公路或桥梁	讨论
3	37.4	拒收材料或设备	由监理工程师通知
4	39.2	承包商不遵守指示	由监理工程师通知
5	46.1	工程进度拖后	由监理工程师通知
6	47.1	误期损害赔偿费	不需要通知
7	49.4	承包商未修补工程	由监理工程师通知
8	59.5	未向指定分包商付款	由监理工程师通知
9	63.3	承包商违约	由监理工程师通知
10	64.1	紧急补救工作	由监理工程师通知
11	65.8	合同终止后的付款	由监理工程师通知

(4) 工程变更令引起的索赔；

(5) 合同文件模糊和错误引起的索赔；

(6) 工期延长引起的索赔；

(7) 加速施工引起的索赔；

(8) 暂时停工引起的索赔；

(9) 终止合同引起的索赔；

(10) 设计错误引起的索赔；

(11) 图纸误期交付引起的索赔；

(12) 业主拖延支付引起的索赔；

(13) 物价上涨引起的索赔；

(14) 业主风险引起的索赔；

(15) 特险风险引起的索赔；

(16) 不可抗力引起的索赔；

(17) 业主违约引起的索赔；

(18) 法令变更引起的索赔；

等等。

从表 4-1 中可以看出，以上种种索赔，从索赔的目的和最终索赔成果来讲，都反映在以下两大范畴，也是编写索赔报告和进行索赔谈判的两个结论性的内容和要求。

(1) 延长工期索赔或简称为工期索赔（Claim for Extension of Time，Claim for EOT）。即合同规定的工程竣工时间通过工期索赔获得延长，即表 4-1 中的 T。

(2) 额外费用索赔（Claim for Extra Cost）或简称为费用索赔（Cost Claims），或称经济索赔（Financial Claims），即通过费用补偿获得不应该由承包商自己承担的经济损失或额外费用，即表 4-1 中的 C。其中利润 P 是不能单独进行的，只有在可以进行费用索赔时才可以进行利润索赔。另外，按照国际惯例，工期延长和利润补偿两者是不可兼得的。同时，利润的调整还要受承包商投标书中的利润率控制。

在进行延长工期索赔时，除参照表 4-1 中所列与 T 有关的合同条款外，主要应遵循第 44 条（参见本章本节"八、工期延误"）。

（二）非合同规定的索赔（Non-Contractual Claims）和道义索赔（Ex-Gratia Claims）

以上论述的种种索赔都是合同规定的索赔（Contractual Claims），在合同文件中都能找到如同表 4-1 所示的可资依据的合同条款。然而在履行合同的长期过程中往往还会发生合同文件难以包括的种种意外的情况，使承包商蒙受额外费用损失。如果承包商和项目所在国政府以及业主、监理工程师已经建立起长期的相互信任和友好合作关系，有着良好的谈判氛围，往往还可以通过友好接触与商谈，获得非合同规定的索赔或道义索赔，前者虽然在合同文件中没有条款可资遵循，但经合同双方协商一致或达成协议便在法律上生效；后者则往往是开明的或通情达理的业主从善良意愿和长远关系与利益出发，照顾承包商的实际困难，批准给予承包商的适当经济补偿。

[案例 4-17]

非洲两个国家的两个公路工程项目。两项目采用的合同条件中都没有关于因外汇汇率变化给承包商带来经济损失的补偿条款。但是，两个国家的当地币贬值都很大，承包商为此蒙受的经济损失达数百万美元。由于承包商和项目所在国政府以及业主、监理工程师已经建立起长期信任和友好合作关系，承包商在与他们友好接触和商谈后，他们表示谅解和同情。在他们的示意下，承包商专项递交了外汇汇率变化损失的索赔申请，得到了批准，获得了应有的经济补偿。

[案例 4-18]

西亚某国一项大型公路项目，在剧烈的竞争中，中国 B 公司中标并签订了合同。但此项目靠近该国某邻国大国边境，该国受邻国大国政治压力被迫取消了合同。B 公司与项目所在国政府从经援时代 50 年代末期起已建立起了长期友好合作关系。为照顾双方的长远利益，经过多次友好接触和谈判，业主同意以 B 公司提出的已在合同签订后开始动员人力和设备资源为由，补偿承包商的经济损失，最终批准索赔 200 万美元。

（三）索赔程序和索赔基础工作

FIDIC 条款第 4 版未问世前，索赔工作常常是在项目已完成或引起索赔的事件发生后很长时间才提出索赔。这样，业主、监理工程师和承包商均依靠不完整的记录和追记进行谈判，而双方又必然都认为各自对事件的记忆是无可争议的。由于双方的记忆很少吻合，因此往往在谈判中分歧较大，争论较多，双方对处理的结果往往都不满意。为此，FIDIC 条款第 4 版引入了明确的索赔程序（第 53 条），对索赔通知（Notice of Claims）、索赔证明（Substantiation of Claims）、索赔支付（Payment of Claims）等都作出了明确规定和时间限制，并要求保持同期记录（Contemporary Records），如果不能保持同期记录，承包商的索赔权利可能会受到限制。这些为索赔的基础工作和索赔程序提出了较严格的要求，也是索赔谈判能否取得成功的重要前提。例如：

（1）承包商要在引起索赔的事件第一次发生之后的 28 天内通知监理工程师，并抄送业主。这是承包商递交进行索赔的意向通知，不是当时即进行索赔。与此同时，要在每日的施工日志（Site Diary）中记下事件发生的时间和简况。

（2）承包商要在事件发生时做好同期记录，详细叙述事件发生的情况，说明承包商为此所做的工作和蒙受的损失。如果有可能，力争邀请监理工程师核查，提出补充意见并确认。

（3）承包商在发出通知后 28 天内，或在监理工程师可能同意的其它合理的时间内，向监理工程师递交详细的索赔报告，准确地叙述事实，分别写出工期索赔和费用索赔，附上充分的证明和论据，包括图表、来往信函、工地指令、工程变更令、工料计算和原始凭证、施工日志，施工记录（进度、质量和支付情况）、工地会议记录、电话记录、照片、录象等等。如果引起索赔的事件具有连续影响时，上述详细报告应被认为是临时详细报告，承包商应按监理工程师可能合理要求的此类时间间隔，发出进一步的临时详细报告，给出索赔的累计总额及进一步提出索赔的依据。在索赔事件所产生的影响结束后 28 天内递交一份最终详细报告。FIDIC 条款第 53.4 分条款还规定，承包商如果未能遵守以上程序和规定，则承包商得到付款的权利可能会受到限制。这将导致承包商在谈判桌上的被动。业主和监理工程师还往往用未能及时申报，缺乏同期记录，没有进行同时核查等等拒绝接受事后的索赔要求，使谈判陷入僵局。

综上所述，承包商要取得索赔的成功，并在谈判桌上赢得主动，就要注意以下各点。

(1) 树立自觉的索赔意识和合同观念；

(2) 及时发现引起索赔的事件，并做好同期记录；

(3) 按时发出索赔意向通知，提出索赔要求；

(4) 熟练引用有关合同条款，编写好索赔报告；

(5) 做好基础工作，提供充分的索赔证明。

同时，承包商要力争做到严格按照合同规定的索赔程序，使索赔工作正规化。也就是说，在发生索赔事件后随时提出单项索赔要求，在索赔款的支付方式上，也力争单项索赔，单独解决，逐月支付，把索赔款的支付纳入按月结算支付的轨道，与工程款的结算支付同步处理。不要一切留待算总帐，进行最后综合索赔，增加索赔工作的难度。

（四）索赔谈判及其策略和技巧

索赔谈判从发现引起索赔的事件开始到业主和监理工程师批准索赔为止，在索赔工作的整个过程中是连续不断的，在承包商递交详细索赔报告后，就更为集中，也是索赔谈判的最后冲刺阶段。在此过程中，业主和监理工程师会不断要求承包商作出解释（Interpretation），提供详情材料或详细报告，即细化（Substantiation），还要有充分的分析计算（Analysis），附有关的证明文件（Evidence）。承包商要耐心答复业主和监理工程师所提出的问题和要求，通过反复接触和商谈，逐步达成双方可接受的一致意见。根据国际工程实践经验，要求谈判人员注意以下策略和技巧。

1. 着重事实论证，注意以理服人

这是"哈佛谈判术"的主要原则和特点之一（参见第9章第2节）。索赔谈判是一项技术性、务实性很强的工作，只有充分说理，才能以理服人。任何简单、潦草或无理纠缠都是无济于事的。谈判人员既要能够准确地阐述引起索赔事件的客观事实，又要善于科学地引用合同条款，充分论证索赔要求的法律依据，还要善于进行技术经济分析，合理提出工期索赔和费用索赔，并随时寻找充分的论据作为谈判的筹码。

2. 随时争取监理工程师的帮助和支持

FIDIC条款第4版"应用指南"中着重强调了监理工程师在索赔工作中的特殊地位、作用和职责。例如：

(1) 给予工期的延长是以监理工程师对合同的理解（Interpretation），以及对在工程施工中涉及的有关情况的评估（Assessment）和承包商在其通知书中阐明的索赔依据为基础的（第44条）。

(2) 对承包商的任何费用支付都要由监理工程师审核并签发证书。监理工程师并有权确定新费率（第52条，第60条）。

(3) 监理工程师有权在任何临时证书中进行任何修正或更改（第60.4分条款）。

(4) 任何争端事项都要向监理工程师提出，要求监理工程师作出公正的决定（第67.1分条款）。

(5) 监理工程师要以公正、无偏见的态度（Impartial and Unbiased Manner）处理问题（第44条，第2.6分条款）。

同时，索赔谈判往往是以监理工程师对承包商索赔报告的处理建议作为双方会谈的基础的。因此，在索赔工作和索赔谈判的全过程中，注意做好监理工程师的工作，取得监理工程师的帮助和支持是十分重要的。不要局限在办公室和会议室里，可以巧妙地利用各种场合和机会，进行情况交流和感情交融，并主动向监理工程师提出建设性方案，征求补充和修改意见。

3. 力争友好协商解决

由于索赔工作直接关系到合同双方各自的经济利益，在谈判过程中合同双方为了澄清合同责任，保护自己利益，难免产生争论和分歧。此时，谈判者要冷静，客观地寻求友好协商解决的途径，切忌伤感情，各执一词，无休止地争论，使谈判陷入困境。要及时缓和气氛，避免正面冲突，提出建设性建议，谋求双方都能接受的选择性方案。FIDIC 条款第 4 版着重强调了友好解决的重要性。例如"应用指南"的引言中就提出了业主、承包商和监理工程师之间紧密配合和协作的要求，第 44.2 分条款中又强调了业主、监理工程师和承包商之间友好交流和理解的必要性。即使双方争论已形成争端，并拟提交仲裁采取法律手段解决前，第 67.1 分条款还特别增加了一个双方的协议，协议规定在进行仲裁之前，双方宜采取两个步骤：第一，把争端提交监理工程师由他决定；第二，如果此决定不被接受，双方尽量自行友好解决，而且明确地指出，这第二个步骤并未包括在 FIDIC 条款的以前的版本中，在第 4 版中引入此步骤是吸取了以往的历史教训，使合同双方都能注意到避免既耗时又费力的、昂贵的仲裁诉讼方法。

4. 讲求灵活性

索赔的目的就是能合法地得到自己应该得到的损失补偿。由于引起索赔事件的原因很多，在某些情况下会涉及到监理工程师或业主的声誉或切身利益，如果坚持就事论事，按自己的要求办事，不顾全面子，往往会使对方十分难堪，即使理在手中，对方也可能为了保全面子，不愿轻易让步而采取敷衍拖延的态度，导致问题长期得不到答复和合理解决。此时，双方就要从长远利益出发，照顾双方的利害关系，讲求灵活性，谋求双方都能接受的妥协方案，使问题获得合理的解决。

[案例 4-19]

某国公路项目。由中国 B 公司与一家当地公司合作联营，并由当地公司牵头施工。在实际施工过程中，业主和监理工程师发现该当地公司在人力、物力上完全不能胜任充当牵头公司，问题成堆，工程进度十分缓慢。在不得已的情况下，业主转而要求 B 公司独立承担该项工程。为此，B 公司向业主和监理工程师递交了合作联营期间的费用补偿以及延长工期的索赔报告。由于该当地公司的政治背景以及与业主的复杂关系，历经多次谈判，索赔未能如愿，问题也得不到妥善解决。在这种特殊情况下，谈判双方不得不谋求其他灵活方式解决承包商的费用补偿问题。通过会上会下的频繁接触和商谈，业主考虑了承包商的实际损失，最终提出在其他后续项目的授标上给 B 公司以照顾的补偿方案。B 公司从在该国的长远利益出发，接受了这个妥协方案。随后，B 公司在另一项目上以第 4 标的标价中了标，取得了变相的索赔成果。

5. 高层调停或场外谈判

当谈判出现严重分歧和难题或陷入僵局时，由高层即请领导层（承包商总部和监理方总部领导）出面调停或安排他们进行特殊的场外谈判，选择幽静的环境，创造轻松愉快的氛围，通过相互妥协、谅解和默许，达成双方可以接受的索赔方案（请参阅本书第8章、第9章和第11章）。

6. 借用外力

当争议双方直接谈判已无法取得一致意见时，为了避开双方对峙中形成的偏见和互不信任，争取友好协商解决，可以邀请第三方或中间人进行调解。第三方或中间人可以是双方都信赖的有威望的个人、专家或权威，也可以是与合同双方都有利害关系的另一方如投资方，或是专门的组织，如合同争端评委会（Disputes Review Board DRB）（参见本书第5章第2节），通过他们的沟通、疏导和调解，取得双方均能接受的解决办法。第9章［案例9-6］中通过投资银行的有效劝说，不仅突破了谈判僵局，而且还在投资银行的指导下编写了索赔报告，取得了直接的索赔效益。

7. 必要时施加压力

有些官僚主义的业主或不负责任的监理工程师对待索赔往往采取不置可否，不答复，敷衍应付等等态度，有些业主还通过监理工程师以索赔事件证明不足为借口，要求承包商不断地提供证据材料，企图长期拖下去，乃至不了了之。在这种情况下，承包商可以合理利用合同条款施加一定压力，并予以警告。FIDIC 条款第 4 版第 69.4 分条款就赋予了承包商暂停施工或放慢进度的权利，这种进攻性策略也往往行之有效。

在谈判方式的运用上，为了谈判积极主动而富有成效，仍应以建设型谈判为主，但在承包商处于有利或优势的情况下，可适当采用进攻型谈判方式。在面对无克制的进攻型谈判者和官僚主义或不负责任的对手面前，也有必要适当采用进攻型谈判方式。FIDIC 条款第 4 版对索赔工作已作出了明确而细致的规定，对适当采用进攻型谈判方式也提供了必要而有力的武器。

索赔工作和索赔谈判是贯穿于项目合同履行的全过程的，持续时间往往很长，有的还可能延续到项目结束，在此期间合同双方难免发生这样或那样的分歧，作为谈判者就要有毅力和信心，耐心做好各方面的工作。不要指望一次、两次谈判就能成功，也不要听之任之，任其发展。要根据情况的发展和双方的争论点、分歧点，不断学习，认真钻研合同文件，寻找充分的法律和合同条款依据以及准确可靠的证明，讲求策略和技巧，既善于进攻取胜，又善于妥协让步，以取得索赔谈判的成功。

思 考 题

1. 项目开始实施后，业主、承包商、监理工程师之间的关系发生了什么新的变化？怎样建立新的伙伴关系以及谈判活动的正确导向？
2. 在项目实施过程中，项目经理怎样才能避免长期任人主宰的局面？
3. 列述项目实施过程中需要通过谈判解决的主要事项。
4. 试按照国际惯例和合同条款，在谈判中论述"额外工程"和"合同工程"的不同概念。
5. 怎样运用 FIDIC 条款与监理工程师谈判合理进行工程变更的估价？
6. 试用 FIDIC 条款第 20.4 分条款"业主风险"条款分析和谈判项目质量的责任问题。
7. 怎样通过谈判解决监理工程师的不合理要求或无理要求？
8. 业主不遵守合同条件或违约，主要表现在哪些方面？应该运用哪些合同条款为手段进行有力的谈判？

9. 试用 FIDIC 条款合理评估和谈判解决由于不利的外界障碍或条件产生的工期延长和费用增加问题。

10. 试述通过谈判利用修改设计增加项目经济效益的合理方式。

11. 如何按照国际惯例谈判解决工期延误问题？

12. 业主发生支付延误时，怎样运用合同条款进行谈判以维护承包商的权益？

13. 试述在项目基本竣工问题上，业主和承包商需要进行两轮主要谈判的内容。

14. 试述在项目缺陷责任期阶段，合同双方需要谈判的主要内容。

15. 试述进行施工索赔谈判可引用的合同条款以及取得索赔谈判成功的重要前提和策略。

第5章 项目竣工后的谈判任务

本章介绍的内容是结合项目合同管理中不可忽视的后期收尾工作而展开的谈判任务。从以往的实践看,它往往是我国各对外公司在开展对外承包工程业务中的薄弱环节。不少公司忽视了这个最后环节,导致了不应有的损失。如果能够遵照本章包括的内容,认真做好各项工作并开展相应的谈判任务,对于完善项目合同管理,增加项目收益,无疑是十分有益的。

第1节 竣工会谈和各项业务了结会谈

按照国际惯例和 FIDIC 条款,如果缺陷责任期终止后在 28 天内监理工程师颁发了缺陷责任证书,则说明承包商已尽其义务完成了施工和竣工,修补其中缺陷也已达到了使监理工程师满意的程度。至此,承包商与合同有关的实际义务(Physical Obligations)已完成,工程已竣工并获得批准。此时,合同规定的工程任务已经完成,但是在多数情况下,无论是业主或承包商可能还有不少财务和行政事务尚未了结,例如工程款、保留金、索赔款等尚未支付,履约担保尚未退还给承包商、债务、税务、保险等业务尚未了结等等,不少工作仍然需要通过谈判解决。因此,FIDIC 条款第 62.2 分条款明确说明这些工作仍然属于未履行的合同义务,合同对双方仍然有效。这是项目合同管理工作中不可忽视的最后环节。对于我国对外公司来说,重视抓好这个最后环节,显得尤为重要。长期以来,这个环节的工作十分薄弱。不少公司在项目基本竣工进入缺陷责任期以后就开始松劲,认为活已干完,项目人员和主要领导陆续安排撤离回国,颁发缺陷责任书后更是乏人管理,遗留的财务和行政事务不少,却往往缺乏得力的人去办、去催、去谈判,且不说该增收的未增收,该索赔的未索赔,就是应收的工程款和保留金也未收回。有的甚至拖上几年都不闻不问。由于无人办理,项目所在国的财务帐上已被注销,损失的款项和利息实为可观。以某公司的一个国外办事处为例,据 1988 年年底的统计,几个项目已竣工五、六年,缺陷责任证书却无人催办,应收工程款帐面金额为 427 万美元和 1941 万里亚尔,未归还的保留金总额达 813 万里亚尔。5 年前,里亚尔和美元比价为 4.575:1,至 1988 年底已达 11.2:1。虽然通过总部派出的专门工作组的艰苦谈判和努力,追回了一部分工程款和保留金,然而无法追回的款项和利息加上汇率损失,足够养活国外几个办事处。因此,重视抓好项目的后期收尾工作,开展相应的谈判活动是十分重要的。

一、竣工会谈

(一)竣工报表(Statement at Completion)

按照 FIDIC 条款的约束,这个工作是在颁发有关整个工程的移交证书,项目进入缺陷责任期之后 84 天内,承包商就应该完成。本应放在上一章中叙述,但考虑到这个工作和承包商完成合同实际义务后的后期收尾工作,特别是和最终报表有直接的联系,也直接关系到承包商的经济利益,特列入本章。竣工报表要根据施工期间保存在现场的符合要求的记录以及累积的计算结果进行，要附有按监理工程师批准的格式所编写的证明文件，详细说明以下几点：

（1）到移交证书注明的日期为止，承包商根据合同完成的全部工作的最终价值。

（2）承包商认为应该支付给他的其他款项，如所要求的索赔款等。

（3）承包商认为根据合同应支付给他的估算总额。

然后监理工程师核算后确定工程竣工报表的支付金额，开具支付证书，上报业主批准支付。

因此，在编制竣工报表期间，承包商是否主动和监理工程师联系，取得支持和帮助并进行友好商谈是十分重要的。由于工程质量和工程数量的检查、认可、丈量、计算，工程索赔的款额以及最终反映在竣工报表上的数值都要经过监理工程师的审核签字。如果他对任何工作执行情况不满，他有权在证书中删除或减少该工作的价值。反之，如果他认为对某项目可增加支付金额，他也可以对他以前颁发的证书进行修改。承包商应该抓住竣工报表的有利时机对合同完成的全部工作和索赔事项等进行全面的复查，做好监理工程师的工作，力争获取更多的经济利益。特别要注意尽量争取在监理工程师权限范围内的可能补偿事项以及因市场情况变化、时间变化需要补偿的事项。例如，根据现场记录调整土石方比例，对汇率变化和物价上涨的补偿，对业主拖延支付的利息等等。另外，对有些看法上有较大分歧，难以一时解决的事项或索赔难点，从策略上考虑，可以在竣工报表阶段暂时放一放，只是提到为止，不宜争执，可在缺陷责任期内创造条件进一步商谈，以免影响竣工报表的谈判气氛和顺利核准。

（二）缺陷责任证书（Defects Liability Certificate）

颁发缺陷责任证书应由监理工程师在缺陷责任期终止之后 28 天内颁发。它是承包商与合同有关的实际义务已完成的证明。虽然缺陷责任期会自动期满，并通常均记录在由监理工程师提交给业主的信件中，且有一份副本送给承包商。但是在实际工作中，当最后的缺陷责任期结束，承包商并已努力完成剩余工作时，如果没有长期友好合作的气氛，业主和监理工程师很少会主动痛快地表示"承包商已按合同条件百分之百地完成了工程任务，一切都满意。"他们往往还要节外生枝或吹毛求疵，寻找工程缺陷，提出一些需要修补的剩余工作，或在索赔工作上制造种种麻烦，拖延一段时间再颁发缺陷责任证书，直到他们认为"令人满意"为止。因此，承包商需要在缺陷责任期期满以前就主动找他们商谈，摸清他们的意图，事先征求意见，创造合作气氛，提出建设性建议，尽可能在缺陷责任期终止之日以前满足他们的合理要求，完成一切剩余工作，做到合同各方都能按时保质生产出共同满意的"最终产品"，树立良好的共同信誉。我国有些对外公司只重视"移交证书"，不重视"缺陷责任证书"，在颁发移交证书后，项目主要人员已陆续撤离回国，在缺陷责任期自动期满之日以前无人商谈，而且在这之后也无人催办，至于"最终报表"和"最终证书"往往也是可有可无。这确是项目管理和合同管理的重要漏洞和经验教训，也是项目效益的重要损失。

（三）最终报表（Final Statement）、书面结清单（Written Discharge）和最终证书（Final Certificate）

FIDIC 条款规定，在颁发缺陷责任证书后的 56 天之内，承包商应向监理工程师提交一份最终报表的草案，附有按监理工程师批准的格式编写的证明文件，详细地说明以下内容：

 （1）根据合同所完成的所有工作的价值。

 （2）承包商根据合同认为应支付给他的其它款项。包括索赔款项。

 根据国际工程以往的经验教训，FIDIC 条款第 4 版在第 60.6 分条款中强调了提交最终报表草案后在承包商和监理工程师之间达成一致意见的成功做法。在达成一致意见后，承包商方能编制并提交双方同意的最终报表。实际上，这是给予承包商又一次和监理工程师商谈和提高项目效益的机会，也是最后的一次机会。因此，承包商既要重视竣工报表的商谈，更要珍惜最终报表的商谈。因为在最终报表阶段，监理工程师仍然具有对以前的支付证书作出任何补充和修改的权力，同时，在竣工报表中没有得到解决的遗留问题也将在最终报表中予以解决，当最终报表递交之后，承包商根据合同进行索赔的权力也就终止了。因此，国外承包商对最终报表的商谈非常重视。他们往往会以感谢长期合作的方式通过商谈与监理工程师达成最后一次"私下交易"，不仅承包商从最终报表中获得了额外效益，而且监理工程师也从中分得了好处。在提交最终报表的同时，承包商就要给业主一份书面结清单，以进一步证实最终报表中的总额。在接到最终报表和书面结清单之后 28 天内，监理工程师应向业主递交一份最终证书，说明：

 （1）监理工程师认为按照合同最终应支付给承包商的款额。

 （2）业主以前所有应支付和应得到款额的收支差额。

 在最终证书送交业主 56 天内，业主应向承包商进行支付，否则就应按投标书附件中的规定支付利息。

 为了保证承包商获得支付款项的合同权力，FIDIC 条款第 60.7 分条款对承包商还赋予两种保护措施，即在最终证书没有得到支付以前以及履约担保没有按照第 10.1 分条款规定的时限退还给承包商之前，承包商向业主提交的书面结清单不能生效。这些条款对谈判提供了有力的依据。

 （四）银行保函（Bank Guarantees）和保留金（Retention Money）

 按照合同规定，业主应该做到以下各点：

 （1）颁发缺陷责任证书之时，说明承包商履约担保的有效期已经结束。在缺陷责任证书发出后 14 天内，应从银行将履约保函（Peformance Guarantee, Performance Bond）退还给承包商。

 （2）业主凭承包商预付款保函（Guarantee for Advance Payment）支付给承包商的预付款，已在施工过程中按投标书和中标通知函的规定逐步扣还，并在竣工前已全部偿清，偿清之日即应从银行将预付款保函退还给承包商。

 （3）按投标书规定在支付报表中扣留的保留金（Retention Money or Retention），应在颁发整个工程的移交证书之时将一半退还给承包商。当剩余工程已全部完成，承包商与合同有关的实际义务已完成，颁发缺陷责任证书之时应将另一半归还给承包商。

 根据以上合同规定的程序和手续，及时释放或解除银行保函（Release of Bank Guarantees）以及归还保留金，本应是履行合同的很正常和简单的事，但是，在实际工作中往往会和颁发缺陷责任证书一样拖延较长时间。业主为了本身利益，往往要寻找一些工程缺陷、承包商违约事项，甚至一些人为因素进行反索赔，以便从履约担保或保证金中扣取费用，对承包商的索赔事件也会提出不同的评审意见以拖延时日。这些问题都需要通过谈判来协商解决。因此，缺陷责任期终止前后的项目后期收尾工作的谈判任务仍然是多方面的，很繁重的，是不容忽视的。在思想上必须高度重视，在行动上要积极主动，才能取得各项收尾工作的顺利结束和项目的善始善终，赢得项目更好的经济效益。从以往的经验教训来看，我国一些对外公司由于缺乏项目管理和合同管理知识，常常忽略了这个最后环节，甚至在正常情况下也不及时去办理释放银行保函和归还保留金的手续，导致了不必要的经济损失。

二、与有关各部门了结业务的会谈

项目收尾时，需要与有关部门如海关、税务部门、保险公司、银行等了结项目有关业务。在正常情况下，承包商只要遵照各部门的规章制度，照章办事即可，而且在项目合同执行期间已经和他们经常接触，如果在以前的来往中已经建立起友好合作的关系，了结业务会很顺利，会谈也会在友好气氛中进行。但是，在极少数情况下，有些部门出于特殊目的或经济利益的需要，有时会和业主密谋勾结，试图在项目竣工收尾时节外生枝，从承包商手中攫取钱财。这时就需要通过谈判并开展有力的对外活动，谋求问题的合理解决。

[案例 5-1]

一家国际公司承担的非洲某国工程。合同文件规定进口物资是免交海关税的。业主和海关都保存有免税证书。该项工程连续实施数年才竣工。竣工时，该国海关突然向承包商提出免税证书是非法的，至少有些内容是错误的，并判定承包商所有免税进口的物资都是走私物资。据此要求承包商重新缴纳进口税，并按走私行为进行罚款。既要上 50% 的税，还要加罚物资总值 150% 的罚款。以致罚款总额比合同总额还大。同时声称对所有外国承包商的走私行为都是一视同仁，无一例外。该国际公司并没有被这种突如其来的进攻性行为所吓倒，他们拥有熟谙国际惯例和该国法律的专家，深知这是该国海关惯用的进攻性行为，立即表示不予接受，敢于对簿法庭。最终该国法庭作出了合理的裁决，承包商终于免于受罚。如果承包商缺乏国际法律知识，在进攻性行为面前束手无策或也以非法行为进行疏通，便会在谈判桌上失利，导致巨大损失。

注：本案例引自英国学者 Bill Scott and Bertil Billing "Negotiating Skills in Engineering Construction", p 142

[案例 5-2]

B 公司在非洲某国的承包工程是在我国对外经援工作的基础上发展起来的。因此，从 1986 年初 B 公司在该国办理承包企业注册之前开发的承包工程项目，该国政府各部门均以经援项目同样对待，习惯性地免除一切税收，合同文件也不提交税问题。1986 年以后竞争中标的承包工程项目，合同文件中就陆续列入了不同程度和内容的免税条款。由于 B 公司在项目合同谈判时基于习惯势力忽视了免税条款的细致性和精确性。因此，与该国现行税法比较，有的项目合同文件所规定的免税条款显然是很不完整的。1990 年初，某承包工程项目竣工时，业主突然提出政府要求按该国现行税法补缴税款问题。承包商不仅面临一个项目的上缴税款问题，还涉及在此以前竣工项目的补缴税款问题。为此，承包商对所有已竣工项目的合同文件及其规定的税收条款一一进行了全面的清理和核对，结果发现虽然各个项目均可找到免税的一些依据和证明，但是，除了个别项目明确规定"免除现行的和将来新增的各种税款"以外，不少项目合同的规定是不完整或不够明确的。因此，不少项目也面临补缴税款的风险。为了作好谈判的准备，承包商首先根据该国现行税法从财务上调整完善对外帐，据以应变，同时有目的地开展对外活动，利用长期以来与该国税务总局长建立的友好关系，通过友好商谈，向他出示所有合同文件上的免税条款，请他咨询和帮助。最后，该国税务总局长同意由该局出具"B公司至今不欠税务部门任何税款"的证明。这就为各个项目合同文件上免税条款规定文字上的不完整性和不确定性作出了明确的交代，从而使B公司在项目收尾工作上赢得了极大的主动，解除了经济风险。

除此以外，清理和了结债权和债务也是一项很重要的项目收尾工作。尤其是和业主的债权债务。在通常情况下，总是业主拖欠承包商的，包括工程款和索赔款。而业主往往习惯于进攻型谈判和进攻性行为。此时，承包商已经完成了合同规定的义务，地位发生了变化，可以适当采用进攻型谈判。当然，首先要调查了解业主的实际处境，如果业主在经济上确有困难，仍然以采用建设型谈判为主，设身处地地帮助业主出主意、想办法，寻找财源，并配合其下属部门共同工作。例如敦促和劝说投资方加快支付速度，增加支付比例，或先行挪用其它款源进行调剂等等。如果确系业主的进攻性行为或故意拖延，则需要根据法律和有关合同条款，给以有效的、必要的回击。晓之以理，示之以力，不仅要求立即支付拖欠款项，而且要求业主按银行贷款利息支付拖付期的利息，否则将采取进一步的行动，通过谈判向业主施加一定的压力，谋求问题的合理的解决。

第2节　争端的解决

从上一章和本章的论述可以看出，无论是在项目实施过程中或在项目竣工后的后期收尾工作过程中，合同双方经常会发生这样或那样的分歧或争论。很多分歧当时通过谈判已获得解决，有些分歧虽然经过几轮谈判，但是仍然未能取得一致意见，特别是遇到特殊情况或费用大量超支时，双方为了澄清和解脱合同责任，维护自己的利益，不易一时协商一致，形成难以解决的争端，这些争端在项目后期都会集中地反映出来。诸如对施工过程中出现的不利的外界障碍和条件以及特殊风险等有不同的解释和理解；对工期延误和支付延误的原因和责任看法不一；对索赔要求的合理性和具体分析有争议；对缺陷责任期即使用期内出现的损坏的责任和修补费用有不同的看法，等等。因此，争端的解决（Settlement of Disputes）便成了项目竣工后收尾工作的一项突出的谈判任务。合同双方之间解决争端的方式，根据国际工程的经验以及FIDIC条款第4版所阐述的，通常有以下几种，但是对每一种方式来说，谈判都是必不可少的。

一、友好解决（Amicable Settlement）

友好解决各种争端是合同双方的共同利益所在，即由合同双方根据合同文件的规定和有关法律依据，通过谈判进行友好协商并达成一致意见解决有关争端。这在项目任何阶段、任何时刻都是最基本的、行之有效的解决争端的方法。这比提交仲裁要好得多。为了使合同双方吸取以往国际工程实践的经验教训，都能注意到避免既耗时又费力的、昂贵的仲裁诉讼方法，为此，FIDIC条款第4版特意规定了友好解决的条款，例如第67.2分条款便着重指出，即使将争端已提交仲裁，在提交仲裁的意向通知发出后56天内，争执双方仍应首先设法自行友好解决。如果在此时限内仍然不能友好解决，仲裁工作方正式开始。国际工程的实践证明，绝大多数的争端是可以通过谈判自行友好协商解决的。如果业主、监理工程师、承包商之间在项目实施的初期就十分重视建立协作配合的关系，努力创造友好交流和相互理解的气氛，有意识地注意防微杜渐，则往往能有效地防止争端的扩大和激化。另外，合同双方还可以在早期合同商谈阶段，达成友好解决争端的程序，也可由业主一方提出友好解决争端的程序，列入合同文件的专用条件（Conditions of Particular Application）中，例如邀请第三者进行调解（Mediation）的方式或采用当前国际工程已逐步推广采用并得到世界银行等国际金融组织支持的"争端评审委员会"（Disputes Review Board DRB）的做法，等等，尽量避免步入法庭或仲裁机关。

二、**监理工程师决定**（Engineers Decision）

FIDIC 条款第 67.1 分条款明确规定，不论在工程施工中还是竣工后，也不论在合同有效期内或终止前后，业主和承包商之间产生的任何争端，包括对监理工程师的任何意见、指示、决定、证书或估价方面的任何争端，合同一方可以以书面形式提交监理工程师，并将一份副本送交另一方。监理工程师应在收到文件后 84 天内作出决定，通知合同双方。如果合同双方的任一方对监理工程师的决定不满意，或是监理工程师在 84 天内未能对争端作出决定，则业主和承包商任一方均可在收到监理工程师决定后的 70 天内通知对方，准备将争端提交仲裁。如果合同双方在收到监理工程师的决定 70 天内均未发出准备将争端提交仲裁的意向通知，则监理工程师的决定即自然生效并被视为最终决定，并对争议双方均具有法律上的约束力。这就是 FIDIC 条款赋予监理工程师对争端解决的特殊权力。因此，在国际工程承包事务中，监理工程师具有特殊的法律地位，起着举足轻重的重要作用。监理工程师虽然受雇于业主，但是他的行为和职业道德受到国际工程界和国际金融组织的密切注视和监督。FIDIC 条款第 4 版为此专门增设了第 2.6 分条款，明确要求监理工程师必须做到行为公正（To Act Impartially）。因此，承包商千万不能片面地、错误地认为监理工程师受雇于业主，必然听命于业主，偏于业主一方，从而对他不信任，处处小心提防，或敬而远之，把自己孤立起来。与此相反，在项目实施的全过程中，承包商要时刻注意和监理工程师增进友谊，加深理解。尤其是在对合同条款的规定有不同的解释或分歧意见时，要抱着虚心学习或相互学习、共同提高的态度，和监理工程师心平气和地进行探讨和协商，把会谈纳入建设型谈判的轨道，消除可能产生的偏见和人为障碍，促使监理工程师在友好的气氛中对争端作出合理的决定。

三、**调解解决**（Mediation）

当争端难以通过合同双方友好协商解决时，往往可以由争议双方邀请或选定一位调解人（Mediator）作为第三方（Third Party）或中间方（Neutral Party）进行调解（Mediation），在争议双方阐明各自观点的基础上，反复调解达成双方都能接受的合理解决方案。如果调解失败，即提交仲裁机关或法院判决。在谈判活动中，当谈判出现对峙或陷入僵局时，也经常采用借用外力的策略，实际上也是由第三方出面斡旋和调解的做法。近年来，美国和一些国家和地区正推广使用争端评审委员会（Disputes Review Board DRB）的方式，这个方式实质上就是调解的方式，它已得到世界银行等国际金融组织的支持，并可将它纳入合同文件的专用文件中。一般的做法是：当合同金额超过 5000 万美元时，争端评审委员会由 3 名熟悉本项目工程业务的专家组成。其中 1 名由业主推荐，经承包商同意；另 1 名由承包商推荐，经业主同意；第 3 名由已选定的两名专家提名推荐，经业主和承包商双方同意，并担任争议评审委员会的主席。项目合同金额小于 5000 万美元的，也可只由 1 名专家担任争端评审委员。评审委员会委员的条件是不得与合同双方有从属关系，不曾受雇于合同的任一方，没有和任何一方发生过经济关系，在担任评审工作以前，不曾介入过此工程项目。争端评审委员会并不取代合同双方原有的争端解决方法。通常的程序是当产生争端时，首先由合同双方自行协商解决或提交监理工程师决定，解决不了时，才提交争端评审委员会进行调解。评审委员会调解无效，再步入仲裁机关或法院。调解解决的优点就是避免争端的进一步激化，使争端较快地得到解决，不再诉诸法律或仲裁，节约费用。一般情况下，争端评审委员会的专家不长住在现场，但要定期对现场进行访问，从项目一开始就了解项目的情况和存在的问题。合同的任一方将争端提交争端评审委员会后，争端评审委员会就召开听证会（Hearings）或采取个别调查方式听取双方的意见或对话，然后由争端评审委员会站在公正立场，不偏袒任何一方，提出调解建议。在调解建议递交争议双方后的 14 天内，业主和承包商应作出书面答复。如果在 14 天内未正式答复，即认为已接受了争端评审委员会的建议。如果一次调解不成，可要求争端评审委员会重新评审，再次提出调解建议，或由争议双方诉诸法律或仲裁。

因此，在合同双方已商定采用争端评审委员会方式解决争端后，就要重视和争端评审委员会成员的联系和商谈，反映情况，提出建议，以便争端评审委员会成员能够对争端产生的原因和历史背景有客观的了解，提出较公正的调解建议。

四、仲裁（Arbitration）

当监理工程师的决定未能被接受，而又未能通过友好协商或调解解决争端时，最后一个途径便是诉诸法律或仲裁。根据国际工程的实践经验，大部分国家均尽量减少通过法院诉讼判决的方式而强调采用国际仲裁的方式，这是由于有联合国发布的《承认及执行外国仲裁裁决公约》（Convention on the Recognition and Enforcement of Foreign Arbitrate Awards）的约束，世界上绝大多数的国家都承认和执行国际仲裁的裁决。FIDIC 条款第 67.3 分条款也规定"除非合同中另有规定，均应按国际商会（International Chamber of Commerce，ICC）的调解和仲裁章程，由据此章程指定的一名或数名仲裁人予以最终裁决。"仲裁人有全权解释、复查和修改监理工程师对争端所作的任何决定。双方的任一方可提交不限于以前已提交给监理工程师的证据或论证。监理工程师可作为证人被传讯，并向仲裁人提供任何与争端有关的证据。每一个工程项目的招标文件通常都要对仲裁地点、机构、程序和仲裁裁决效力等作出规定。但是，最终选定哪一个仲裁机构，在中标通知函（Letter of Acceptance）发出后签订合同前，承包商还有发言的权利，并和业主共同协商确定。国际性的以及各国的法律都赋予了仲裁的法律地位，仲裁机关的裁决是终局性的，法律保证其强制执行。由于仲裁往往需要较长的时间和巨额的仲裁费用，在谈判不致陷入僵局并已无法突破的情况下，合同双方应尽量寻求其它途径解决争端。然而，有些国家有的情况诉诸仲裁却是一种必要的途径。例如有的国家，他们的业主一般都倾向于诉诸仲裁，他们的理由是"我们都是受尊敬的人，争论容易伤感情，由仲裁解决是庄重的、公正的。这样，我们仍能保持友谊。"有的业主则在谈判中对承包商的最终索赔坦率地表示："情况我都了解。你们完全有理由索赔，但是我不愿意掉脑袋来批准，因为官员们都在想是否你们贿赂了我，否则我是不会批的。还是通过仲裁来裁定吧。"在这些情况下，承包商为了尊重一个国家的习俗，或是为了维护业主的尊严和声誉，发展长期的友好合作，同意提交仲裁解决争端也是顺乎情理和必要的。

综上所述，在项目后期通过谈判解决各项遗留问题和争端，获取项目的经济效益是十分重要的，抓好这个最后环节，使项目善始善终，完善管理，增加收益，无疑是非常必要和有益的。因此，从战略或指导思想上来看，合同双方对存在的分歧和各种争端，都应该立足于通过谈判取得友好解决。从项目一开始，合同双方就要注意树立良好的友好合作的愿望。FIDIC 条款第 4 版根据国际工程长期实践的经验教训就突出强调了业主、监理工程师和承包商之间友好交流和相互理解的必要性以及友好解决各种争端的重要性。同时提醒大家不到万不得已尽量不要走上既花钱又费力的诉诸法律和仲裁的道路。因此，在项目实施的全过程中，承包商要自始至终坚持以建设型谈判为主的友好商谈，使谈判始终在亲切、合作和相互信任的气氛中进行，谈判者的行为和态度必须是诚恳、耐心、忍让和顾全面子的，并注意运用一定的谈判策略和技巧（请参阅第 11 章）。在谈判解决争端时，谈判者尤其要注意充分利用空间（Space）和时间（Time）来缓和争端的策略和技巧。例如：

（1）千万不要把注意力集中在争端的某一具体细节上，要善于转移和回旋，否则就容易扩大和激化争端，导致谈判陷入困境。要努力促使和保证争端的问题能够获得全面的探讨，要放大谈判的探讨空间和期望水平空间，通过探讨确认双方的真实分歧和差距，有进有退，合理妥协，讨价还价，逐步缩小差距，确定最终的双方可以接受的期望水平。

（2）由于争端通常来自双方对合同的不同理解和各自不同的经济利益，要改变对方的观点和立场，往往需要有充分的说理、讨论和转变认识的过程，这就需要给对方一段缓冲和适应的时间。在争论相持不下的情况下，不要急于求成，强加于人，往往可以利用策略休会（Tactical recess）的方式以缓和双方的紧张气氛，给双方以冷静思考，各自审慎回顾和总结的机会和时间，以便转变认识，调整谈判方案。

另外，要注意运用"哈佛谈判术"的原则和特点（请参阅第 9 章第 2 节），着眼于实际利益而非立场。谈判双方虽有对抗性立场和冲突性利益，但也蕴藏着潜在的共同利益。双方就要以共同利益而不是从对抗性立场出发去商谈，要探讨和寻找选择性方案和建设性方案，达成双方都可以接受的明智的方案。

然而，国际工程争端的解决毕竟是一项技术性、务实性、法律和政策性都很强的工作，谈判工作必须严格地按照合同条件的有关规定并遵循国际惯例进行，做到以理服人。任何不符合合同条件的观点和强加于人的做法都是不利于谈判的。因此，谈判者必须充分熟悉与争端有关的合同和法律方面的知识，才能真正做到以理服人。

思 考 题

1. 试述忽视项目竣工后谈判工作可能造成的严重后果。
2. 试述竣工会谈应包括的主要事项和内容。
3. 怎样通过谈判解决项目竣工后释放银行保函和归还保留金的问题？
4. 在项目竣工后，需要和哪些部门进行了结业务的会谈？
5. 为什么说争端的解决是项目后期的一项突出任务？
6. 按照 FIDIC 条款规定，解决争端有哪几种方式？哪种方式是最基本和行之有效的？
7. 为什么说从战略和指导思想上合同双方都应该立足于通过谈判取得友好解决各种争端？
8. 试述在谈判解决争端时，谈判者为缓和争端可能采用的策略和技巧。

第6章 联营体谈判

国际工程市场正逐步向规模化、集团化和国际化发展，国际大型公司之间的合作日益频繁，一些中国公司、外国公司或项目所在国当地公司在激烈的市场竞争中都在谋求相互组成联营体，发挥优势互补，加强竞争力量，共同开发项目，拓展市场。本章对国际通行的各种联营体形式以及在联营体的组建和实施过程中怎样通过谈判维护自己在联营体中的权益等问题扼要地进行了论述。

第1节 联营体的形式

组成联营体（Joint Venture，JV）共同开发和实施国际工程项目，是当前各国际工程公司之间进行合作的一种广泛流行的形式和重要手段。特别是一些大型工程项目，规模大、投资多、专业范围广，一个公司往往由于人力、物力和财力所限难于单独承建，组成联营体后就可以发挥集体力量，共同承建。近年来，随着我国改革开放的深入和经济建设的蓬勃发展，不少外国公司在瞄准中国这个大市场的同时，为了减少风险，纷纷寻找有资信度的中国公司组成联营体，共同开发我国市场。与此同时，我国各国际公司为了进一步开拓国际工程市场，增加参与国际工程市场竞争的竞争力，根据项目的需要，往往也多方物色一些有实力的外国公司组成联营体共同投标和承揽国外的工程项目。因此，联营体的形式已越来越多地为中外公司所采用。根据国际工程的实践，组成联营体具有以下一些优点。

（1）有利于资质互补。特别是一些大型综合性的项目，要求承包商具有的业绩和专业技术是多方面的，组成联营体有利于通过业主的资格审查。

（2）可以减少投资。总投资由组成联营体的几家公司分担。这样，每个公司以同样的财力做更多的项目，以扩大社会影响，增加企业的无形资产。

（3）有利于发挥各自优势，根据专业特长分别承担各自的强项，采用先进技术，提高管理水平，保证项目整体工程质量。

（4）可以减少风险。风险由联营体的成员分担。

（5）有利于相互学习、借鉴经验，技术交流，加强经济合作。

（6）可以享受标价优惠。很多项目（包括世界银行和亚洲开发行的贷款项目）规定与当地公司组成的联营体可享受7.5%的标价优惠。

然而，有的中国公司由于缺乏经验，在组建和实施联营体的过程中，往往不能维护自己的应有权益。在这方面，教训也不少。

国际上通行的联营体形式有以下几种：

一、合资公司或合营公司（Equity Joint Venture）

有的是为项目专设的合资公司或合营公司，一般都称为项目公司。外文名称也可以称为 Project Company，但从法律角度或在合同章程上必须称为 Equity Joint Venture。这种合资公司是由联营体的双方或各方投资入股并按各自入股的股本金（Equity）比例注册一个独立于双方或各方母公司外的一个新的公司，公司具有独立的法人地位。该公司是专门为实施某一项目而注册成立的有限公司，随着该项目的完成及联营体各方按公司章程贯彻落实各自的责任、义务和权益后，公司即可解散。项目公司的优点是联营体各方只承担项目公司的有限责任，而母公司不受牵连。缺点是这样的联营体在实施中法律手续比较复杂，操作起来比较困难，一般也难适应项目资格预审的时限要求。因此，在为项目单独需要而组建联营体时，一般较少采用，本章论述的重点也不是这类联营体。但是，当项目周期很长，例如有项目特许权（Concession）的 BOT 项目，特许权年限长达数十年时，往往采用这种项目公司的联营体形式（请参阅第 7 章）。

二、松散型联营体（Separated Joint Venture）

有时也称为合作型联营体（Cooperative Joint Venture）。联营体本身不办理注册手续，不具备法人地位，法人仍是联营各方的公司。联营各方的责任、义务和权益由联营协议（Joint Venture Agreement）规定。松散型联营体的基本特征是：

(1) 联营体各方在投标前划定各自的工程范围。例如，甲方做隧道，乙方做道路和桥梁；或甲方做主桥，乙方做引桥等。

(2) 联营体各方分别负责各自划分的工程范围的报价，经联营体平衡、汇总后统一向业主报出。

(3) 银行保函由联营体各方按各自的报价分别向银行担保，由银行以联营体的名义向业主出具保函。

(4) 项目中标后，联营体各方即按联营协议的规定分别实施各自的工程项目，并自担风险、自负盈亏。

松散型联营体的优点是各方分别负责各自的工程范围，各自都有独立的组织管理系统，且经济责任是分开的，所以相互之间的利害冲突较少，操作起来比较容易。松散型联营体的缺点主要是投标时各方都希望自己分担部分的标价高一些，且各有自己的管理费，从而往往导致总标价较高而失去竞争力和中标机会。为了降低总标价，有的松散型联营体采取由联营体各方对所有工程范围都报价的办法，然后根据各方报价选取低价部分，确定各自的分工范围。但是，这种做法有时也很难达成一致意见。有的松散型联营体还采用实质为分包的办法划定工程范围（即分包方为顾全公司声誉，不愿意以分包商名义对外公开投标，主包方考虑合作大局同意以联营体名义对外），联营体一方只按照协议规定的工程范围进行报价，如报价合理，获得"主包方"的满意和认可，或经"主包方"核减取得一致后以联营体名义向业主报出。中标后，各方即按协议规定分别实施各自的工程项目，并自担风险、自负盈亏。

三、紧密型联营体（Integrated Joint Venture）

这种联营体形式较广泛地被采用。联营体本身不办理公司注册手续，不具备法人地位，法人仍是联营各方的公司。联营各方的责任、义务和权益由联营协议规定。紧密型联营体和松散型联营体的主要不同点是前者通常要对项目实行统一管理，组成统一的管理体系，有相应的约束和监督机制，并用法律或合同文件确定下来，一般即采用联营体协议。因此，在一些情况下，这种联营体形式有时也被称为合同型联营体（Contractual Joint Venture）。紧密型联营体的基本特征是：

(1) 联营各方在投标前一般不划分各自的工程范围，而是共同投标、共同报价。

（2）银行保函可由联营各方按照协议规定的各自的出资或参股比例或各自负责的工程范围的报价金额分别向银行担保，由银行以联营体的名义向业主出具保函。

（3）项目中标后，由联营体各方参加组成统一的董事会和项目经理部负责全部工程的实施。或只组成董事会和项目经理部负责统一协调和对外，联营体各方仍按各自负责的工程范围组织实施。

（4）项目所需的资金由联营各方按协议规定的出资或参股比例提供，项目盈亏也按各自的出资或参股比例负担。也可按协议规定的各自负责的工程范围各筹资金，自负盈亏。

紧密型联营体的优点是较易提出有竞争性的标价，增加中标机会。另外，由于项目实行统一管理，对保证项目的进度、质量提供了有利条件。同时也有利于统一与监理工程师和业主对话，避免了松散型联营体由于内部不统一给监理工程师和业主带来的麻烦。因此，紧密型联营体是当前国际工程界在开发项目方面比较普遍和广泛采用的一种联营体形式。然而，紧密型联营体的主要难点就是如何在平等互利的基础上，组成一个统一的管理体系，既能较公平地代表联营各方的利益，又能有效地实施和完成项目。这就需要通过谈判，在一些关键性的问题上，建立一系列合理的约束和监督机制，保证联营体的顺利运作。

第2节　联营体的谈判任务

联营体的谈判是分阶段进行的。作者已在本书第3章第1节开发市场和招揽项目阶段和第2节招标和投标阶段中分阶段作了论述。本节则着重论述项目中标后正式商签联营体协议时的细节谈判。此时，联营体各方已由以前阶段中的预想的伙伴变为真正联手实施项目的现实伙伴，对联营体协议的谈判既要考虑能够体现联营体各方的共同利益，又要考虑如何维护各自的本身利益。因此，联营体各方对联营体协议的细节讨论通常都是非常认真和慎重的。在谈判过程中出现分歧和争论也是正常的、不可避免的。根据以往的经验教训，为了更好地维护中国公司在联营体中的正当权益，需要在谈判中重视和解决好以下几个主要问题：

一、董事会

联营体董事会是联营体的最高权力机构。因此，首先要通过谈判解决好它的组建、职权和运作问题，否则在项目实施过程中，联营体将不能代表联营体各方的共同利益。

1. 董事会的性质

联营体本身不具有法人地位，它的董事会与具有法人地位的合营公司、项目公司或股份有限公司等的董事会不同，它不属于各个国家的公司法所规定的运用范畴。它的组建、职权和运作不能套用任何国家的公司法，而应该根据项目的实际情况和工作需要，由联营体各方具体商定。这一点必须从指导思想上加以明确，强调套用某一国家的公司法，都是不合理的、不公正的。

为了区分这种不同性质，按照国际惯例，联营体协议中董事会的外文名称一般称为"Board"，不用"Board of Directors"，董事会成员一般也不用董事"Director"这个词，而称为代表"Representative"。明确了这种不同性质，才能使我们在谈判中不受任何国家公司法的约束，从实际需要出发，创造性地组织谈判思维去维护本身的正当权益。

2. 董事长和董事的人选

联营体董事会一般由三至七人组成。联营各方在联营体董事会的董事人数一般按各方出资或参股比例或各自负责工程范围的大小确定。各方出任的董事由各自所在的公司任命。董事长则一般由参股比例大的一方或牵头公司的一方出任。也可由联营各方轮流担任。

考虑到董事会的重要性，在谈判中联营各方都会争当董事长和争取较多的董事名额。如果我方为牵头公司，参股比例又高，在谈判中就必然占优势。如果参股比例小，又是从属公司，就必须准备和推荐很强的董事长、董事阵容，以增加谈判力度，同时强调所负责的工程范围的重要性，尽量说服对方，并赢得对方的重视和信任，争取增加董事名额，并争当董事长，至少争取轮流担任董事长。

3. 董事长的决定票权

董事会行使表决权时，根据董事会决议所需票数的规定，董事长的一票往往具有决定权，国际上称为董事长的决定票权（Casting Vote）。当外方在联营体中任董事长或中国公司很少有机会在联营体中担任董事长时，在谈判中就应注意避免授予董事长决定票权。

4. 董事会决议所需的最少票数

对联营体来说，董事会作出决议所需要的最少票数可有不同的规定，这在谈判中需要注意，作出明智的抉择。通常有以下几种规定：

（1）需过半数通过；

（2）需 2/3 以上票数通过；

（3）重大事宜要求全体通过，一般事宜需 2/3 以上票数通过；

（4）所有决议均需全体一致通过。

我国的公司法就规定，董事会作出决议，必须经全体董事的过半数通过。但是，根据以往经验，各个项目的联营体就有着不同的规定。因为它直接关系到联营各方的利益，各自的立场都不相同。当中国公司在联营体中的参股比例较小或在董事会中董事人数较少时，为了最大限度地保护中国公司的利益，一般都尽量争取按第（3）种或第（4）种规定进行谈判，如果 2/3 的票数仍包不进中国董事的票数时，就应争取按第（4）种。

〔案例 6-1〕

中国 R 公司与一国外著名大型工程公司组成联营体，共同投标大型隧道工程项目。项目中标后，双方投资入股，正式组建紧密型联营体，外国公司占 80% 股份，中国 R 公司只占 20% 股份。但在联营体协议谈判中，经过几轮艰苦的谈判，终于达成了"董事会所有决议均需全体董事一致通过"的协议。

5. 董事会不能达成一致协议时的处理程序

联营体各方在达成董事会决议所需的最少票数的协议后，通常还需要对董事会不能达成一致协议时的处理程序取得一致意见，以免届时因争论而拖延时间导致影响工程的正常进行和项目合同的实施。根据以往经验，一般均采用这样的处理程序：临时性决议—高层调停—调解人调解—仲裁。

（1）临时性决议。当董事会第一次会议不能形成决议时，应立即休会。各方审慎回顾和冷静思考后再复会。休会时间一般不超过48小时。如第二次会议即复会后仍不能形成决议，为了不影响工程的继续进行，对一些紧急事项应作出临时性决议。一般可按多数董事的意见先执行。当形不成多数意见时，通常则按牵头公司的意见先执行。与此同时，应将董事会未能达成一致协议的事项，立即通知各方公司的总负责人。

（2）高层调停。联营各方公司的总负责人接到通知后立即进行高层接触或谈判，本着实事求是的、科学的态度，互相信任、互谅互让，在规定的时限内（一般为7天），尽快达成一致意见。如联营各方公司的总负责人在规定的时限内仍不能达成一致意见，应通过协商推举一位调解人，也可由国际仲裁机构指定一位调解人进行调解。

（3）调解人调解。调解人就有争议的事项，根据事实和法律寻找出一个公平的解决方案，通过反复的调解斡旋，在阐明各方观点的基础上，力争说服各方尽量向可能达成的协议接近，最终达成一致。经过调解人调解后，如仍有争议，则可将任何遗留的有争议的事项，由任一联营方按联营体协议的规定申请仲裁。

（4）仲裁。将争议提交仲裁机关裁决是最终的依靠法律判决的方式。

二、项目经理部

项目经理部是负责项目实施的权力机构。它能否公正地代表联营体的利益，而不是代表联营体中某一方的利益，忠实地履行其职责和义务是联营成败的关键。因此，它也是联营体谈判中的重点和难点。通常需要在项目经理部的组建、运作和付款程序等方面通过谈判引入必要的约束机制。

1．项目经理和项目副经理的任命

项目经理部由项目经理（Project Manager）和一个或几个项目副经理（Deputy Project Manager）组成。项目经理由联营体董事会任命。项目经理的责任、义务及任命条件均由联营体董事会决定。联营体的每一方可向联营体推荐一名项目副经理。项目经理一般均由牵头公司推荐，经董事会讨论认可后任命。必要时在谈判中也可强调真才实学、择优聘用的原则，即联营各方均可荐贤举能，然后经董事会讨论筛选后择优任命。对项目副经理，在谈判时就需要强调双重身份，即项目副经理既是专职的经理部成员，协助项目经理负责项目的实施，同时又是联营各方派往项目的代表，代表各公司的利益。

2．项目经理部的运作

为了调动项目经理的积极性，同时又能更好地集思广益，发挥项目经理、项目副经理的集体决策的作用，并有效地防止项目经理不能代表联营体的共同利益，独断专行，在谈判中联营各方应就项目经理部的运作达成如下列各项规定的一致协议：

（1）项目经理应每月按董事会要求的格式向每位董事提交书面报告，包括项目的进展及财务状况等内容。

（2）项目经理部应随时就项目实施有关的问题进行讨论并取得一致意见。如不能取得一致意见，项目经理应立即向联营体董事会报告并等待董事会的决定。

（3）当遇有紧急事务时，联营体董事会可授权项目经理作出临时决定以保证工程的继续进行，并应在采取此项临时措施前通知各位项目副经理，同时向联营体董事会报告。

（4）项目经理应由董事会授权代表联营体参加业主、监理工程师以及其它有关机构召开的会议。但是，联营体的董事认为有必要时，也可参加会议。项目经理应及时就会议讨论的问题及结论向联营体各方报告。

（5）项目经理应保证他在会议上的一切言行与联营体董事会的指示相一致。

3. 项目经理部的付款程序

对项目经理部的付款以严格的付款程序（Invoicing Procedure）加以监督和约束，是确保中国公司在联营体中的利益的一项重要措施，也是联营体谈判的一项重要任务。根据以往经验，以下程序可供谈判时参考。

（1）付款依据应为给联营体的正式付款通知单即发票（Invoice），通知单应有对付款内容进行的充分的说明。

（2）收到付款通知单后，项目经理部应对其可靠性（Authenticity）和准确性（Accuracy）进行验证。

（3）对付款通知单验证完毕后，项目经理部应填写"使用资金申请表"（Application for Use of Funds），并呈送联营体各方代表签字。申请表应包括以下内容：

1）付款金额；

2）发出付款通知的公司（或个人）的名称；

3）付款内容；

4）支付的最晚日期。

（4）联营体各方代表在申请表上签字后，申请表退回项目经理部，并准备支票，按联营各方商定的规定签发。

（5）如联营体任何一方的代表拒绝签字，则此项付款应提交联营体董事会决定。

三、联营体的银行帐户和支票的签发

为了保证联营体资金的专款专用，联营体应在各方一致同意的银行以联营体的名义设立帐户。所有联营体的收入均应立即进入该联营体的专用帐户，并且只能用于支付实施本项目所发生的款项。同时，为了对项目经理部的付款程序进行最终把关，支票的签发必须有两位签字人签署。联营体各方均应推荐一名签字人，并在银行备案。

四、采购与分包

联营体协议谈判还有一项主要任务，就是要根据项目所在地的市场情况，共同商定对项目分包合同和采购合同的控制条款，以防止项目经理部人员的工作失误或营私舞弊，保证联营体各方的共同利益。例如香港某项目的联营体协议就有如下的规定。

（1）当一个分包合同总价等于或超过 500 万港元，或一个采购合同总价等于或超过 100 万港元时，应报联营体董事会一致同意批准。

（2）当一个分包合同总价小于 500 万港元，或一个采购合同总价小于 100 万港元时，应取得项目经理及各位副经理的一致同意后，才能实施。

（3）联营体成员参与分包竞争的，应与非联营体成员同等对待。

（4）采购与分包的实施细则应由项目经理部按以上原则拟定并报联营体董事会批准。

为了便于读者了解联营体协议的主要内容，作好谈判前的各项准备工作，下面列出某项目联营体协议的目录，供参考。

（1）定义（Definitions）

（2）紧密型联营体（Integrated Joint Venture）

（3）中标（Acceptance of Tender）

（4）股份份额（Participation）

(5) 保证书和保函（Bonds and Guarantee）

(6) 工程的实施和控制（Execution and Control of Works）

(7) 保险（Insurance）

(8) 银行帐户和周转金（Bank Account and Working Capital）

(9) 拖欠的周转金（Unpaid Working Capital）

(10) 设备（Plant）

(11) 采购与分包（Subcontractors, Purchases and Orders）

(12) 帐目（Accounts）

(13) 付款程序（Invoicing Procedures）

(14) 财产变卖（Realisation of Assets）

(15) 决算（Final Account）

(16) 违约（Default）

(17) 协议有效期（Duration of Agreement）

(18) 仲裁（Arbitration）

(19) 分配（Assignment）

(20) 宣传（Publicity）

(21) 法定关系（Legal Relationship and Credit）

(22) 保密（Confidential Information）

(23) 协议修改（Amendments）

(24) 通知（Notices）

(25) 弃权（Waivers）

(26) 失效（Invalidity）

(27) 适用法律（Governing Law）

思 考 题

1. 国际通用的联营体有哪几种主要形式？它们的主要特征是什么？哪一种联营体形式被当前国际工程界所广泛采用？

2. 组成联营体共同开发项目、拓展市场有哪些有利条件？

3. 试述为了维护中国公司在联营体中的正当权益，需要通过谈判解决的几个主要问题。

4. 在谈判组成联营体董事会时，需要注意哪些主要问题？

5. 试述在谈判组成联营体项目经理部时需要注意的主要问题。

第7章 BOT项目的谈判

BOT项目是80年代中期以来兴起的一种新的项目方式,目前在全世界范围尤其是亚太地区方兴未艾。本章根据国际工程界现有经验扼要论述了BOT项目的概念,操作程序和主要谈判任务,以适应这项新业务的开发要求。

第1节 BOT项目的发展和动向

BOT方式是从80年代中期开始取得迅速发展的。虽然历史不长,它已经在一些发达国家特别是在亚太和拉美地区的一些发展中国家和地区取得了相当大的成功。因此,BOT已成为当今世界的一个通用术语,各个国家都在结合自己的国情探讨不同的变异方式。其实,BOT方式的演变已有相当长的历史。其最早的雏型是在1782年建立在租用协议上租给Perier兄弟的向巴黎部分地区的供水设施,另一个是著名的苏伊士运河,建议是在1798年由拿破仑提出,并由一个法国国际财团投资、设计、建造于1869年11月从埃及政府取得租用权后投入商业运用的。另外,在18世纪和19世纪的欧洲,已经广泛利用私有资金从事公路、铁路和运河的开发。欧洲的殖民势力也鼓励私有投资在世界各地建设基础设施,例如印度和非洲就有这样的分布很广的铁路网。法国政府在1955年就作出决定将连接城市间的高速公路的修建与经营管理以特许权方式租让给一些公司,由这些公司集资或贷款来修建国家规划的高速公路。建成后在若干年内,由公司经营管理,收取汽车通行费以偿还建设资金和利息。但是,真正形成BOT方式的新概念最初是由后来做了土耳其总理的托格奥扎(Targut Ozal)在1984年首先提出的,并且纳入了土耳其公营项目私营化的框架。由此,逐渐发展成为各个国家国营基础设施项目民营化的BOT模式。这种模式突破了长期以来所有国家的主要公共基础设施建设传统上都由国库出资,政府主办的专有范围和框架。这正是由于各个国家国民经济的发展,公共基础设施建设项目的大量上马,为了减少国家的直接投入和政府借贷形成的国债,不得不寻找出路,转向致力于将某些公共基础设施项目特许给民营或私营部门,BOT方式正是在这种形势下迅速发展起来的。世界银行在一份专题报告中就提出:一些国家的公共基础设施建设要迅速开拓、建立国营和民营,包括国际、国内的新的合作关系,以求解决国有资金不足和管理现代化的问题,以适应各国国民经济增长的需要,并满足为全球经济一体化发展要求的相应的世界级水平的基础设施服务,主要包括通信、电力、交通、供水和环卫等部门。BOT方式就是这种国营和民营新的合作关系的主要模式。目前,这种模式开发的前沿阵地是在亚太和拉美地区。香港从第一条海底隧道项目(1972年建成)开始到东港海底隧道直至西港海底隧道,开发和实施BOT项目已有近30年的历史,取得了不少经验。菲律宾为了解决全国电力不足,从1991年起仅用了三年时间轰轰烈烈地推行BOT项目,由私营部门负责筹资建设需要的发电能力(配电公司已主要由私营部门经营),不仅项目建设时间短,而且造价明显降低

25%～30%，3 年前困扰国家的电力短缺问题已经消失。还有马来西亚、泰国、印尼等国家由于采用 BOT 方式承建经营了或正在实施一批国家高速公路、供水和污水处理项目、农村通讯项目和大型电站工程等也取得不少成功的经验。拉美地区包括智利、阿根廷、秘鲁、墨西哥等国家推行 BOT 方式的主要做法是在电信、航空和电力以及一些港口、供水和污水处理等部门向私人特许商出卖股权或转让经营权，用以改善现有设施的技术性能和管理水平。实际上，这只是变通地采用了 BOT 方式，有人称它为 BRT 方式。这和亚太地区国家采用完整的 BOT 方式用以建设新项目，开发新容量、新能力的做法有着明显的不同。由于各国政府、国际金融机构和组织，如世界银行、亚洲开发银行以及大型私人财团等的共同努力，BOT 项目的操作模式和框架正在日趋系统化和规范化，它在国际范围内的斗争也日趋激烈。国际工程界和金融界把 BOT 项目的发展视为一种全球性倾向，认为它的推行为国际私人财团、私营部门参与各个国家重大基础设施项目的建设和运营开创了新纪元，提供了史无前例的开拓全球性业务的机遇；为各国大型承包商打入国际新市场创造了新机会；为各国著名咨询公司、大型跨国公司和财团开发了接受东道国的委托担当 BOT 项目发起人或主办人的新业务；也为建立和发展国际间新的公营—私营伙伴关系即新的国际经济合作关系提供了新的模式；一些新的工程理论和学科正在产生和开发，如项目融资技术（Project—financing Techniques），融资工程学（Financial Engineering），BOT 项目的风险管理（Risk Management of BOT Projects）等。随着 BOT 项目的广泛开展，各种新型机构也正在应运兴起，如美国成立了多家担保机构，新加坡、印尼等国也成立了类似的担保公司，专门从事各国政府不愿担保的国际融资担保业务。世界银行、亚洲开发银行等为了适应和促进此类业务的发展，也正着手利用各个附属机构发挥集团作用，扩大职能和服务范围。如世行正在利用多边担保机构（MIGA），解决投资争端国际中心（ICSID），配合国际复兴开发银行（IBRD），国际开发协会（IDA）和国际金融公司（IFC）等积极发挥集团作用。许多大型跨国工程集团公司也从战略上在体制和业务开发计划上进行调整。

　　然而，由于 BOT 项目错综复杂，涉及一个国家的金融、财税、体制、法律和政策的方方面面，在谈判中往往由于概念不清，情况不明，缺乏共同语言，很难在项目程序（Procedure）、项目融资（Project Financing）、风险分配（Risk Allocation）、政府的承诺或支持（Government Commitment or Support）等等主要问题上达成一致，谈判往往旷日持久，成功率不大。据世界银行统计，近年来各个国家通过谈判草签的意向书或备忘录总投资额已达数千亿美元，但达成协议付诸实施的项目为数极少，谈判花费的时间和费用比预期的要多得多。因此，怎样提高 BOT 项目谈判的效率和成功率，确是从事国际工程谈判业务人员的一项十分艰巨的任务。

第 2 节　BOT 项目的概念、典型结构和招、投标程序

一、BOT 的概念（The Build—Operate—Transfer Concept）

　　所谓 BOT，它是三个英文单词拼成的简写。这三个英文词分别是 Build，Operate，Transfer，即建设、运营和移交。目前对 BOT 概念的阐述和解释很多，但是较完整而全面的 BOT 概念是由联合国工业发展组织于 1994 年 5 月作出的，论述如下：

　　（1）BOT 项目的最基本形式是：政府给予财团（Consortium）一定期限的特许权（Concession）来开发某一项目；财团负责项目的建设及项目建成后若干年内的运营和管理；财团从该项目的运营及商业开发中收回建设成本并取得利润，在特许期限结束后，该项目即被移交给政府。

（2）在这种安排下，政府并不保证项目贷款的偿还（Repayment of Loan）或投资回报（Returns on the Lnvestment），这些都取决于该项目产生的效益。由于这种项目形式不需从公共预算（Public Budget）中提供资金，一个国家的政府部门因此会利用这种项目形式来减轻公共借贷（Public borrowing）的压力，而将实业风险和新技术风险转移给私营部门。而且由于 BOT 项目是由财团建设，在特许期内由财团运营，政府还可以从私营部门在这方面的专长中收益。

（3）尽管 BOT 项目方式已普遍用于开发大型基础设施项目，比如电讯、公路及公共交通项目、港口设施、能源供给等，BOT 项目方式也正被用于中、小型项目。因此，BOT 项目方式也给日益增长的国际贸易提供了新的机遇与潜力。

（4）BOT 项目具有吸引力的原因是多方面的。比如，BOT 项目能够减小国家的借贷总量，并能够在不投入公共资金的前提下减小项目投资预算，BOT 项目还能够刺激投资，促进私有化。因此，越来越多的国家，尤其是发展中国家，以及借贷机构都对 BOT 项目方式越来越感兴趣。

（5）BOT 项目与其它形式项目实施的主要区别在于：BOT 项目中政府不提供项目投资贷款的担保，而是由签约各方共同承担风险。一般来说，BOT 项目的主要参与方（Main Parties，Major Players）有：项目公司即财团（Project Company，Consortium）、政府（Government）、借贷方（Lenders）、建设公司（Construction Company）、保险人（Insurers）、采购人（Purchasers）或项目商品使用者（Users）。由于参与方为数众多，合同关系交错，使谈判变得复杂、耗时。此外，由于缺少 BOT 项目整体方面的知识，尤其是政府部门，也使得谈判过程常常受阻。

（6）由于 BOT 项目中贷款偿还的责任由传统的业主（Client）政府转移到了私营财团身上，就使得借贷方的风险增大了。借贷方因此不得不寻找其他方法（包括保险）以求降低他们的风险。由于项目风险由签约各方分摊和共同承担，因此使签约各方在 BOT 项目签约前进行的谈判变得十分复杂。

（7）BOT 项目的另一个可能障碍就是有些国家在有关 BOT 项目的某些方面的法律规定上缺乏确定性。举例来说，私营财团从公共基础设施项目比如收费道路（Toll Roads）的运营中可以获取多少收入（Revenue）的规定就可能不是十分清楚。正是由于这种不确定性，当政府在颁发 BOT 项目（例如公路 BOT 项目）开发特许权时就会感到困难，因为在大多数情况下，财团只有通过收取道路费用来保证收回投资。另一方面，需要政府给私营财团作出的有关长期合同保险条款的基础及效力的规定有时也可能不太明确。因此，应制定一些对 BOT 项目有吸引力的法律框架。

正是基于以上由联合国工发组织论述的有关 BOT 的概念，各个国家都在结合自己的国情拟定对 BOT 项目有吸引力的较明确的法律框架和部门政策，为开发 BOT 项目积极创造条件。

二、BOT 项目的典型结构

从以上 BOT 概念的七条内容和多年来 BOT 项目的实践，可以勾画出 BOT 项目的示意框图和 BOT 项目的典型结构框架图如图 7-1，图 7-2。从这两张图上可以简捷和清晰地了解和掌握 BOT 项目的整体概念和融资来源以及各主要参与方之间的约束关系。

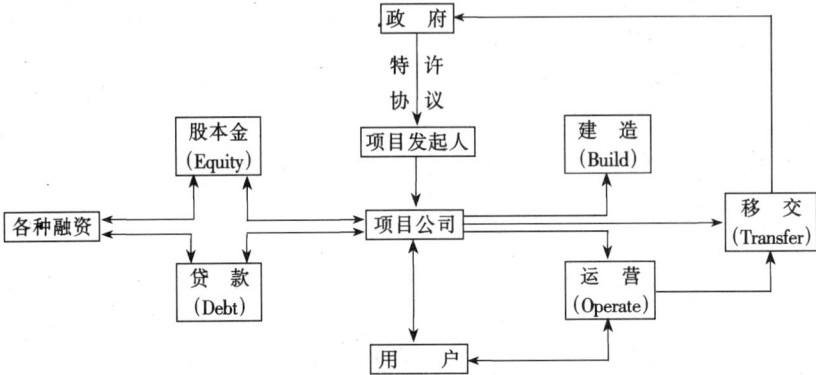

图 7-1　BOT 项目的示意框图

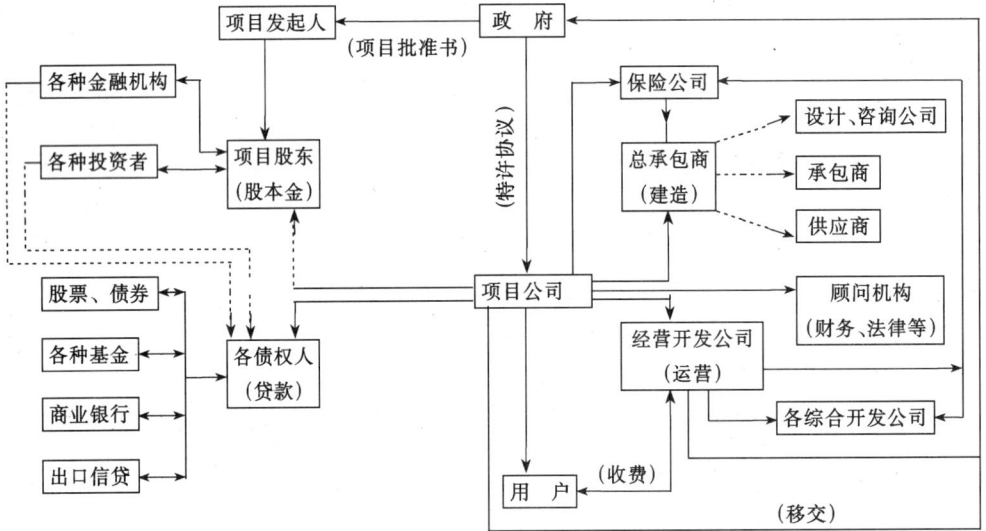

图 7-2　BOT 项目的典型结构框架

三、BOT 项目的招、投标程序

由于大部分发展中国家都面临 BOT 项目的开发任务，这几年来通过相互学习和借鉴以及国际金融组织如世界银行、亚洲开发银行和大型财团的共同努力，BOT 项目的操作程序正日趋系统化和规范化。目前，BOT 项目除少量采用邀请标或议标方式外一般都是通过竞争性招标、投标和评标程序获得特许权的。其招、投标和评标程序通常可简述如下。

（一）资格预审阶段（Invitation to Prequalify）

（1）颁发资格预审邀请；

（2）递交资格预审文件或申请书（Prequalification Documents）；

（3）评审（Evaluation）；

（4）确定合格建议人的短名单（Short list）并通知未通过资审的建议人。

（二）建议书阶段（Submission of Proposals）

（1）邀请提交建议书（Proposals）；

（2）递交建议书；

（3）评审；

（4）确定优先建议人（Preferred Proponent），颁发意向书（Letter of Intent，LOI），并通知其它未入选的建议人。

（三）合同谈判和签订阶段（Contract Negotiation and Signing）

（1）与优先建议人澄清（Clarification）和谈判（Negotiation）；

（2）草签特许权协议；

（3）国家批准；

（4）签订特许权协议（Concession Agreement）。

第3节　BOT项目的谈判任务

BOT项目为财团、跨国公司和各国承包商参与各个国家重大基础设施项目的建设和运营，开发国际新市场提供了新的机遇。但是，大多数BOT项目都是各个国家近期急需的大型基础设施建设任务，需要的资金投入量大，技术要求高，完工期限紧，关系复杂，还往往要求在概念和设计上提出新的构思和想法。因此，BOT项目的谈判和传统项目的谈判相比，无论是在广度和深度方面，都要求有所拓展和创新。考虑到BOT项目尚是一个新生事物，尤其是我国公司的具体实践经验更为缺少，作者只能参照国外资料从项目发起人的角度，对BOT项目主要方面的谈判任务作些提纲挈领性的梗概论述，以适应这项新业务的开发要求。

一、特许权公司或项目公司的初步协商

所有的BOT项目都要有一个特许权公司（Concession Company）或项目公司（Project Company）来主办或担当项目发起人或主办人（Sponsor，Promotor or Concessionaire）。BOT项目的开发经验表明，在项目的初期阶段就应组建一个项目公司是至关重要的。只有这样，它才能与BOT项目的各主要参与方进行协商和谈判，才能递交出合格的资格预审文件和高质量的建议书。在未取得项目特许权前，可以先签一个意向书（Letter of Intent）或草签一个联营体协议（Joint Venture Agreement），在取得项目特许权后再正式签订合营公司（Equity Joint Venture）或项目公司协议并办理注册登记手续。鉴于BOT项目要求高，东道国政府往往要求由资信可靠，实力雄厚，熟谙国际惯例的国际公司担任重要组织者或项目发起人。例如东南亚各国的BOT项目就是由一些日本、欧洲和美国的名牌公司参与开发和主办的。他们既有融资的渠道和能力，又有先进的技术和管理水平，能保证项目的可行性研究科学细致，设计和施工质量高，确保按时完工，财务和经济分析可靠，项目收入有保证，这样才能达到吸引投资者和贷款者的目的，保证BOT项目的顺利运作。近年来，我国已有不少对外公司跻身于世界最大的225家承包商之列，他们与国外名牌公司、国际金融界和财团等已有不少业务联系，他们有的还在东南亚各国和地区设有驻外办事处，能够及时获取这些国家和地区的BOT项目的信息。但是，他们对BOT项目没有经验，融资

能力差，如果他们能够联合实力较强的外国公司、国际金融界或财团组成财团或联营体共同开发，则既能学习他们的经验和长处，又能增加融资力度，做到资质互补，联合开拓，减少风险，提高项目的成功率，这无疑是开发 BOT 项目的一条有效的捷径。因此，在获取 BOT 项目的确切信息后就要有意识地选择强有力的合作伙伴，进行以下主要方面的协商和谈判。

（一）合作范围（Scope of Cooperation）

根据项目信息提供的业务范围和规模选定实力雄厚的外国公司为联营体合作伙伴，作为项目共同的发起人或主办人，商讨如何发挥各自优势，资质互补的具体合作范围。例如：

外国公司负责：

（1）项目融资；

（2）起草项目建议书；

（3）起草与其他参与方的合同或协议；

（4）项目特许权主谈；

（5）项目的运营管理。

中国公司负责：

（1）工程设计和施工；

（2）提供技术劳务人员；

（3）设备和材料的采购和供应；

（4）商定项目建议书；

（5）参与项目特许权和与其他参与方的合同或协议谈判并共同商定；

（6）项目的综合开发。

（二）贷款/股本金比例（Debt/Equity Ratio，D/E Ratio）

这是 BOT 项目的一项重要指标。一般来说，D/E 比值越大，从融资者的角度看，风险就越大，股本金投入越小，项目融资信誉越差。因此，要根据项目的规模、资金总需要量、资金投入的可能性、融资力度和项目风险度等计算分析后得出 D/E 比值的比较方案，由双方共同商定。根据亚行和世行多年来开发 BOT 项目的经验，大部分项目均采用 D/E 比值为 3:1。香港 BOT 项目的 D/E 比值的典型范围为 3:1 至 7:3。从世界范围的 BOT 项目来看，D/E 比值的变化幅度就很大。例如本世纪私有投资最大的基础设施项目英法海底隧道采用的 D/E 比值为 4:1。英国达得福德跨越工程的 D/E 比值几乎为 100:0，股本金只有 1800 美元，被称为针尖股本金（Pinpoint Equity）。

〔案例 7-1〕 BOT 项目的 D/E 比值示例

亚洲开发银行根据四个 BOT 电站项目进行典型分析，得出的 D/E 比值为 3:1。示例如下：

	股本金（Equity）	
外国发起人（Foreign Sponsors）	（74.8%）	18.1%
当地发起人（Local Sponsors）	（14.0%）	3.4%

金融组织等（ADB, IFC, CDC, etc)	(11.2%)	2.7%
	(100.0%)	24.2%

贷款（Loan, Debt）

亚洲开发银行（ADB）	(11.5%)	8.7%
国际金融公司（IFC）	(8.4%)	6.4%
美国进出口银行（US Exim）	(15.6%)	11.8%
日本进出口银行（Japan Exim）	(33.2%)	25.2%
其他（Others）	(31.3%)	23.9%
	(100.0%)	75.8%
合计		100%

D/E 比值 = 3:1

（三）融资结构（Financing Structure）

BOT 项目的融资方式是有特许权的项目融资（Project Financing）方式，或简称为有特许权的融资方式（Concession Financing）。项目融资方式具有与传统方式不同的融资结构和方法。它既摆脱了政府或公共机构资金的大量投入，又不增加国家的债务负担，同时又摆脱了要求国家银行、金融机构担保的传统束缚，而只是以项目本身预期产生的稳定可靠的足以偿还债务和盈利的现金收入流量为保证。用金融界的行话说，项目融资方式使项目公司的股东们不再承担项目债务的责任，即使项目失败，贷款者也不能向股东们追索偿还债务。国际上通行的项目融资有两种类型，即"无追索权"（Nonrecourse）贷款和"有限追索权"（Limited recourse）贷款，这两种贷款都是以项目本身的收入为主要来源偿还贷款，其差别在于前者全无政府、金融机构或其它第三方机构提供的担保，融资者或贷款人只能期待项目本身产生的收益和该项目资产抵押的物权担保（Mortgage）偿还贷款。一旦项目失败，融资者或贷款人将无法索回贷款，只能从极少的收入和物权担保获得极为有限的补偿，对项目发起人或股东则无权行使追索权。"有限追索权"贷款则是除了以项目公司资产的物权担保作为借款人违约或项目失败的补偿外，还要求由项目受益人或与项目有利害关系的参与方和单位在一定时间内提供间接担保或有限担保。一旦项目失败或不能产生预期的效益，项目本身的收益或资产不足偿还债务时，贷款人有权向项目发起人、受益人或有关参与方行使有限的追索权，即以他们按照有关协议所承担的义务为限（参见"风险的辨识和分配"）。在多年的实践中，国际上通常并广泛采用的大都是"有限追索权"的项目融资方式。BOT 项目则一般都是采用"有限追索权"的项目融资方式。因此，确切地说，BOT 项目的融资方式是一种有特许权的采用"有限追索权"的项目融资方式。通常即简称为有特许权的融资方式（Concession Financing）。那就是除采用项目融资方式外，东道国政府在批准 BOT 项目时要授予项目发起人一定的特许权，除授予项目发起人项目的建设特许权，负责项目的融资、设计并承建该项目外，还授予项目发起人在项目建成后于规定的特许权期限（Concession Period）内拥有项目的运营管理权和一定的经营开发权，并可按协议规定收取合理的项目使用费作为项目收入的主要来源用以偿还贷款。有时政府还提供必要的补偿收入和其它优惠政策和支持等，为融资者减少风险。

由于 BOT 项目是由项目发起人组成特许权公司或项目公司全面负责项目的建设、运营和移交以及一切相应的费用支出的，因此在项目建成前是没有收入的，完全要靠获得项目特许权的项目发起人自己设法融资解决项目建设所需的资金，不仅要筹措项目施工阶段所需的资金，而且还要筹措项目设计阶段所需的资金。而国际上的通常做法，特许权期限一般也都将设计阶段包括在内的，即便东道国政府已做了前期工作（一般包括预可行性研究和概念设计），一般仍要求项目发起人在竞标获取特许权时要递交详细的建议书，建议书不仅要包括项目融资的细节，项目财务和技术可行性的分析，项目风险的分配和管理，还要包括从设计、建造到移交的全面方案和具体细节（参见"项目建议书"），而且还要考虑采用先进的技术方案，尽量缩短工期，节约成本，并尽早投入运营，开始有项目收入用以还贷和盈利。

因此，与合作伙伴谈判协商合理可行的项目融资方案，确定项目融资的来源，作为项目建议书的一项主要内容即融资计划（Financial Plan）是一项十分重要的谈判任务。

（1）首先通过对项目的具体分析，计算资金总需要量。

（2）根据以下各种融资渠道，讨论可行的融资来源和融资数额。

1）项目发起人双方投入的股本金；

2）国际金融组织参股和/或贷款；

3）商业银行贷款；

4）各个国家出口信贷；

5）各类基金；

6）发行股票和/或债券；

等等。

有了稳妥可靠的融资来源和融资数额，就可据以编制融资计划。

（3）商定合理的 D/E 比值，建立"有限追索权"的资信。

（4）确认股本金（Equity，E）中双方的股金比例即投资比例。

在落实融资来源时，要注意根据国际惯例和市场行情讨论分析具体的融资条件（Financial Terms），即利率的大小和各种费用负担，进行充分的比较，选择最经济的融资来源（参见"项目融资谈判"）。

（四）风险的辨识和分配（Risk Identification and Allocation）

BOT 项目的一个主要特点就是把项目风险由传统的"业主"（政府）转移给了项目发起人和财团，而 BOT 项目的时间长，参与方多，关系错综复杂，各种风险贯穿于项目的全过程，包括设计、建造、运营、养护、维修、移交等，体现在每一个参与方身上，项目发起人能否取得 BOT 项目的成功并获得利润在很大程度上取决于能否辨识各种风险并把各种风险合理分配给各参与方分别承担。因此，风险的辨识和分配问题便成为 BOT 项目的一个非常突出的问题，这也是要求项目发起人在递交建议书时必须论述的一项主要内容。近年来，国际上已兴起一种专为 BOT 项目服务的"融资工程"（Financial Engineering）专家咨询，其工作内容就主要是项目财务可行性研究和风险评估，谋求最佳方案，使各参与方合理分摊风险并都能获利。用他们的话来讲，就是要导演一个家家都赢利的剧本（"Win/Win" Scenario）。这方面已经积累了一些经验。作为项目发起人，在编制建议书时和在与各参与方谈判前都需要对项目未来可能发生的风险问题作出有效的全面的安排。因此，在 BOT 项目开发初期组建项目公司的初步协商中，项目发起人的合作双方需要对项目的风险问题进行较充分的探讨，统一认识，才能在编制建议书和与各参与方的谈判中步调一致。

国际工程界根据多年实践经验，对 BOT 项目的各种风险分配和承担的基本原则取得了较一致的共识，那就是每一特定风险应分配给最有能力管理（best able to manage）和能以最低成本（at least cost）管理的参与方去管理它和减轻它，同时由有相应最密切业务关系的关系方去承担它。

下面案例是作者集中了国外资料中关于 BOT 项目风险分配方面的部分经验进行编制的。目的是为了给读者或谈判者在思考 BOT 项目的风险问题时获得尽可能多的启迪。这些经验大致可以归纳为：

（1）通过竞争或邀请等方式，选择有资信、有实力的总承包商和运营商，建立精明有效的管理体制，控制和防范或减轻风险的发生。

（2）通过签订有关的合同或协议，向各参与方或关系方合理分配风险。

（3）通过签订各种必要的补充或补偿协议或条款，向东道国政府转移部分风险。

（4）通过投保保险，转移和分散部分风险。

（5）设立第三方账户，保证运营收入用于还贷，减轻贷款人的风险。

从风险分配的方法来看，大致是：

（1）由责任者承担相应的风险；

（2）由受益者承担部分风险；

（3）分层次按业务关系密切程度分摊有关风险；

（4）一切风险分配体现在合同或协议中。

当然，对于具体国家、具体项目来讲，还会有这样或那样风险，例如，近年来外商结合我国国情，往往把项目的鉴别和审批（Project Identification and Approval）的风险摆在了第一位。因此，对所有可能发生的各种风险，项目发起人的合作双方都需要在商谈中进行充分的探讨和分析，并取得共识。

〔案例 7-2〕

BOT 项目主要风险分配方法

主 要 风 险	风险管理措施	向项目参与方分配风险方法 （包括间接担保和有限担保）
1. 完工风险 （Completion Risk） （1）费用超支 （Cost Overrun） （2）工期延误 （Project Delay） （3）质量不合格 （Under Performance）	·招标竞争 ·选定有资信、有实力的总承包商 ·合同条件约束	·与总承包商签订 EPC 合同 （Engineering，Procuremen，Construction，EPC） 固定价格，总承包，包括设计、施工和设备材料采购 ·同时设置履约保证金 （Performance Bond）和 误期损害赔偿赞 （Liquadated Damage） 等合同条款

主 要 风 险	风险管理措施	向项目参与方分配风险方法 （包括间接担保和有限担保）
2. 市场风险 （Market Risk） 或 收入风险 （Revenue Risk）	·买方承诺购买产品 ·政府承诺收入补偿有限担保	·与买方签订定期定量付款合同 （Take-or-pay Contract or Minimum Through-put Contract） 或购销合同 （Sales/Purchase Contract） ·与政府签订初期交通量或收入不足补偿协议 （Traffic Supplement Agreement or Minimum Revenue Supplement Agreement）
3. 财务风险 （Financial Risk） （1）还贷支付风险 （Debt Disbursement） （2）外汇风险 （Foreign Exchange）	·设立第三方账户 （Escrow Account，EA） 全部收入汇入 EA， 统一管理 ·政府补偿汇率和 利息损失	·贷款人、项目公司、信托银行 （Trustee）签订第三方账户协议（EA Agreement） 保证运营收入支出的用款程序和比例 a. 还贷（Debt Sevvice） b. 运营和养护、维修费用 （Operating and Maintenance Cost） c. 投资回收（Equity Return） d. 储备基金（Reserve Fund） ·与政府签订外汇补充协议 （Foreign Exchange Supplement Agreement）
4. 运营风险 （Operational Risk） （1）燃料供应风险 （Fuel Supply Risk） （2）管理不善 （Inefficient Management）	·供应商保证长期 供应燃料 ·选择有资信，有管理 经验的运营商	·与供应商签订长期燃料供应 合同（Long term Fuel Supply Contract） ·与运营商签订运营合同即 O&M 合同（Operation and Maintenance Contract） 固定价格或固定收费，固定 条件 ·设置资产保险（Asset Assurance）
5. 不可抗力风险 （Force Majeure）	·政府承诺政治风险 ·投保担保	·投保保险 ·延长特许权期限 ·政府承担损失

（五）资审文件（Pre-qualification Documents）

按照国际通行的做法，BOT 项目资格预审的申请人（Applicants）必须既是投标人（Bidders），又是建议人（Proponents），即投标人必须达到能够担当项目发起人（Sponsor）提出项目建议书的水平。也就是说，在中标后他不仅需要具备组织实施 BOT 项目全过程的技术业务能力和经验，还必须具备项目在实施期内所需资金的全部融资能力，一般还要求在过去 5 年内有过组织实施 BOT 项目的业绩。因此，从目前的国际工程市场来看，中国各大公司还难以具备单独充当 BOT 项目建议人的资格，但是如果联合实力较强的外国公司、国际金融界组成财团或联营体就可具备充当建议人的资格。根据 BOT 项目资格预审申请的要求，不仅要求财团或联营体的牵头人（Consortium leader or Leading partner of J.V.）递交有关的资质证明，而且还要求其它成员递交相应的资质证明，同时说明他们将在 BOT 项目中担当的角色如承包商、设计人、运营商、融资者等以及过去的业绩。因此，在项目初期和资审阶段，合作双方在商讨合作范围的基础上，需要进一步商讨并明确：谁担任牵头人，谁担任总承包或谁是设计人、谁是承包商，谁是运营商等等，或者参照前一章所述商谈签订一个投标前的联营协议（Pre-bid Joint Venture Agreement）明确各自的工作范围附在资审文件中，并按照 BOT 项目资格预审申请即资格预审邀请书（Request for Qual-ifications，RFQ）规定的申请人必须提供的指定内容和详尽资料要求分头准备并统一汇总后报送。

有的发展中国家，由于开发和实施 BOT 项目的法律框架和政策还很不成熟，政府也缺乏 BOT 项目前期工作的能力，有时也采用邀请国际上一些著名公司或财团包括我国对外公司充当建议人的做法。这样，往往可以省略或跨越资审阶段直接进入提交建议书阶段。

另外，在讨论如何编制资审文件时，要注意参照资格预审邀请书中所附的对建议人的评估准则（Evaluation Criteria）的要求，重点突出，以便通过评审，入选为合格的建议人。

（六）项目建议书（Project Proposals）

项目建议书或简称建议书（Proposals），是公司或财团能否在竞标中获胜取得 BOT 项目的特许权成为真正的项目发起人或主办人（Sponsor or Promotor）或称特许权商（Conces-sionaire）的最主要的竞标手段。只有当递交的建议书被东道国政府评审小组按预先设定的评审标准（Predetermined Evaluation Criteria）通过澄清（Clarification）和评审（Evaluation）确认为是最佳建议，并推荐为优先的建议人（Preferred Proponents）后，才能获准和东道国政府商签特许权协议（Concession Agreement）。因此，合作双方应花费较大精力和时间来讨论建议书的组成和内容。要根据建议邀请书（Request for Proposals RFP）所列的要求参照评审标准逐项准备，尤其要在设计方案、施工方法和风险管理等主要问题上运用创造性思维，开发创造力、聘请专家咨询，提出创造性的建议。例如 80 年代后期，日本著名的熊谷组集团（Kumagai Gumi）能够不断战胜竞争者连续充当香港东港海底隧道，澳大利亚悉尼港海底隧道工程和泰国曼谷二期高速公路工程三个大型 BOT 项目的项目发起人，其成功的关键就在于能够提出先进和经济的创造性方案。在香港东港海底隧道工程上，改变了分别修建公路、铁路隧道的原来方案，提出了公、铁两用隧道的先进方案，既解决了旅游高峰期的公路交通堵塞，又解决了铁路严重超员问题，在施工中又提出了创新的施工方法，既节约了资金，又提前三个月完成了隧道开挖，整个工期从 54 个月缩短到 37 个月。在澳大利亚悉尼港海底隧道工程中，提出了在悉尼大桥下建造隧道并与大桥两端公路连接起来的解决交通堵塞的创造性措施，大大节约了建设费，而且不需征用私人土地，不必拆迁一幢房屋。在曼谷二期高速公路工程上，聘请法国桥梁专家 Jean Muller 当顾问，采用新型的设计、施工方案，以后又聘请英国的 Acer Freeman Fox 公司做细部设计，工程造价低，进度快，效益显著。世界银行对我国高速公路 BOT 项目建议书的评审标准就提出要增加一条技术创新的程度（Degree of Technical Innovation）。在建议书的编制方法上，一般可先由合作双方讨论出一个大纲，然后由 BOT 项目实践经验较多，技术上处于领先的一方独自起草写出草案，再由双方讨论修改并定稿，也可按大纲章节，发挥各自专长分头撰写再共同讨论修改并定稿。

关于建议书的内容，东道国发布的建议邀请书一般都列有具体要求或参考提纲，同时还列出预先设定的评审标准。

以下的案例是作者参照国际已有 BOT 项目的一些资料和经验拟定的建议书参考提纲。由于各行各业的业务内容不同，只能依据共性的问题写出，以供参考。

〔案例7-3〕 BOT 项目建议书参考提纲

1. 实施纲要（Executive Summary）

为建议书全部内容的概述。

2. 财务结构 （Financial Structure）

叙述建议书中有关项目的财务情况，主要包括以下内容：

(1) 项目各阶段所需的资金；

(2) 项目融资结构；

(3) 股本金和贷款比例（D/E 比值），股本金的投入时间和数量；

(4) 特许权期限；

(5) 项目可能的收入来源，项目的收入分析；

(6) 项目的财务模型（Financial Modelling）

a. 计算分析的假设：

·贴现率（Discount Rate）；

·利率（Interest Rate）。

b. 项目各阶段现金流量预测（Cash flow forecasts）；

c. 各项财务指标评估（Financial Assessment）：

·FBCR，财务效益费用比（Financial Benefit Cost Ratio）；

·FNPV，财务净现值（Financial Net Present Value）；

·FIRR，财务内部收益率（Financial Internal Rate of Return）；

·N，投资回收期（Years for Return of Investment）。

d. 敏感性分析（Sensitivity Analysis）；

e. 贷款偿还分析（Loan Repayment Analysis）。

(7) 融资来源的证明材料；

(8) 税收，包括现行税法对财务结构的影响；

(9) 与东道国政府分享预期利润的原则（如果有的话）；

(10) 各合伙人和项目主要参与方的组织机构、财务状况以及过去 3 年的财务审计报告；

(11) 建议人的主要股东，相互关系和责任。

3. 风险分析（Risk Analysis）

论述项目各个阶段各种风险的辨识和建议的分配方法。

4. 合同或协议（Contract or Agreement）

包括项目各个阶段的合同或协议。例如：

(1) 设计、建造阶段的 EPC 合同（Engineering，Procurement and Construction Contract）或 D&B 合同（Design and Build Contract）；

(2) 运营阶段的 O&M 合同（Operation and Maintenance Contract）；

(3) 产品定期定量付款合同（Take or pay Contract）或产品购销合同（Sales/Purchase Contract）；

(4) 燃料供应协议（Fuel Supply Agreement）；

(5) 第三方账户协议（Escrow Account Agreement）等等。

5. 项目管理（Project Management）

(1) 各个阶段的项目管理机构和人员配备；

(2) 管理计划和要求；

(3) 各项管理、控制措施。

6. 建议人的经验和资源（Proponent's Experience and Resources）

(1) 承担类似规模项目的历史记录和证明；

(2) 承包商、分包商、运营商、设计咨询公司等的资历和资源情况；

(3) 项目管理机构中的关键人员的资历和经验。

7. 技术建议（Technical Proposals）

(1) 概述（Summary）

概述对设计、建造、运营和养护各个阶段提出的主要技术建议，采用的技术规范和有关资料

(2) 项目细节（Project Details）

a. 主要技术依据和技术参数；

b. 设计细节。技术规范。全部工程（包括建筑、安装）图纸；

c. 施工技术和施工方法；

d. 运营和维修方法；

e. 详细项目实施进度计划。说明工作顺序、时间和相互关系；

f. 工程建设费用估算。工程量表。单价分析；

g. 设计、建造和运营各阶段的质量保证体系；

h. 要求东道国政府和其他参与方配合进行的工作及其详细说明。

(3) 土地征用（Land Aquisition）

说明对土地使用的范围和时间要求。

(4) 环保要求（Environmental Requirement）

评估项目实施各个阶段对环境产生的影响（Environmental Impact Assessment）和拟采用的环保行动计划（Environmental Action Plan）。

由于建议书范围广、内容多、在编印时可分册装订。如东道国政府在建议邀请书中列有具体的建议书参考提纲时，应按东道国政府的要求编写，以上内容可作参考并进行必要

的补充。

（七）特许权协议（Concession Agreement）

一般情况下，东道国政府都在项目招标阶段即在通过资审进入建议书邀请阶段在发布建议邀请书时就同时发布特许权协议，这和传统项目在招标阶段就同时发布合同文件（包括合同通用条件和专用条件）一样，以便入选短名单的建议人能在编制建议书时可以提出质疑。有一些国家开发 BOT 项目已有多年历史，特许权协议已比较规范化，往往在资审阶段就可以提供，即使在资审阶段难以提供本项目的特许权协议，也可以索取以往已经实施项目的特许权协议作为参考。由于特许权是政府授权项目发起人在一定的特许期间按BOT方式组建项目公司，负责项目建设、运营和移交的一种权力，也是政府对项目发起人的一种承诺，而项目发起人如何使用特许权和应承担什么相应的责任和义务，则是通过政府与项目发起人组建的项目公司或称特许权公司之间签订的特许权协议来体现的，特许权协议正是特许权限下的实施细则，是规范签约双方行为准则的法律文件，因此，作为项目发起人或建议人都非常重视特许权协议的基本要求和具体内容，项目发起人的合作双方在商讨编制项目建议书的同时，就必须对特许权协议进行细致的研讨，特别要慎重斟酌应由政府作出的必要的承诺、保证和政策性的支持以及合理的经济补偿措施等，有的还要在建议书中作为重点要求向政府提出，有的则作为项目中标后与政府商签特许权协议时的主要谈判任务。

为了使读者对特许权协议有较全面的了解，下面援引东南亚国家某公路 BOT 项目的特许权协议目录供参考。

[案例 7-4] 东南亚某公路 BOT 项目特许权协议目录

1. 解释（Interpretation）

2. 特许权（Concession）

3. 现有道路（Existing Highway）

4. 政府代表的职能（Function of Government Representative）

5. 政府审计员和特许权公司审计员（Government Auditor & Concession Company Audifor）

6. 土地（Land）

7. 设计（Design）

8. 设计、监理和管理（Design，Supervision & Management）

9. 施工（Construction）

10. 履约保证金（Performance Bond）

11. 政府代表的权力（Right of Government Representative）

12. 不干扰公共设施（Non-inter ference to the Public）

13. 临时工程和临时便道时的协助（Assistance During Temporary Work and Diversion）

14. 转让和更新（Assignment and Novation）

15. 养护（Maintenance）

16. 养护保证金（Maintenance Bond）

17. 道路收费（Tolls）

18. 公共和其他公用设施（Public & Other Utilities）

19. 道路辅助设施（Ancillary Facilities）

20. 特许权公司（The Concession Company）

21. 财务（Finance）

22. 税收和费用（Taxes and Costs）

23. 保险（Insurance）

24. 不可抗力（Force Majeure）

25. 政府终止协议（Termination by Government）

26. 特许权公司终止协议（Termination by Concession Company）

27. 终止协议的支付（Payments on Termination）

28. 赔偿（Indemnities）

29. 争端的解决（Dispute Resolution）

30. 通知（Notices）

31. 弃权（Waivers）

32. 适用法律（Applicable Law）

33. 附录（Appendices）

34. 保密（Confidentiality）

35. 进一步保证（Further Assurances）

36. 协议的修改（Amendaments）

37. 当地参与（Local Participation）

38. 文件的提供（Provision of Documents）

39. 施工图纸（As-built Drawings）

40. 环保问题（Environmental Matters）

41. 其他事项（Miscellaneous）

二、项目融资谈判

融资谈判是项目发起人的一项十分艰巨的任务。如果没有能力解决融资问题，则根本不可能充当 BOT 项目的项目发起人，而融资问题的谈判，专业性很强，一般由行家如银行家、金融专家等担任主谈人或高级咨询顾问。本书主要对象是工程技术人员，不可能对这样的专业问题进行深入的、广泛的讨论，但是有必要对有关的业务知识作些普及性的阐述，以便了解问题的重要性以及聘请专家或顾问的必要性。同时，在参与谈判的过程中也能做到心中有数，不致茫然无知，无所适从。

融资谈判的主要任务是落实融资来源和融资数量。谈判商议的重点则是分析比较融资的条件，在这基础上确认融资来源和融资数量，建立可靠的融资结构。

基础设施建设 BOT 项目贷款 的特点是"有限追索权"的贷款，而且要求数额大、期限长（大部分为 15～20 年，有的还要求延长到 25～30 年）、利率低，而国际商业银行中、长期贷款期限一般为 5～10 年，通常不超过 15 年，利率也较高，还要求有确保贷款安全的担保，一般要求由国家的官方机构作担保。因此，较长时期以来，一部分 BOT 项目的融资来源主要是靠国际金融组织和投资机构以及出口信贷，一部分还利用债券市场，它们都比商业银行贷款可获得较长的期限和较低的利率。然而，项目融资方式和 BOT 项目方式的迅猛发展，已迫使国际商业银行的中、长期贷款机制的传统约束条件逐步有所松动和放宽。如担保的方式可有所灵活，利率也有所下降。因此，BOT 项目的融资来源和渠道正日趋多元化。

国际金融组织如世界银行集团机构，包括国际复兴开发银行（The International Bank for Reconstruction and Development IBRD），国际开发协会（The International Development Association，IDA），国际金融公司（The International Finance Corporation，IFC）等，还有亚洲开发银行（Asian Development Bank，ADB）等都对 BOT 项目有广泛的兴趣，近十年来对各个国家和地区特别是东南亚和拉丁美洲的不少基础设施建设 BOT 项目投资和提供贷款。其中国际开发协会的贷款一般只向较贫困国家即按人口平均国民生产总值在 425 美元以下的会员国提供 35 年至 40 年偿还期的无息贷款。国际金融公司的宗旨则是促进不发达国家的私营企业的发展，以贷款、股金和各种咨询服务支持私营企业。国际复兴开发银行则是中等收入发展中国家开发性贷款的最大提供者，是帮助发展中国家筹措其他来源同类资金的主要中介组织，因此也是 BOT 项目投资和贷款的主要提供者，贷款期限最长可达 30 年或超过 30 年，一般贷款期为 20 年，宽缓期（Grace Period）5 年，贷款利率采用以伦敦市场银行同业拆借利率即"LIBOR"（London Inter-Bank Offered Rate）为基础的银行标准变动利率（Bank's Standard Variable Interest Rate），随金融市场利率的变化定期调整。对已订立贷款协议而未提取部分，按年征收 0.75％承诺费。

活跃在全世界尤其是东南亚地区和国家的一些投资银行和机构如 Morgan Grenfell、HSBC Group、Fieldstone、Bank of America、Schroders、Babcock & Brown、Barclays de Zoete Wedd、Morgan Stanley、Lehman Brothers、CS Fivst Boston 等也都对各个国家的基础设施 BOT 项目给予了极大的关注，他们已参与了一些大型 BOT 项目的融资活动，积累了不少经验。

按照国际上的做法，金额大、期限长的贷款往往由数个国家的多家银行组成银团联合贷放，一般称为辛迪加贷款（Syndicated Loan）或银团贷款（Consortium Loan），由十余家，甚至数十家银行联合起来提供贷款。例如，本世纪迄今为止最大的基础设施建设 BOT 项目英法隧道，贷款额达 87.5 亿美元，就是由 209 家国际银行联合贷放的。香港东港海底隧道 BOT 项目则是向香港、中国和日本在内的十大银行提供的辛迪加贷款共 27 亿美元。银团贷款可有两种形式，一种为直接银团贷款，即参加银团的各成员银行直接向借款人提供贷款，贷款的具体工作由各贷款银行在贷款协议中指定的代理银行（Agent Bank）统一管理，另一种为间接银团贷款，即由牵头银行（Leading Bank）向借款人贷款，然后由该银行将参加贷款权分别转售给其它银行，按各自承担的参加贷款的金额，向借款人提供贷款。贷款工作由牵头银行负责管理。

对贷款融资来讲，融资条件就是贷款条件，借贷双方首先要商谈和确定利率。一般都是以伦敦市场银行同业拆放利率，即"LIBOR"（London Inter-Bank Offered Rate）为基础，再加上一定的附加利率（Spread Margin），依据贷款期限，项目情况，借款人资信状况确定。通常还要采用浮动利率（Floating Interest Rate），即随市场利率变化，每 3 个月或 6 个月调整一次。另外，贷款人除收取贷款利率外，还要加收以下各种费用：

（1）管理费（Management Fee）。是借款人向牵头银行或代理银行支付的费用，按贷款总额一定百分比（一般为 1％）支付。支付办法有多种，出入较大，谈判时要注意。例如：

1）贷款协议签字日支付；

2）贷款协议生效日支付；

3）第一次提取贷款之日支付；

4）根据每次提取贷款额按比例支付；

等等。

（2）代理费（Agent Fee）。由于代理银行要组织参加银行按时提供贷款，收取利息等活动，并有往来传真、办公费用等支出，故借款人在贷款期内要向代理人支付代理费。代理费收费标准不一，每年按商定的金额一次性支付。

（3）杂费（Out of Pocket Expense）。为贷款协议签订前所发生的一切费用。如车马费、文件印刷费、办公费、律师费等。

（4）承诺费（Commitment Fee）。贷款协议签订后，对未提用的贷款金额所支付的承诺费，一般按未提用贷款金额的 0.25% ~ 0.50% 计取。部分贷款协议规定有一定的承诺期，借款人如在承诺期内全部提完贷款，则不支付承诺费。承诺期过后才对未提取的贷款支付承诺费。

一般来说，各种费用负担的总和，约要在利率上加上 2% ~ 2.5%。

因此，利率、附加利率和其它主要费用的谈判对融资条件的商定会有不小的影响。除此之外，还要商定贷款期限、贷款偿还办法、利率期等条件以及贷款协议的其它条款，如货币的选择、违约等等。

贷款期限一般应由两部分组成，即宽缓期（Grace Period）与偿还期（Repayment Period）。宽缓期在整个偿还期内划定，在宽缓期内不还本只付息。宽缓期满后开始还本，一般每半年等额还本和付息一次，也可按比例分期偿还。宽缓期越长，借款人利用借款的回旋余地越大。利率期（Interest Period）一般有两层意思。一是确定起息期，另一是确定利率调整的周期，一般为每 3 个月或半年根据市场利率实际变动情况调整一次。

出口信贷（Export Credit）也是 BOT 项目的一种融资方式。出口信贷的形式很多，主要有卖方信贷（Sellers' Credit）和买方信贷（Buyers' Credit）。由于 BOT 项目设备交易量多，金额大，期限长，采用卖方信贷形式出口商筹措周转资金有困难，因而国际间主要采用由出口国银行 直接将款项贷给进口商银行的买方信贷形式。这样，出口国银行可直接给予融资方便，并有利于扩大出口国设备出口。因为进口商不购买出口国的设备，则进口商不能从出口国银行取得此项贷款。采用买方信贷后，卖方和买方可以集中精力谈判技术条款（设备性能和质量，交货进度等）和商务条款（价格，付款条件等），而信贷条件则由双方银行另行协议解决。同时，办理信贷的手续费用系由买方银行和出口国银行直接商定并支付。一般来说，要支付管理费（一般为 1‰ ~ 5‰），承诺费（一般为 1‰ ~ 5‰，有的国家不收取）和信贷保险金（一般为 2.5%，有的国家规定由进口商付，有的则规定由出口商付）等，但较之卖方信贷由出口商直接付给出口国银行，但打进货价转嫁给买方的各种费用要低廉。

出口信贷的利率国际上一般都参照每月公布一次的商业国际参考利率（Commercial International Reference Rate，CIRR）确定。经济合作与发展组织（Organization for Economic Cooperation and Development）的国家对出口信贷和还款期限还有一种君子协定的规定，即按发达国家，中等收入国家，低收入国家三种类型根据不同还款期规定不同的利率，较伦敦银行同业拆借利息即"LIBOR"利率为低。目前，随着国际市场的加剧，也导致各个国家出口信贷竞争的激化，各国竞相采取降低利率，延长偿还期，降低收取现金比例等手段提供出口信贷。因此，在出口信贷的谈判中除须由银行人员的直接参与外，还须注意国际市场竞争的信息和手段以压低利率并获取更优惠的贷款条件。

另外，据世界银行报道，一些国际大型投资机构还热衷于开发他们的有价证券（Portfolio），投放于有潜力的新兴市场，对东南亚地区国家尤感兴趣。这种有潜力的长期融资来源，可望获得较其他商业贷款较优惠的条件。这些机构的投资者也愿意购买有固定收入的长期债券（Fixed-income, Long-maturity Securities），因为不会像股票那样存在下跌的风险。世界银行在和这些投资机构接触商谈时，他们建议只要一个国家的国家政策风险和外汇汇兑风险能够做到使投资者感到满意并放心，这种融资方式在财务上就会是可行的。他们还提出如果有多边机构如同世界银行能介入进来或另行开发一些新机制对政府非商业性的风险能提供担保，这种融资方式将会是有潜力，有前景的。事实上，在发达国家中的大型基础设施和公用设施项目绝大部分都是由投资机构还包括保险公司，养老保险基金会等通过公共债券市场或直接投入进行融资的。其中大部分还来自国内储蓄，只是通过融资手段如公债、可兑换的债券、私人投资等方式将未来现金流量债券化以提供长期贷款的。因此，一些发展中国家，特别是东南亚地区，也包括我国在内，都在大力开发国内资金市场，包括债券市场，以期从长远上根本解决基础设施的资金问题。一旦形成了较好的国内资金市场，并具备了各种有效的融资手段和机制，国内和国际化的债券融资手段也必然会获得更强的生命力。

综上所述，项目融资的谈判，涉及到多元化的融资来源和形式多样的融资条件，既需要丰富的业务知识，又需要有一定的谈判技巧，还要广开思路，扩展视野，掌握信息，才有可能从中选定可靠的融资来源和获得优惠的融资条件。

另外，在项目融资谈判开始前，还必须从项目的技术、经济和财务分析上做好科学、细致的准备工作，并具有充分说服力的文件、报告和有关资料。只有当项目收益和债务偿还能力能够为融资者提供财务安全保证，使他们产生安全感，才能可能在谈判中对融资者具有吸引力，如果融资者对项目本身就缺乏安全感，产生不了兴趣，一切谈判则必将是徒劳的。因此，常规的项目可行性研究指标如投资回收期、内部收益率、净现值、效益成本比等的内容必须进一步深化和细化，还要增加贷款/股本金比值、财务清偿能力分析、盈亏平衡分析等内容。与此同时，还要注意强化一部分政府职能，提供必要的收入补偿和优惠政策，在谈判过程中讨价还价，逐步放开，以吸引融资者。根据各个国家 BOT 项目谈判的经验，融资者在谈判中往往还十分强调财务上的安全包装，用行话来讲，即"银行的认可性"（Bankability），亚洲开发银行的经验是，"银行的认可性"非常重要，因为国际金融组织或银行在项目融资中起着催化剂、示范和开发性作用，一旦银行对项目确立了"银行的认可性"，认可和愿意融资一部分，就会大大降低其它融资者对项目风险的惧怕心理。依据亚行的统计，银行的融资可以具有 40 倍的杠杆作用，银行融资 1 元可开发出约 40 元的其它融资。因此，在 BOT 项目的融资谈判中，要力争银行的帮助和投入。

三、与项目参与方和关系方的谈判

典型的 BOT 项目，从项目立项，项目融资，项目建设与运营至项目移交，参与方众多，他们将分别承担 BOT 项目各阶段责任和相应的风险，并预期得到相应的回报。与此同时，为了保证 BOT 项目的正常协调地运作，还有一些主要关系方。作为项目的发起人，是 BOT 项目的总体负责人，就需要有机地、合理地协调与各个参与方和关系方的谈判，才能达到 BOT 项目的整体优化。谈判的内容很多，但集中体现在合同或协议的谈判上。因此，除了融资方和东道国政府的谈判另行论述以外，分别按需要与项目其它参与方和关系方签订的合同和协议，简要地列出主要的谈判内容，以供参考。

（一）EPC 合同或 D&B 合同

这是 BOT 项目在建设阶段采取总承包方式承建工程时需要和总承包商谈判和签订的合同。如为 EPC 合同，即总承包商要全面负责项目工程设计、采购和施工（即 Engineering，Procurement，Construction，EPC）。如为 D&B 合同，总承包商只负责设计和施工（即 Design，Build，D&B）。可根据项目和承包商的具体情况进行选定。也可将设计、施工和采购分别谈判，分别签订设计合同、施工合同和采购合同，有时采购工作由项目公司自行承担。无论是 EPC 合同或 D&B 合同，在谈判中都要确定项目范围、技术标准、质量要求、开工时间、完工时间和建设费用，并重点谈判承包商应承担的相应的风险条款和担保条款，用以涵盖项目费用超支（Overrun）、工期延误（Delay）和质量不合格（Under Performance）等风险。例如：

（1）设计和施工费用都采用固定价格，实行费用包干

（2）无费用索赔（Cost Claims）和延长工期索赔（Claim for Extension of Time）

（3）和常规项目合同一样，承包商须缴纳履约保证金（Performance Bond），同时设置工期延误损害赔偿费（Liquidated Damages for Delay）

（4）拟定不可抗力（Force Majeur）风险的承担条款。例如投保保险，延长特许权期限，政府承担风险等不同承担方式的条款。

如果项目公司本身能够胜任项目的总承包任务时，也可不签订此项合同。

（二）O & M 合同

这是和具有丰富管理经验的专业公司签订的ＢＯＴ项目在运营阶段由该专业公司负责运营和养护（Operation and Maintenance，O & M）工作的合同。一般情况下，如果项目公司本身有能力负责运营和养护维修工作时，可以不签订这项合同。如果项目公司对项目运营管理工作缺乏经验，或为了提高管理水平和项目经济效益需要聘请具有丰富管理经验的专业公司专门负责运营和养护工作时才签订 O & M 合同。谈判的主要内容有：

（1）运营和养护工作的质量、性能要求和技术指标；

（2）运营管理工作的机制和组织机构；

（3）价格或收费标准，上缴费用指标；

（4）价格或收费标准调整的条件和方案；

（5）超额利润的分配方案；

（6）其它业务的开发目标；

（7）风险的承担和分配；

（8）人员培训；

（9）事故的处理；

（10）运营管理期限；

（11）资产的保险。

（三）购销合同（Purchase/Sales Contract）

项目发起人或其项目公司为了使运营收入有保证，需要和政府或政府的公共设施部门商谈订立购销合同，定量、定价销售项目产品或提供服务。国际上通用的此类合同形式大致有以下几种：

（1）"Take-or-pay" Contract，即"买方无论取得货物与否，均需付款"的一种合同形式。买方根据合同规定按期定价向卖方支付最低数量产品的货款金额，支付条件是无条件的，不可撤销的。

（2）"Through-put"或"Minimum Through-put" Contract，即"使用单位无论是否使用了设施，均需付款"的一种合同形式。

（3）"Take-and-pay" Contract，即"买方取得货物才付款"的一种合同形式。买方按合同规定产品的最低价格支付，即支付是有条件的。

因此，商谈的主要内容是：

1）合同形式；

2）产品价格或收费标准；

3）质量性能标准；

4）收入和现金流量测算；

5）价格或收费标准的调整；

6）支付方式和支付条件；

7）风险的承担和分配；

8）紧急情况或不可抗力情况下的应急支付（Emergency Payment）。

如果为收费道路、桥梁或隧道项目，则往往签订收费协议"Toll Agreement"代替购销合同。内容要求基本相同。

（四）原材料或燃料供应协议（Raw Material or Fuel Supply Agreement）

为了保证运营生产期间的原材料或燃料的供应，项目发起人或其项目公司和材料、燃料供应商之间需要商谈和签订此项合同。商谈的主要内容是：

（1）供应的数量和质量要求；

（2）价格标准；

（3）交货的时间和地点；

（4）风险的承担和分配；

（五）第三方账户协议（Escrow Account Agreement）。

这是 BOT 项目的一项重要谈判任务。这项协议是在贷款者、项目发起人或其项目公司和托管银行（Trustee Bank）之间商谈并签订的。它是保证运营收入直接用于归还贷款的有效手段，它能使融资者或贷款者放心和增加融资的信心。协议将明确规定运营期间所有运营收入均必须汇入设在托管银行的第三方账户即托管账户，并由托管银行按照协议规定的付款顺序统一支付各种支出。协议还明确规定只有在支付了运营支出、归还贷款和税收后有多余时才允许在项目公司股东们之间进行红利分配。因此，商谈的主要内容是：

（1）指定统一的付款人（Holders of Moneys for Payment）。

（2）商定统一的支付顺序和比例（Order and Proportion for Payment）。

1）运营和养护维修费用（Operating and Maintenance Cost）；

2）归还贷款（Debt Service）；

3）投资回收（Equity Return）；

4）储备基金（Reserve Fund）。

（3）储备基金的提取和支付。

（4）支付办法。

（5）其他支付条件。

（六）各项保险协议（Insurance Policies）

这是项目发起人或其项目公司在统一协调和平衡各项合同和协议，合理分配风险的基础上，办理投保保险以进一步避免、减轻和转移各种风险，包括偶然事件的损失。根据国际上的一般做法，对 BOT 项目商谈的主要保险内容是：

（1）承包商一切险（Contractors All Risk）

（2）海运一切险（Marine Insurance on All Risks）

（3）利润损失险（Loss of Profits Insurance）

（4）业务中断险（Business Interruption Insurance）

1）完工前期（Pre-Completion）

2）完工后期（Post-Completion）

（七）项目股东间的股东协议（Shareholders Agreement）

项目公司股东与股东之间也需要商谈并签订股东协议，据以明确：

（1）投资比例；

（2）投资时间；

（3）项目公司的组成和运转；

（4）投资者的权利和义务；

（5）股权的转让；

（6）审计工作。

四、与东道国政府的谈判

东道国政府是实施 BOT 项目最具有权威的因素。从确定项目，选择项目发起人，颁布和授予项目特许权到制定鼓励政策等等，处处离不开政府的决策，而且在项目实施的全过程中直至项目的移交都需要得到政府的支持。因此，与东道国政府的谈判是频繁的并自始至终的。但是，最关键的谈判是项目初期的谈判和特许权协议的谈判。

（一）项目初期的谈判

主要集中在以下两个方面：

1. 获取项目信息

BOT 项目前期工作时间长，内容多，东道国政府往往会较早地通过各种媒介和关系透露或发布项目信息和特许权意向。因此，要充当 BOT 项目的项目发起人就要有较强的超前意识和活动能力，通过各种渠道与东道国政府及其有关部门进行接触商谈，主动获取 BOT 项目的重要信息和要求条件，力争把各项工作做在前面。

2. 争取特许权

从开发 BOT 项目的历史经验来看，国际上一些大型跨国工程集团公司都在争取特许权的问题上作出了很大努力，可以说是绞尽脑汁，费尽心血。这方面日本的 Kumagai Gumi 集团和 Nishimatsu 集团在香港大型基础设施建设 BOT 项目上的成功经验就为各国集团公司提供了宝贵的借鉴，这就是香港 BOT 项目的"先买权"或"先叫牌"（Pre-emptive BOT Bid）的做法，实际上就是在获取项目重要信息后就主动向东道国政府递交财务上可行，技术上先进的详细的项目建议书，以求获得政府优先给予项目的特许权。例如香港东港海底隧道 BOT 项目，Kumagai Gumi 集团获得信息后在 1984 年年中就向香港政府递交了"先买权"项目建议书。以后，虽然香港政府仍以公开招标形式竞标，共有 9 个集团分别递交了项目建议书，Kumagai Gumi 集团仍然中标，并于 1985 年 12 月签订了特许权协议。香港大崎山隧道 BOT 项目，Nishimatsu 集团获取信息后在 1986 年 11 月就会同当地的 Gammon 公司向香港政府递交了"先买权"项目建议书。以后香港政府于 1987 年 5 月仍然宣布公开竞标，共有 6 家集团递交了项目建议书，Nishimatsu 集团仍然中标，并于 1988 年 2 月签订了特许权协议。由此可见，只要具备超前意识和创造性思维，把各项工作做在前面，做细做好，提出创造性的财务方案和技术方案，并与东道国政府保持频繁的友好接触，进行建设性会谈，获得 BOT 项目特许权的成功率是可以大大增加的。尤其是有些发展中国家，开发 BOT 项目形式较晚，有时还采用议标（Negotiated Bidding）形式或国际上通用的非征求性项目（Unsolicited Project）的做法，与东道国政府的接触商谈和争取特许权的谈判就显得越发重要了。

（二）特许权协议的谈判

当项目发起人递交的项目建议书经过东道国政府组织的评审委员会评审列为最佳建议书之一，项目发起人并被选定为优先的建议人（Preferred Proponent）后，项目发起人就要和东道国政府谈判并商签特许权协议。虽然大量的技术问题和财务问题已在招标、投标阶段以及编写项目建议书的过程中曾与东道国政府进行过探讨和讨论，但是都没有形成协议或合同，不具有法律约束力，在商签特许权协议阶段，就要考虑一旦协议生效，这种具有法律约束力的合同关系便会在 BOT 项目的长期特许权期间保持和延续。因此，除了对照特许权协议草案逐条研究提出意见和建议外，对一些关键性问题和条款就必须认真细致地进行推敲和斟酌。尤其是一些需要东道国政府作出承诺或经济补偿的条款或需要商签补充协议的更不能遗漏或失误。根据各个国家 BOT 项目的经验，大致有以下主要问题需要谈判：

1. 要求东道国政府承诺承担的风险

（1）外汇风险，承诺补偿汇率和利息损失，承诺换汇和向境外汇出外汇。

（2）政治风险。

（3）法律和税法修改风险。

2. 要求东道国政府对以下问题作出承诺

（1）公共部门对项目产品销售的担保。

（2）项目发起人对政府指定的产业或事业有开发和经营权，以增加项目收益。例如，香港东港海底隧道 BOT 项目，政府就承诺项目发起人在新兰町（Lam Tim）车站拥有财产开发权，开发每层 8 套公寓的 33 层高层建筑物。

（3）项目经营的垄断权。

（4）紧急情况下的支付（Emergency Payment）

3. 要求东道国政府给予项目税收优惠

例如在项目初期或一定期间免征或减收所得税等。

4. 要求东道国政府对一些问题承诺作出经济补偿（Compensation）或签订补充协议（Supplewent Agreement）

例如对收费道路 BOT 项目就往往要求东道国政府承诺：

(1) 转让已建成项目的收费权，以补偿本项目的收入。

(2) 签订交通量补充协议（Traffic Volume Supplement Agreement），对项目运营初期交通量不足作出收益补偿。

等等。

[案例 7-5]　马来西亚政府对马来西亚南北公路 BOT 项目的承诺

马来西亚南北公路（The North-South Expressway）BOT 项目，通过谈判，马来西亚政府给予特许权公司即项目公司以下承诺和支持并写入特许权协议内：

(1) 给予在马国部分已建成的现有公路（371km）上的收费权以补偿项目公路（513km）的收益。

(2) 给予贷款支持（Support Loan），作为建设启动资金。贷款期 25 年，宽缓期 5 年，每年固定利率 8%。

(3) 签订外汇风险补偿协议（External Risks Supplement Agreement），以保证补偿汇率和利息损失。如汇率下降超过 15%，利率增加超过 20%，均由政府给以差额补偿。

(4) 签订交通量补充协议（Traffic Volume Supplement Agreement）以保证达到预计的累计总收入最低水平。特许权期限为 30 年，在前 17 年运营期间，如交通量不足，达不到预测最低水平，政府承诺给以补偿，保证累计总收入最低水平，该项补偿款额从第 18 至 30 年内偿还，每年固定利率 8%。

(5) 政府承诺在前 8 年运营期间道路使用费按特许权协议规定标准进行收费，从第 9 年开始可按高于国家统一的消费者价格指数 CPI（Consumer Price Index）增长率调整收费标准或按每年增长 6% 进行调整。

思 考 题

1. 试述 BOT 的基本概念。

2. BOT 项目的招、投标程序和国际工程项目通用招、投标程序有哪些共同点和不同点？

3. 简述 BOT 项目谈判的主要谈判任务。

4. 试述与合作伙伴进行特许权公司初步协商时需要谈判的几个主要问题。

5. 试述 BOT 项目融资谈判的主要任务和内容。

6. 试述 BOT 项目各参与方与关系方之间的主要谈判任务和内容。

7. 试述在开发 BOT 项目过程的各个阶段需要和东道国政府谈判的主要任务和内容。

第8章 场外谈判和内部协议

本章阐述的场外谈判指的是正常谈判会场外通过特殊安排在谈判双方高层领导间进行的场外谈判。它往往是解决难题或突破谈判僵局或取得项目特殊效益的一种重要的谈判策略和手段。本章运用实例阐述了这种特殊安排的场外谈判的特点和作用，讨论了这种场外谈判的准备工作和组织实施工作，并结合国际惯例说明怎样在这种场外谈判中运用灵活的谈判策略和技巧。

第1节 场外谈判的准备工作和具体实施

总的来说，正常谈判会场外的场外会谈有两种：

（1）谈判人员之间在会场外的日常接触商谈。这是每个谈判人员经常要做的事，其作用就是传递信息、交流意见、沟通心理和消除障碍，促使谈判活动的顺利进行。

（2）通过特殊安排在谈判双方高层领导之间进行的场外谈判。其作用是谋求解决正常谈判会议上未能解决的难题，或突破谈判过程中出现的僵局，或取得项目的特殊效益。其特点则是通过场外谈判在谈判双方高层领导间达成某种妥协、谅解或默许，即场外交易。

前一种场外谈判是正常谈判活动的一部分，是项目全过程和各个阶段谈判任务的日常工作，已在本书其他各章中谈论过，本章不再赘述。本章 论述的主题则是后一种场外谈判。它也是国际工程公司上层外交活动的一个重要组成部分。由于参加这种谈判活动的人物都是双方的权威性和决策性人物，他们的时间是有限的、宝贵的，他们都希望这种特殊的会谈能够速战速决，既是高效率，又能取得高效益。因此，怎样组织好场外谈判的准备及其具体实施显得十分重要。根据以往的经验，结合实际案例，阐述如下。

一、创造十分友好和信任的氛围

这是进行场外谈判的首要前提。缺乏这种氛围，根本不可能谋求谅解和妥协，达成内部协议。这种氛围 的建立，确非一日之功。不是想安排场外谈判时才能临时进行准备的，而是要未雨绸缪，长期准备的。正如前面几章所述，在项目各个阶段的关键时刻，领导都需要亲自出马去做工作，正是在这种有意识的频繁的交往中，才能建立信任，发展友谊，并逐步达到私下可以无拘无束地自由交谈，相互谅解，谋求共同利益的地步，以致即使在双方正常谈判陷入僵局之际，仍然可以说明只是某些谈判人员之间的一种暂时的误会和碰撞，不影响谈判全局，可以安排高层领导之间的场外谈判来解决。因此，一个有气质、有才华、优秀的领导者务必要有长远观点，时刻注意保持和发展友好合作关系，始终保持微笑、注重友谊，才能在项目各个阶段做到驰骋自如，在谈判出现难题或陷入僵局的关键时刻，亲自出马，进行斡旋。以高屋建瓴的气魄和洒脱的姿态参与场外谈判，参照国际惯例，出点高招，做点手脚，在十分友好和谈笑风生的氛围中取得谈判的成功。

二、确定高度集中的议题

既然是特殊安排的高层领导之间的场外会谈，当然议题必须是一般会谈中未能解决的需要领导亲自拍板解决的有关项目开发和实施过程中的难点和焦点。为了避免节外生枝，派生出次要问题，妨碍谈判的顺利进行，场外谈判的问题都比较单一，决策性很强，经济效益较显著，是双方都关心的重大事宜。现以笔者收集到的或亲身参与的场外谈判的一些实例，示例说明于后。

（一）支付预付款

承包商在签订合同后即进入项目开工阶段。在此阶段中，资金的筹措往往是最头痛的问题。一般来说，大型工程项目开工前后所需资金通常要达到合同总额的 20%～30%，而合同规定业主凭承包商呈交的预付款保函一般只支付为合同总额 10% 的预付款。因此，通常都要承包商自行筹措解决资金缺口问题。如果业主不能按时按量支付预付款，更加重了资金筹措的困难。有些国家在支付预付款的合同条件规定方面有着一定的灵活性，例如在材料和设备购置预付款的支付手续、支付时间和支付金额等方面。如果承包商能够通过友好谈判争取业主较早、较快、较多地支付预付款，无疑是解决承包商资金困难的重要途径。这往往也是场外谈判的一项主要议题。

[案例 8-1]

我国 B 公司与非洲某国公共工程部共同创办了合营工程公司。合营工程公司通过国际竞标获得了第一个大型项目，合同金额达 1200 万美元。但是合营公司草创伊始，设备不足，资金十分困难。对方要求 B 公司提供贷款 250 万美元，用以购买设备和材料，并已谈妥按复利年利 12% 计息，贷款期 30 个月，分三期偿还本息。但是，这种贷款对合营公司的初期业务发展，无疑是一项沉重负担。由于双方在组建合营公司的长期谈判中已经建立起了相互信任和十分友好的关系，对方的主谈者又正是该国的公共工程部部长，他不仅亲自操纵着该国所有工程项目的大权，又深谙该国的法律、财经制度和手续。于是 B 公司的主谈者亲往部长官邸，通过场外谈判，希望对方应用国际通常做法即"抹润滑油"（"Lubrication"）办法把项目润滑一下，解决项目当前的资金危机，并且暗示"润滑剂"则根据各国法律、财经制度的不同可以各显神通，提出是否可以在预付款支付问题上作出通融。对方心领神会，表示可以积极想办法，寻找"润滑"渠道。以后不久，对方主谈者用电话通知 B 公司的主谈者："根据我国财经制度，你们可以多开出些外购设备和材料的形式发票（Proforma Invoice），我们就可以办理支付开工、设备和材料预付款的手续，由我亲自批准。预付款的扣还办法按合同规定办理。"这样，合营公司在几个月的时间里陆续拿到了总额达 418 万美元的预付款，预付款的比例达到合同金额的 35%。合营公司的业务由此获得了飞跃的发展，也按时偿清了 B 公司的美元贷款。

[作者评析]　本案例中预付款的支付金额和办理手续，均已超出一般常规的可能范围，是不符合国际惯例的。因此，这只能作为不合法的"润滑剂"神通的示例。在正常情况下，仍应在符合国际惯例的前提下，通过有力的谈判合理合法地争取较早、较快、较多地支付预付款。

（二）追加合同金额或增加新工程

这是国际承包商为了弥补项目亏损或增加项目盈利的一种常用手段。也往往是场外谈判的主要议题之一。一般都是在项目竣工前半年左右进行活动。如果增加工程的金额不超过或略为超过"有效合同价"的 15%～20% 时，可以通过正常谈判，利用在项目实施过程中建立起来的和监理工程师的友好关系，直接由监理工程师依据 FIDIC 条款第 51 条颁发变更令（Variation Order）来实现，有的还可以重新议价。如果增加工程的性质和数量显然超出原定合同工程范围（Scope of Work），或工程金额巨大，就往往需要通过场外谈判的特殊手段，一般不仅要和业主达成默契，而且还要做通投资银行的工作，有的还需要另签新合同或补充协议或合同。其前提就是日久建立起来的十分友好的相互关系。

[案例 8-2]

中国某公司在非洲承包实施某工程。项目合同规定，如工程实际造价和合同金额相比不超过 5% 时，业主不予补偿，而超过 5% 时则必须由投资银行批准追加投资。某公司在签订合同的谈判中还有一大失误，即只注意了当地货币与马克的比值，要求固定比值，未进一步要求固定美元和马克的比值。因此，在项目实施过程中，由于马克持续大幅度贬值，项目损失累计达数百万美元。在这种情况下，某公司采用高层领导之间进行场外谈判的特殊手段，分别造访和游说了业主、监理总部和投资银行，最终在十分友好的气氛中商定以工程量大大增加为由，追加了相当原合同总价 31.4% 的金额，折合 4850 万美元，不仅弥补了马克贬值的损失，而且获得了超额利润。

[案例 8-3]

中国 P 公司在非洲某国实施承包工程多年，业绩突出、信誉卓著。为了增加盈利，P 公司高层领导又通过和业主的场外谈判，达成了一项默契，即某一由沙特基金会和欧佩克石油输出国组织投资的项目可以以议标方式授与 P 公司。随后，双方进行了 14 次正式会谈，历时半年，但是，在报价问题上仍未能取得一致。最终仍然通过场外谈判，并由业主亲自参与，对方终于接受了 P 公司的报价。经过一年半的施工，项目竣工，P 公司获利 100 万美元。

（三）解决难题或突破谈判僵局

场外谈判的主题就是谋求解决在正常谈判中未能解决的难题或突破谈判过程中出现的僵局。因为在正常的谈判中已经形成了难题或僵局，只有通过高层领导之间的场外谈判去周旋了。第 9 章最后所附的综合案例就是通过高层领导之间的场外谈判取得谈判成功的典型事例。在项目遭致巨大亏损，公司面临列入工程承包市场黑名单，业主打算通过召开由投资银行、咨询公司和业主联席会议，对承包商进行缺席审判和裁决的危急关头，中国 B 公司由高层领导出面，发挥场外谈判的特殊作用，与投资银行、咨询公司监理总部组成了统一战线，终于战胜了业主的无理挑衅。从这个案例可以看出高层领导亲自出马进行场外会谈的必要性和重要作用。但是，这个案例更重要的是想说明国际工程谈判的复杂性、艰巨性和灵活性，以及谈判者的知识和力度的重要性，同时说明怎样灵活运用谈判的策略和技巧。下面这个案例则可以集中说明高层领导之间场外谈判的直接作用和成果。其成果是极其显著的，其效益也是非常巨大的。这种成果和效益的取得，如果没有机动灵活的场外谈判，只靠一本正经的正式会谈，几乎是不可能取得的。这场场外谈判的时间是 1989 年 7 月。当时如果没有这场场外谈判，则可以引用项目监理工程师当时所说的讽刺话来形容项目的局面："按照项目合同规定的竣工日期1990年3月完成是根本不可能了。根据目前的实际进度，我们只能干脆安排到1997年7月香港回归中国时再竣工，届时我们应邀去香港庆祝项目竣工吧！"

[案例 8-4]

中国B公司在编标人员粗心大意，投标决策失误的情况下，以比第二标低一倍的标价中标，承建某国两城市供排水工程。合同工期为26.5月（810天）。项目开工后，每月实际工程进度长年徘徊在1%～1.5%之间，经过艰苦努力，至1989年4月，合同工期已经到期，两项目工程量分别只完成62%和49%，不仅面临每天6300美元的误期损害赔偿费的罚款危机，而且由于增加设备和人力导致成本产值比分别达到2.8和4.01，项目严重亏损。同时，日后工程将更加艰巨，工程进度已根本无法保证，突出地表现在以下两方面：

（1）工程已进入老城区。老城区街道狭窄，又都是石阶陡坡，设备无法进入。街道两侧居民房屋破旧不堪，摇摇欲坠。因此，铺设管线和开挖边沟进行土石方工程十分困难，施工安全也无法保证。同时，伊斯兰国家法律规定土地和房屋都是私有财产，在施工过程中当地居民经常进行干扰，随时随地阻碍施工，或是提出改变管线位置、增加人孔、加大管径等等无理的额外要求，工程施工根本无法按照原定设计方案和合同规定进行。

（2）工程开始实施千家万户的进户联接工程。由于宗教信仰和文化传统习惯，伊斯兰国家严格规定家庭中丈夫不在家，只有家庭主妇在家时，其它男人是不准进入户内的。因此，联接一户的管道和阀门往往要等上好几天，停工、误工的时间和损失无法估计。况且，投标书中进户联接户数仅占实有户数的15%，其余的85%业主也将通过下达变更令方式交由B公司承担。因此，竣工日期已无法预计。

B公司根据以上情况初步测算，两项目工期至少将分别延长600到700天，项目亏损总额将达1000万美元以上，而且是否能按时竣工仍然没有把握。为了扭转这种严重局面，B公司领导决心亲自出面，利用其与项目监理总部某欧洲著名咨询公司副总裁在以往频繁交往中已经建立的友谊和信任，精心安排一次场外谈判。经过多次电话和传真联系，双方约定在第三国首都市郊湖边别墅（为该副总裁的私人别墅）进行会晤。在会晤前，B公司作了充分准备，不仅提出了建议方案，还拟定了双方达成默契的必要允诺条件。会晤时，双方在幽静的环境和轻松愉快的气氛中进行了亲密无间的、无拘无束的会谈，达成了以下共识：

（1）考虑到伊斯兰国家的特殊情况，给排水进户联接工程可建议由该国自己的队伍进行施工，费用可由业主在合同金额中扣除相应金额用以支付。

（2）对于老城区，考虑到以后还要进行城区改造，目前建议尽量利用旧有系统，并采用暗管改明管，减少开挖深度等措施简化设计和施工，既可以保证安全生产，减少干扰，又可加快进度，减少损失。

（3）考虑到以上情况均属于是一个有经验的承包商也无法预见到的不利的外界障碍和条件，可由承包商向监理工程师提出有关通知，再由监理工程师批准给予延长工期和费用索赔。

在会谈中，B公司也曾建议新城区的户外工程由中方承担，老城区的户外工程也由该国自行承担，但对方认为如果取消工程太多，既不符合国际惯例，也很难说服该国官员和公众，不如采用简化设计和施工方案，监理工程师也有权这样做。B公司欣然接受。在会谈中，对方还主动介绍了咨询公司和业主之间的亲密关系，并表示负责和业主商谈落实以上的解决方案，同时坦率地提出了包括业主和监理两方在内的要求B公司允诺的先决条件。通过友好商谈，达成了"君子协定"和内部协议（请参阅本章第2节）。

这次场外谈判以后，咨询公司副总裁立即与业主进行了密谈，落实了有关事项，同时又组织了三方领导的简短会面，共同达成了各自的承诺以及合作的意向和原则。在此基础上，由业主出面在项目所在地公开召开了有业主、监理和承包商参加的三方高级会谈，就项目工期延长，减少工程量等问题进行谈判。最终按场外谈判商定的方案，达成了一致，签订了共同协议。

承包商通过场外谈判取得了预想的成功。

可以设想，没有特殊安排的高层领导之间的场外谈判，只是依靠有多方参加的桌面上的正式谈判是不可能取得以上成果的，承包商所处的极端困境也是难以摆脱的。

（四）谋求合作和开发项目

通过高层领导之间的场外谈判谋求合作和开发项目已是当前开发国际工程市场的一种重要手段，也是场外谈判的一项主要议题。

如同第3章第1节所述，国际工程项目的开发一般都是通过订阅各种国际机构刊物刊载的各种项目信息，我驻外大使馆和经参处以及各对外公司驻外办事处提供的各种项目信息进行调研和筛选，然后进行市场开发的。但是，当经历一段较长时间的市场开发和项目实施以后，尤其是公司已在国际工程市场上取得较好业绩和信誉以后，项目信息的来源和渠道就增多了，往往就有国际机构和国际公司找上门来提供信息和谋求合作的，也有公司领导层在国外开展多方位的上层外交活动中主动谋取对方合作和招揽项目的。因此，这种高层领导之间举行场外谈判的方式就显得更加必要了。当前，国际经济技术合作已日趋规模化、集团化和国际化，这种公司与公司之间，公司与各国政府机构之间，公司与国际组织之间，公司与投资银行之间的高层领导的场外谈判和接触商谈，已是国际工程谈判和开发互利合作的一项必不可少的重要活动，也是公司上层外交活动的一个重要组成部分。

[案例8-5]

我国B公司在非洲工程市场上已取得显著业绩，赢得良好信誉。一家国际投资银行主动牵线搭桥，建议由某著名欧洲工程公司主动邀请B公司组成联营体，合作承担该国际投资银行出资的非洲某国公路项目，以提高该欧洲公司在某国的声誉，换回其业绩不良的影响。该欧洲公司国际部经理跟踪B公司领导的行踪，在巴黎、内罗毕、萨那等地多次尾随并求见，进行接触。但是，在会谈中由于该公司仍以国际大公司的身份高傲自居，合作条件苛刻，B公司未予响应，不置可否。事后，在B公司的如实反映下，投资银行再次向该欧洲公司施加压力，严厉要求他们放下架子，认清形势，指出只有走与中国公司合作的道路才能拿到项目，挽回信誉。为了落实项目的合作，在投资银行的建议下，于萨那和法兰克福两地安排了两次有投资银行参与的公司高层领导之间的场外谈判，终于达成了项目合作的内部协议。

（五）施工索赔

第 4 章已详细阐述了索赔谈判的主要任务和内容。从该章的一些案例中已可以看出高层领导之间的场外谈判是索赔谈判取得成功的重要辅助手段，特别是当谈判出现严重分歧和难题或陷入僵局时，请高层领导出面调停并安排进行场外谈判更是取得索赔成功的重要策略和途径。第 9 章最后所附的综合案例中，正是由于承包商和投资银行高层领导之间的场外谈判，赢得了投资银行的同情和支持，由投资银行向业主施加了影响，取得了谈判的胜利；也正是通过场外谈判，在投资银行的直接帮助下撰写了索赔报告，取得了索赔的成功。索赔谈判通常是一项十分艰苦和繁重的谈判任务，但是，如果谈判双方的高层领导在长期合作的过程中确实存在可以谋求谅解和妥协的氛围，就可以通过特殊安排的场外谈判，在重要的关键问题上达成默契，促使谈判的顺利进行。

［案例 8-6］
某项目的延长工期索赔已经通过多次艰苦的谈判获得了监理工程师和咨询监理公司总部的同意。但是，承包商的索赔报告是通过谈判取得谅解以后补写的。当时，合同规定的竣工时间已过，承包商的月报表也已由监理工程师签字确认，但尚未送交业主。监理工程师本应按照合同规定通知承包商履行误期损害赔偿费的违约条款。在这个关键时刻，承包商领导和咨询监理公司领导进行了场外谈判，承包商坦率地承认了现场项目经理部对国际工程合同管理经验的不足。双方在互相谅解的基础上达成了以下默契：由咨询监理总部指令现场监理工程师修改确认月报表的时间，将它改在合同规定竣工时间之前，并增加确认收到索赔报告的内容。与此同时，承包商将递交索赔报告的时间也作相应的修改。双方据此作出了修改，并核对无误，完善了手续。这种修改，按照西方的策略就是一种"抹润滑油"（"Lubrication"）的做法，而这样的"润滑"只是举手之劳，但是通过互相谅解，在法律程序上已是无可挑剔了。承包商由此不仅免除支付巨额误期损害赔偿费，而且赢得了工期延长 1 年和费用索赔的成功。

三、运用灵活的策略和技巧，准备充分的资料和数据

从以上列举的议题和案例中可以得出这样的经验和体会，即场外谈判更需要了解和掌握国际惯例，更需要灵活的策略和技巧。这也正显示出高层领导的气质和谈判艺术。

（一）正式会谈和非正式会谈相结合

这是场外谈判的最显著的特点和技巧。正式会谈用以确认场外谈判的议题和成果，达成并签订协议。非正式会谈用以无拘无束地交换如何解决议题的方法和策略。双方都可以根据国际惯例，项目合同条款，项目所在国的具体情况包括各种法令和传统习惯，出高招、出点子。

（二）桌上谈判和私下交易相结合

这正是场外谈判的灵活性。桌上谈判的内容已是私下多次酝酿后高度集中的议题以及水到渠成、瓜熟蒂落的形成意见。私下交易的内容则往往是双方的实质利益所在。没有私下商妥的交易，不可能产生形成意见和谈判成果。在商场上，有利可图和有偿服务是交易的前提，也是常规。当然，为了维护双方已经建立起来的信任和友谊，必要的妥协、谅解

和让步，其至牺牲暂时利益也是必要的。谈判的艺术和技巧就需要周全地考虑到这些方面，私下交易条件的适宜才能换来桌上谈判的成果。场外谈判的谈判原则必须是成果共享。上面的一些案例，不仅承包商取得了效益，对谈判对方都是有酬劳的或是有利可图的，而这种酬劳和利益在正式的或一般的谈判桌上是难以启齿的。只有在有权威、有决策能力的高层领导之间的私人会谈或通过外交辞令才可能飘逸洒脱地谈吐出来。并且这种酬劳和利益要以各种形式如君子协定或内部协议等等体现出来，落到实处。

（三）"抹润滑油"

在交易和谈判中，人们往往把可以妥协让步的利益，可以利用的机动条件，可以灵活的政策范围等送给对方，使交易和谈判得到"润滑"，问题获得顺利解决，很多国家通常都称它为"抹润滑油"的办法或策略。这种办法和策略在场外谈判中也是经常采用的。它需要考虑是否符合国际惯例，更重要的是要符合项目所在国的传统习俗或法律财经手续。这也是一个高明的谈判者或领导者创造性思维的充分体现。

（四）准备充分的资料和数据

由于场外谈判的议题都是高度集中的关键问题，谈判人物又都是高层领导，为了保证议题和成果的科学性和可靠性，避免在谈判场上有失身份，或话不投机而无从商谈，就必须拥有充分的、高度概括的资料和数据，以利高层领导据以决策。因此，必须运用创造性思维设想一两个或多个选择性方案，以便共同出点子、想高招，最后拍板定案。

（五）选择适当的谈判场地

由于场外谈判通常都是高层领导之间的会晤，保密性强，谈判场地的选择就必须具有幽静密谈的环境，舒适宽松的生活条件，拥有较先进的通讯手段，有时还要避开项目所在国，选在第三国。例如［案例8-4］的谈判场地就是由对方安排在第三国的首都市郊的湖滨别墅内。在那里，既可以无拘无束地自由交谈，又利于心旷神怡地进行肌体放松，还可以通过短暂的愉快的会晤，增进长远友谊，同时，解决了悬而未决的难题。

第2节　场外谈判的内部协议及其注意事项

上节用实例的方式简要地叙述了场外谈判的作用、准备工作及其具体实施情况，同时也说明其成果通常都是以高层领导之间在相互信任的基础上达成的妥协、谅解或默许来体现的。而这种妥协、谅解或默许有时还包括有私下达成的交易。然而，场外谈判的成果最终都必须有有关各方正式的谈判协议来保证和兑现。因此，场外谈判必须精心策划，步步为营。既要有场外谈判的君子协定和内部协议，还必须有在场外谈判基础上连锁举行的各方正式会谈的公开协议，而后者则正是以场外谈判为手段，突破战局所获得的实质性的直接成果。

一、协议的形式和内容

场外谈判协议的形式通常是根据谈判议题的具体情况和谈判对方的传统习惯和要求而定。一般有两种形式，或两者兼而有之。

（一）口头承诺或君子协定

这往往是涉及私人酬劳或佣金，为了对外保密，防止授人以柄而采用的一种形式。这在西方世界是司空见惯的做法。因此，要和西方公司的高层领导进行场外谈判，达成妥协或默许，吃小亏，占大便宜，获取项目的特殊效益，就必须适应这种做法，并在我国的内部财经制度上作出明确的报批手续和技术处理。例如［案例8-4］中对咨询公司副总裁和业主都有这样的承诺，在我国也办理了严格的报批手续。与此同时，他们也承诺同意取消进户联接工程，改为自行实施，以及简化老城区户外工程设计和施工方案，并延长工期。

（二）内部协议

这通常是由场外谈判双方签署的协议文件。协议文件规定需要双方的工作人员据以操作的事项。由于它只在场外谈判双方的内部公开，对其它方不能公开，故称内部协议。它为进一步召开各方正式会谈签署公开协议提供了背景材料。例如［案例8-4］中对方承诺的具体事项都简要地纳入了内部协议。以后不久，业主公开召开了有业主、监理和承包商参加的三方高级会谈。业主在正式会谈中对简化老城区户外工程和取消进户联接工程公开作出陈词："我们大家都期望早日结束这两项工程。这两项工程做坏了或长期拖延了，不仅承包商脸上无光，业主和监理也都丢脸，国家更受损失，不好向老百姓交代。所以，我们根据实际情况，准备帮助承包商，并督促他们加快进度。①为了保证居民安全，将来再结合城区改造规划进一步改造，准备通过变更设计简化老城区施工方案；②进户联接工程不难，但根据我国宗教信仰状况，中国承包商实施确有困难，误工费时，耗时太长。为了加快进度，决定从原有合同中取消这部分工程，相应扣除这部分工程合同金额，由我们自己用这部分金额自行组织施工。"就这样，通过公开的有三方各级代表参加听会的高级会谈，顺利地按场外谈判达成的内部协议签署了公开协议。

从以上不难看出，既然是高层领导之间的场外会谈，只要保证能达到谈判成果，采用的协议形式可以灵活些，以利巩固和发展高层领导之间的长远友谊。有的情况下，只需口头承诺的方式就能很有效地达成默许，不必再强求非签订内部协议不可。这种基于相互高度信任基础上的口头承诺或君子协定是友好和有效的。有的情况下，为利于基层工作人员有所遵循并开展和促进工作，保证各项议题的兑现，也有必要在口头承诺以外签署内部协议，两者兼而有之。在谈判议题和任务涉及的有关方较多，贯彻实施的时间又较长，为了确保场外谈判成果的兑现，通常就需要在充分酝酿和协调的基础上再组织召开公开的高级会谈，签署公开协议。这些形式的灵活采用和有机结合，就有赖于谈判者的水平和能力，气质和风度以及策略和技巧了。有人比喻，谈判家需要心理学家的策略和技巧，外交家的气质和手腕，军事战略家的洞察和决断是十分恰当的。

二、恪守协议和承诺，注意保密，处理好各种关系和善后工作

场外谈判达成的口头承诺和内部协议，都是由高层领导直接出面承诺或签署的，关系到双方公司和领导个人的信誉和工作成败，谈判双方必须恪守履行，并注意保密。同时，必须处理好各种关系和善后工作，防止泄密或工作失调。根据以往的经验教训，一般的做法是：

（1）在未达成公开协议或未取得实际成效以前，高层领导之间达成的默许、妥协和合作均宜暂时保密。在现场监理工程师面前切忌暗示上层关系，更不要以上层关系要挟监理，一切仍按合同常规进行工作。工程变更令、工作指令等的发布工作由监理公司总部、业主直接向监理工程师做工作。

（2）注意项目所在国上层和下层的复杂关系，在任何场合不要透露和讨论场外谈判涉及的事宜。

（3）抓好项目工程进度，确保工程质量，进一步改善对外形象，防止授人以柄，从实际业绩和工作信誉上为获取场外谈判成果创造社会舆论条件。

思 考 题

1. 试述场外谈判的特殊形式和特殊作用。
2. 试论可能通过场外谈判取得项目特殊效益的谈判议题。
3. 试述场外谈判的主要策略和技巧。
4. 试述场外谈判内部协议的主要形式和注意事项。

第9章　谈判僵局的突破

国际工程谈判自始至终并时时刻刻贯穿于项目开发和实施的全过程及其各个阶段。其间，有时由于谈判双方的立场、观点和期望水平相差甚远，难免导致谈判陷入僵局。本章首先讨论在谈判的全过程中如何防止谈判僵局的产生，继而分析僵局产生的种种原因，然后讨论在国际工程谈判中突破僵局通常采用的一些方法、策略和技巧。最后还附有一个详细的突破僵局的综合案例。通过这个案例不仅可以全面复习本章的内容，还可以综合领会用以突破僵局的一些策略和技巧。

第1节　谈判僵局的形成和防止

首先需要指出的是对谈判不宜只持狭义的理解，认为谈判只是某时某事通过双方商谈签订协议或合同的过程。正如第1、2章已经详尽讨论过的，即谈判是自始至终贯穿于项目的全过程及其各个阶段的。在此过程中，不同的阶段，不同的谈判任务、内容和谈判议题，双方都有可能产生分歧和对立，加之谈判人员时有变动，谈判任务也在变化，谈判人员的素质以及在策略和技巧的运用上也有差异，如果处理和掌握不好，就易导致谈判陷入僵局（Reaching an Impasse）。因此，对谈判务必要有全面的理解，即谈判过程是前后连贯的，谈判内容是需要承上启下的，谈判双方的关系从各自探索到彼此熟悉到相互理解和建立信任是需要经常地和主动地去调整和发展的。古语说："冰冻三尺，非一日之寒。"这对发展友谊，建立信任或僵持对立，关系破裂都是真理。因此，作为一个谈判者，他必须了解项目过去的历史，注意前人已经达成的一致和存在的分歧，决不能简单地把谈判看成只是一时一事的临时行为，要在项目的各个阶段都力求避免谈判僵局的产生。一旦出现僵局，就要立即分析原因，准确判断，采取措施，对症下药，缓和形势，突破僵局，以免导致项目合同的中止（Suspension）或终止（Termination），使项目蒙受不可估量的损失。

一、力求避免谈判僵局的产生

（一）着重运用建设型谈判（Constructive Negotiating）

本书第1章就着重指出，为了开发更多的国际工程项目，为了广泛地结交朋友，发展长期友好的合作关系，在谈判类型 的选择上，国际工程界除少数国家一些谈判者习惯采用进攻型谈判（Aggressive Negotiating）外，一般情况下都建议采用建设型谈判，其目的就在于开诚布公，减少怀疑，增加友好感和信任度，同时也可有效地防止谈判僵局的产生。谈判任何一方的无克制的进攻性行为，都会增加谈判僵局发生的机率。国际工程界有一条共识，那就是一个优秀的建设型谈判者从不想去打败一个进攻型谈判者，而只是有效地反攻、防卫，使对方能够很快地改变立场，转变进攻性行为。例如本章最后所附综合案例中的业主，某国工程部长，在和承包商对话时一贯采用进攻型，是一个典型的进攻型谈判者。他强行指令监理工程师对承包商下达属于合同外工程的变更令，承包商提出异议不接受或不同意他的看法和要求，他就威胁要把你列入该国承包市场的黑名单，还不顾外交礼节拒收我国交通部副部长的亲笔信件并进行人身攻击，还要在第三国召开有投资银行、业主参加的联席会议上对承包商进行缺席审判等等。我国公司的谈判人员始终运用建设型谈判，坚持说理，反对无理要求，不仅感动和说服了投资银行，在投资银行的帮助下，争得了参加联席会议的资格，而且在会议上面对业主的盛气凌人，无理要求仍然坚持防御反攻，以理服人，得到了除业主方以外全体与会人员的同情和赞许，终于迫使该工程部长转变立场，取消了合同外工程，赢得了谈判的胜利。

（二）避免伤害、强迫对方和相互谴责

这是建设型谈判者所要采取的基本态度和行为准则，也是防止谈判僵局产生的预防性措施。建设型谈判的着眼点是建立长期的友好合作和伙伴关系。既然要发展友好合作，就不能有意伤害对方和强迫对方，任何蓄意伤害就是人身攻击，任何强迫则意味着不平等和恃强凌弱。任何人都是有个性和人格的，都很难经受别人的故意伤害和强迫命令，忍辱负重往往也是有限度的。相互尊重，重视对方的信誉，保护对方的面子，才能换取对方的信任和友谊。相互谴责则已是分歧与冲突的发展，往往导致人身攻击，伤害对方。因此，在谈判桌上，在面对面的谈判中，要尽量避免相互谴责的场面发生，有时甚至一两句刺耳的话就会触怒对方，继而相互谩骂和攻击，或谈判一方拂袖而去，谈判不得不停止。

（三）必要的休会和暂停，各自审慎回顾和总结

这是避免谈判僵局产生的应急预防措施。当谈判双方的观点和期望水平出现严重分歧和冲突，难以缓解时，其原因有时可能是多方面的，如果一时对这些原因缺乏准确的判断，不能有效地驾驭和制止冲突的发展时，最好的办法就是立即建议必要的休会和暂停，以便各自审慎回顾和总结，避免导致争执和冲突的进一步发展而步入死胡同，形成谈判僵局。有时只要冷静下来，审慎回顾和总结，客观地分析，找出分歧和冲突的原因，对症下药，采取措施，挖掘共同利益，弥补现存差距，就能缓解冲突，再次心平气和地回到谈判桌上来。

（四）利用会场外的多次接近和多层次接近，沟通信息和消除障碍

总结以往的经验教训，不难发现有些谈判僵局的形成并不是由于双方存在什么原则分歧或在根本利益上有什么冲突，而是由于谈判人员或翻译人员的语言表达能力和专业知识水平的局限，对合同、法律的不同理解以及信息传递过程的失真或误解所造成的，这种情况在国际工程谈判中由于双方谈判人员的文化背景和知识结构不同，往往是容易发生的。为了及时沟通信息和消除障碍，安排会场外的多次接近和多层次接近，多方联系，交流意见和信息，从各个方面，各个层次上去探讨和确认议题以及有关信息资料的准确性，对防止谈判僵局的产生是有效的，尤其是在召开正式谈判会议时间比较仓促，准备工作不足的情况下更有必要。会场外的多次接近可以安排不同专业的谈判人员分别进行，多层次接近则需要在多次接近的基础上经过信息筛选后再安排高层人员的非正式会晤和交谈。但是，这些安排是要根据实际工作需要精心策划的，决不是自由放任双方谈判人员的随意接触，以免产生副作用，导致信息的混乱，并影响双方谈判人员之间的相互信任感。

二、分析形成谈判僵局的原因

以上讨论了在谈判开始前以及在谈判过程中力求防止谈判僵局产生的一些做法，一旦谈判僵局已经发生，就要非常及时地分析造成僵局的原因，以便对症下药，采取措施，运用策略和技巧去突破僵局。

（一）原则分歧或立场性争执

这是最常见的一种谈判僵局，是谈判者最乐于强调的造成谈判僵局的原因。因为它可以体现谈判者所谓的"坚持维护一方本身的根本利益"。它又是谈判者在谈判失败情况下用以开脱自己责任的最有力的遁词，这种僵局通常在以下情况下发生：

（1）谈判双方对合作条件的磋商，差距太大，无法接受。

（2）谈判双方对合同条款的理解迥然相异，无法协调。甚至发生一方违约，不履行合同义务。

（3）谈判一方采用无克制的进攻型谈判，导致另一方难以忍受。

本章最后所附的综合案例，［案例9-6］，就是这种僵局的典型。我方前期的谈判者，即项目的领导人不是坚持客观标准运用合同条款进行合理合法斗争，以理服人，力争突破僵局，在谈判中取胜，而是屈服于对方压力，以维护长远利益，避免被列入该国承包市场黑名单为自己的所谓的正确立场辩护，为谈判失败开脱，接受和实施大量额外工程和合同外工程，导致项目严重亏损。经验还告诉我们，对谈判者来说，在自己的知识、经验和策略贫乏的情况下，片面强调立场性争执却往往是在谈判中最容易犯的一种错误。在我国的国际工程谈判历史上，由于谈判者缺乏国际资本主义市场经济概念和合同法律知识而强调所谓的立场性争执导致谈判失败的实例是不少的，由此在开发国际市场，招揽项目方面也带来了不小的损失。有一些干部对项目所在国的法律、政策或项目合同条件等不理解，不执行，还表示要和资本主义势力作坚决斗争。诸如此类造成的谈判僵局，其原因是显而易见的，其后果也确是难以挽回的，只能另行改派谈判人员，说明情况，改善关系，消除影响。本书要着重说明的缓解立场性争执是谈判者的重要策略，在国际工程谈判中确有不少原则分歧或立场性争执通过谈判者在准确分析原因的基础上采取措施取得缓解的，这正是谈判的目的，也体现了谈判者的功力和艺术。如同美国前国务卿基辛格在处理"上海公报"时用了"台湾海峡两边的中国人"一样巧妙地使谈判双方的立场性争执和谈判僵局获得了突破。本章最后所附综合案例中，我方后期的谈判者在投资银行顾问律师的劝说下，放弃坚持"合同外"、"合同内"的所谓立场性争执，突破了谈判僵局，也是一个很好的实例。

（二）谈判方式不当

这也是形成谈判僵局的一种主要原因，是谈判者的主观原因。它往往表现在以下几个方面：

（1）坚持和纠缠于立场性争执，抓住不放，久争不下。

（2）采用粗暴和强迫方式。有的盛气凌人，有的还进行人身攻击，有的则表现自己能干，抓住对方弱点一味进攻或冷嘲热讽。

（3）在谈判中我行我素，自说自话，不聆听对方意见。

以上的种种表现是和谈判的平等原则相违背的，它必然会损伤对方的自尊心，从而使对方丧失谈判的信心。作为谈判者，必须从主观上立即纠正这些错误方式，以实际行动使对方树立进一步谈判的信心，否则难免导致谈判僵局的形成。

［案例9-1］

我某公司承担荷兰壳牌石油公司在非洲某工地的道路项目。合同规定的安全和防火装置要求十分严格。我某公司项目经理对此却漠然置之,已经按合同要求购置的灭火器、救生衣、安全带等也长期搁置,不安装,不使用。对方多次在工地会议上或为此专门召开的双方会谈中提出警告,但我方仍然我行我素,拖延执行,还在谈判中不时以"形式主义"进行冷嘲热讽。与此同时,还不听对方劝告,任意砍伐树木,破坏生态,并向对方发火,叫嚷:"砍几棵树有什么了不起。不对,由我负责。"对方严重不满,出于无奈,只能停止谈判,下令中止合同,并传真我某公司总部要求立即举行紧急高层会谈,在高层谈判中,对方出示该公司创300万小时安全无事故记录的奖状原件,强烈要求他们的安全"红旗"不要栽在中国人手里。我方为表示长远合作诚意,当即表态撤换项目经理,建立安全小组,制定奖惩条例,紧张气氛立即得到缓解,突破了谈判僵局。对方很快正式来函全部撤销自中止合同以来所提出的一切限制,并停止中止令,确认工程已按合同要求步入正常轨道。

(三)谈判人员素质不高

谈判人员素质不高往往会使谈判陷入不必要的困境,谈判方式不当当然也是由于谈判人员的素质不高造成的,但这往往是属于意识和作风方面的素质,而本条强调的是业务素质和知识素质。国际工程谈判人员是代表一个国家、一个公司的水平的,对素质的要求就必须是业务水平高,知识面广,尤其是要具备国际合同和法律方面的知识。本章最后所附综合案例中的谈判决策失误,盲目接受额外工程和附加工程,不仅导致项目大量亏损,工期延误1年的被动局面,还使以后的高层谈判陷入困境,也是由于前期的谈判人员缺乏合同法知识,不懂得利用合同条款维护自身合法权益的典型事例。下面的案例则突出反映了业务素质不高造成的后果。

[案例 9-2]

我某公司承包修建的非洲某公路改建项目,其中一旧钢桁架桥有一根弦杆由于行车碰撞造成微弯,西方咨询公司驻工地监理工程师即下达工地指令,要求更换钢桁架的全部杆件,双方谈判延续达半年之久。一方坚持钢桁架杆件需全部更换,一方则以如果全部更换,杆件加工订货和运输必将旷日持久而延误工期为由,拖延执行。谈判陷入僵局,项目也面临误期损害赔偿危机。以后不得不安排高层会谈。但在高层会谈前,我方组织专业技术人员视察了现场 钢桁架的实际状况,发现我方工地项目经理和技术负责人竟然连简单的静定结构钢桁架应力分析都不会,又无施工经验,更缺乏履行合同职责的法律意识,不负责任地长期敷衍和拖延,这是导致谈判陷入僵局的主要原因。为此,我方在工地立即组织验算,根据实际丈量的此根弦杆微弯形变的几何尺寸,计算桁架的次应力,并进行应力的重新分配,证明丝毫不影响桁架总的负荷能力,所有杆件也无超载现象。同时,弦杆本身还可以用千斤顶校正微弯,消除形变。据此,中方立即向对方派驻项目所在国首都的西方咨询公司总工程师出示应力验算书,并提出校正微弯消除形变的修复建议。与此同时,又向对方公司总裁(工程博士)作了相应的通报,并对我工地负责人长期不负责任的态度作了自我批评。因此,在高层会谈时,我方以实事求是、自我批评的精神,以科学的理论分析和丰富的施工经验,以理服人。双方在极其友好的气氛中结束了长达半年的悬案,避免了损失,突破了谈判僵局。

（四）合同条件过分苛刻，期望水平差距太大

本书在第 2 章中已经明确地指出过，一个有经验的、强有力的谈判者在拟定谈判方案时需要限定一个明确的谈判范围。如果谈判对方将是期望的未来的合作伙伴时，就应该确定一个合理的谈判空间，不宜苛求，即谈判目标要设定在一个可以实现的期望水平准线上下的合理限界内。一旦合同要求过分苛刻，期望水平大大超出了谈判对方可以接受的限界，谈判双方又不愿作出让步时，谈判必然陷入僵局。这种僵局的发生往往由于下列两种原因：

（1）谈判双方中有一方在拟定谈判方案时，缺乏细致的实事求是的自身分析和对手分析，导致合同条件过分苛刻，期望水平差距太大。

（2）谈判双方中有一方是无克制的进攻型谈判者，试图将苛刻的合同条件，过高的期望水平强加于对方，迫使对方就范。

如果是第一种原因，就应该设法找台阶，提建议，及时调整方案，谈判双方再在新方案的基础上恢复谈判。如果是第二种原因，就要进行有效防卫和反击。与此同时，坚持建设型谈判，提出合理的新方案，促使进攻型谈判者放弃不切实际的进攻，向合理的现实靠拢。当然，谈判者在主观上已觉得差距太大，谈判目标无法实现时，有时也可体面地声明放弃谈判，维护友谊，保持合作。在国际工程谈判中，谈判破裂，不欢而散，不是一个成功的有经验的谈判者应采用的方针和手段。第 3 章中［案例 3-8］所列举的欧洲咨询商帮助业主在合同谈判时试图以削减工程量降价 30% 的苛刻条件，迫使中国某公司签订合同，使合同谈判陷入僵局，便是一个典型案例。中国某公司根据国际惯例，利用合同条款进行了有效防卫和反击，并说服世界银行主持了正义，放弃接受欧洲咨询商的不合理条件，同意按原定的中标价签订了合同。

第 2 节　突破谈判僵局的方法、策略和技巧

上节叙述了谈判僵局的形成和防止，主要是从预防的角度讨论了在项目的全过程中力求避免发生谈判僵局的方法和措施，不要只是等出现了僵局才去处理，而是力求防止僵局的出现。同时，通过一些实例说明在谈判僵局发生后需要迅速地、实事求是地分析原因，才能对症下药，采取措施，及时地突破僵局。本节则着重讨论突破僵局的方法、策略和技巧。

一、策略和技巧必须建立在"守约、保质、薄利、重义"（"Honoring agreements，Guaranteeing quality，Seeking minimal profits and Acting in good faith"）**的工作方针和"平等互利、讲求实效、形式多样、共同发展"**（"Equality and mutual benefit，Emphasis on practical results，Diversity in form，Common progress"**的四项原则的基础上**

上述方针和原则是我国开展国际经济技术合作总的指导思想。也应是我国开展国际工程谈判的总的指导思想。这也是本书一再强调以采用建设型谈判为主要谈判类型的根本出发点。因此，讨论谈判的策略和技巧（Tactics and Skills）也必须从此出发。有一些国家的谈判家，往往是把策略和技巧建立在互不信任的基础上的，谈判的每项接触和会晤都对对方抱有怀疑态度，每次谈判都准备一场辩论和战斗，只维护自己一方权益，千方百计剥削

和掠夺对方，因此，他们采用的所谓策略和技巧通常是如何玩弄花招（Ploys），设置陷阱或圈套（Traps），例如［案例9-6］中业主在合同谈判阶段利用承包商中标心切的心理状态和对合同条款的无知，威逼利诱承包商签署的不调价声明以及以后下达的2号变更令便是预先设置的圈套，有业主方内部会议记录为证。这些是和我国开展国际经济技术合作和国际工程谈判的总的指导思想相悖逆的。虽然本书在第11章第2节也列举了这一类的策略和技巧，那是为了知己知彼，了解对方，以便采取相应的对策，而不是为了效仿和运用。当然，在战争、军事和政治领域里的谈判通常都有谁战胜谁，你死我活的殊死搏斗问题，其谈判策略和技巧的出发点又截然不同，这已超出本书的范围，不再讨论。总之，本书着重讨论的策略和技巧都是在我国开展国际经济技术合作总的指导思想下运用于以建设型谈判为主的国际工程谈判中的，其根本宗旨是为了开发更多的工程项目，取得更好的效益，广泛地结交朋友以及发展长期友好的合作关系。

二、拟定突破僵局的有效方案

当谈判僵局已经发生，就要冷静地坐下来，实事求是地分析产生僵局的具体原因和症结所在，然后对症下药，拟定有效的突破僵局的方案。

（一）研究关键问题（Key point），找出关键人物（Key person）

僵局的产生一般都有其历史原因和多方面的因素。要拟定突破僵局的有效方案，就需要寻根溯源，分析当前的形势和以往的历史，要查看以前的备忘录、谈判记录、工地会议记录和来往信件与传真，弄清事实，了解在哪些问题上存在分歧，又在哪些问题上对方坚持不让步，谈判双方的不同观点和意见以及双方所持的论据和理由，摸清真正的症结所在，确认造成僵局的关键问题。与此同时，要调查分析对方参加谈判的人员情况，摸清其中具有举足轻重和决策能力的关键人物。这样，就可以对症下药，找准僵局的突破口。例如［案例9-6］中所述的事实，可以说谈判双方始终在工程范围（Scope of work）、变更令（Variation order）、单价调整（Adjustment of rate）、附加工程（Additional work）、额外工程（Extra work）、误期损害赔偿（Liquadated damages for delay）、工期延长和费用索赔（E.O.T. and Cost 'claims）等一系列问题上都存在着严重分歧，这些分歧已延续僵持一年多，而且业主的不友好态度有增无已，除了坚持增加有争议的合同外的额外工程外，合同内的附加工程的工程数量也在利用承包商的不调价声明继续猛增，有的甚至达到标书数量的6770%。还声称要下达总统命令，胁迫承包商进行新增额外工程的开工，否则就把承包商列入该国承包市场的黑名单。中方高层谈判人员在详细分析形势和有关资料的基础上，确认以下3个问题是关键问题：

（1）我方的不调价声明。这是对方每次谈判必用的重型"武器"。

（2）合同内的附加工程。对方始终利用中方的不调价声明不断猛增。既不同意调价，也不同意延长工期。

（3）合同外的额外工程。对方坚持认为是合同内工程，并宣称不履行合同就是违约。

中方要赢得这些关键问题的谈判胜利，就必须从合同条款和国际合同法上，寻找充分的说理依据，据理谈判，以理服人，正如案例中叙述那样，我方为此作出了科学细致的准备。与此同时，通过分析还确认了关键人物就是对方的工程部长，即业主的首席代表，针对其一贯采用进攻型谈判的狂妄性格，只靠承包商的单方努力是不可能获胜的，必须借用强有力的外方，即投资银行的压力。这就为谈判工作指明了方向。

（二）分析制约因素（Constraints），拟定方法、策略和技巧

找出了关键问题和关键人物，只是明确了治病的对象和病因，要想治好病，还要进一步摸清病情受哪些因素制约，拟定控制和减轻病情的方法和措施，才能真正对症下药。因为即使患者患的是同一种病，但每个人的健康状况、心理因素、经济条件等并不一样，诊断的药方就不能千篇一律。谈判僵局的制约因素往往也有主、客观两方面的多种因素，也需要实事求是地去分析，例如时间因素、资金因素、知识因素、意识因素、作风因素、人为因素、政策法律因素等等，分析清楚后才能客观地拟定方法、策略和技巧。例如［案例9-6］中谈判僵局的制约因素主要有以下两方面：

（1）我方前期谈判人员的素质不高，其谈判的指导思想也是错误的。他们很少学习和掌握国际合同法和项目合同条款，不懂得如何运用合同条款维护自身利益，还片面地认为利用合同条款作合法斗争是冒险进攻，承包商将会被列入黑名单，丧失长远利益。不组织人员研究合同条件，不积极支持和提出调价和索赔要求，不收集整理基础资料，长期屈服于对方的压力。

（2）对方主谈判者的狂妄、滥用权力和进攻行为。

正是由于实事求是地分析了这些制约因素，才果断地作出调换我方谈判人员的决定，并立即组织人员针对找出的关键问题和制约因素加速准备了五份有充分说服力的文件和资料，运用合同条款有理有据地阐明我方的观点和建议，同时开展强有力的外部活动，争得了投资银行的支持和帮助。在此基础上，拟定了谈判的方针、方法、策略和技巧。不攻击，不指摘，不强加于人，也不委曲求全，充分说理，有声明，有建议，有措施，策略灵活，进退自如，借用外力，突破僵局。在确定具体的谈判方案时，必须考虑适当的期望水平和谈判空间，既要有争取方案，也要有妥协方案，以便在谈判中有回旋余地。对［案例9-6］中的事例，当时就拟定了如表9-1所示的争取方案和妥协方案。

表9-1

事　　项	争　取　方　案	妥　协　方　案
合同内工程 （即附加工程）	1. 增加量超过合同数量25%的进行调价 2. 停止继续增加不合理的附加工程	不调价，但须共同商定继续增加数量
合同外工程 （即额外工程）	1. 2号变更令中额外工程全部取消或另签新合同 2. 已开工的额外工程终止施工，已完部分进行工期和费用索赔	1. 2号变更令中额外工程全部取消或另签新合同 2. 继续完成已开工的额外工程，并进行工期和费用索赔
误期损害赔偿	全部免除	全部免除
工期和费用索赔	包括两大部分： 1. 已完成的额外工程 2. 合同内的增加工程	只包括已完成的额外工程

三、突破僵局的策略和技巧

谈判一旦陷入僵局，说明谈判双方的期望水平或对问题的立场、观点已相差很远，各

自又不愿作出进一步的妥协或让步，分歧已经达到不可调和的地步。但是，从根本上说，双方如果没有共同利益，不是互有所求，是不会坐到一起来谈判的。因此，需要及时对谈判僵局作出反应和处置，否则就会出现难以挽回的形势和局面。正如以上所述，要在全面分析和正确判断僵局产生的原因的基础上，选择有效方案，并采取相应的策略和技巧去突破僵局，把对方拉回到谈判桌上来，摆脱使双方困扰的局面，求同存异，着眼于双方的共同利益，达成新的一致。根据各个国家和我国各对外公司在国际工程谈判方面长期积累的经验，有以下一些策略和技巧可以有助于缓和形势，突破僵局。当然，在运用这些策略和技巧时要注意因事、因时、因人而宜，或巧妙地予以综合运用。

（一）缓解立场性争执，引向关注共同利益

这是最有效的突破僵局的策略和技巧。这在国际谈判史上已有很多这样突破僵局的典型例子。上节已经提到的"上海公报"的诞生已是众所周知的实例。另外还可以举出两个著名实例，一个是我国已故周恩来总理 50 年代在亚非会议上作出的用求同存异的策略，摆脱了各个国家在意识形态问题上的纠缠不清，缓解立场性争执，着眼各国的共同利益，达成"和平共处"的五项原则，突破了会谈僵局，成功地促成了反对霸权主义协议的签定。另一个则是邓小平同志为解决香港、澳门、台湾问题提出的"一国两制"的伟大构想，缓解社会制度上根本性的立场性争执，更为和平谈判突破僵局提供了光辉的范例，被国际外交界和学术界誉为具有破天荒的历史意义，是对人类的一大贡献。

关于这种策略，美国哈佛大学谈判研究计划中心进行的"哈佛谈判研究方案"，并和麻省理工学院的专家学者共同研究创立的谈判理论"原则谈判法"，又称"哈佛谈判术"，其主要原则就是主张注意调和双方的利益，而不是在立场上纠缠不清，其好处就是谈判者常常可以找到既符合自己利益，又符合对方利益的替代性方案或建设性建议，使双方由对抗走向调和。考虑到本书前后阐述的有些策略和技巧都和哈佛谈判术有关，有必要在此扼要介绍哈佛谈判术的 4 个基本原则和特点：

（1）对事不对人。对事讲原则，对人要温和。双方应本着把事和人分开的原则，纠正彼此不妥的看法，平息激烈的情绪，沟通"心理"，以形成"共鸣"。

（2）着眼于利益而非立场。双方在谈判过程中虽有对抗性立场和冲突性利益，但也蕴藏着潜在的共同利益。双方就要以共同利益而不是从对抗性立场出发去商谈，要探讨互惠互利的选择性方案，最大限度地满足双方的利益要求。

（3）开诚布公。在谈判中注重事实论证，不采用诡计和诈术，也不故作姿态。

（4）坚持客观标准和公平竞争的原则。同时也不允许别人贪占己方的便宜。标准应该独立于各自的主观意志之外，不受情绪的影响。这样就使谈判具备了公平性、科学性和有效性的特点。

由于这样的谈判始终注意与对方保持良好的关系，要求谈判双方都尊重对方的基本需要，寻求双方利益上的共同点，千方百计使双方各有所获。当双方的利益发生冲突时，则坚持客观标准根据公平的原则寻找共同性利益，各自都作出必要的妥协和让步。这样就能达成双方可接受的明智的协议。

因此，纠缠于立场性争执无疑是一种低效率有时是错误的谈判方式。尤其是当双方已处于僵持状态时，谈判者不去考虑双方潜在的利益，而是顽固地坚持自己的立场，企图压服对方，赢得谈判的胜利，其结果则是往往由于双方久争不下导致感情上的破裂，加剧了谈判僵局的产生和发展。所以每当谈判陷入僵局时，如果运用"哈佛谈判术"说服劝导对方，双方开诚布公，缓解立场性争执，各自审慎回顾和总结，寻求和开发双方潜在的共同利益，进一步通过事实论证，探讨互惠互利的可行性方案，往往可得到意想不到的效果，使谈判重新获得生机，最终达成双方可以接受的明智的协议。本章最后所附的综合案例中在联席会议上的谈判也正是成功运用这种策略突破僵局的生动范例。为了重点阐明这种策略，将这一段历史事实突出复述并细述如下。

[案例9-3]

在联席会议上，业主和承包商在第三方投资银行的参与下，互陈观点和立场，剑拔弩张，形势十分紧张。承包商根据招标文件中"投标须知"规定的"工程范围"和合同法，一直强调对方的2号变更令是"合同外"工程，必须另签新合同，重新议价。业主则始终声称2号变更令并没有改变工程的性质，属于"合同内"工程，承包商不实施2号变更令就是不履行合同，就是违约。并突出地强调了中方项目经理部已经部分接受并实施的既成事实。双方都坚持认为这是合同法理解的立场性争执，互不退让，唇枪舌战，相持不下，谈判陷于困境，在第三方的建议下暂时休会。在休会中，投资银行的高级法律顾问劝说我方放弃立场性争执，追求实质性进展，指出在这样对峙的气氛中要对方低头认输是不明智的，也是不现实的，要顾全对方的面子，要考虑双方长远的共同利益，否则第三方（即投资银行）将无法调停，承包商也将为此付出巨大代价。我方接受了第三方的建议，果断地决定并表示不再坚持立场性争执，不再纠缠于分清"合同外"、"合同内"的合同法的原则分歧，同意只求谈判取得实质性进展。与此同时，投资银行在休会期间也向业主进行了斡旋。果然，在复会后由于我方不再强调对合同法理解的原则分歧，会议紧张气氛立即得到缓和，舌战停止，第三方投资银行巧妙地用"新"工程的说法替代了"合同外"工程的说法，说服业主考虑承包商已无力承担的实际困难，将"新"工程交由别的承包商来做，另签新合同，中方则按原定的工程范围和已接受并付诸实施的一小部分新工程进行施工，以保证原合同工程能够较顺利地完成。业主迫于投资银行的情面和压力，终于接受了第三方的调停。为此，中方不仅在"合同外"工程上可以减少亏损500万美元，还赢得了对已实施的新工程的调价和进行工期延长和费用索赔的权利，同时避免了误期损害赔偿巨额罚款330万美元的危机。

（二）据理力争，以理服人

这也是"哈佛谈判术"的重要特点，即力求客观并注意事实论证。特别是国际工程谈判，技术性、务实性很强，只有在说理上棋高一着，技高一筹才能以理服人。对于对方提出的无理要求或在一些关键问题上的蛮横无理，使谈判陷入僵局时，无原则地妥协，屈从地谋求谅解，或是不能作出明确的反应并进行有力的说理斗争，都是无法使谈判获得成功的。任何时候在谈判桌上的理屈词穷，是不可能赢得谈判的胜利的。只有能对形成僵局的原因作出正确判断，对找出的关键问题进行实事求是的分析和研究，从各个方面提出充分的论证，使谈判具备公平性、科学性和有效性，才能真正突破僵局，以理服人。在建设型谈判中，始终抱有合作诚意和愿望，据理力争，以理服人是无时无刻不能忘掉的重要策略和技巧。即使面对无克制的进攻型谈判者也不要鲁莽地正面交锋，要机智地、有理有节地进行说理斗争，在风度和气质上，在理论力度上力争胜过对方。要做到这一点，唯一的办法就是谈判者要在"理"字上下功夫，努力提高自己的知识和理论水平，尤其要结合谈判和僵局的关键问题钻研业务，发挥丰富的想象力和创造性，拟定有效的谈判方案。本章最后所附综合案例即［案例9-6］中我方的工作组即后期的谈判者就是能在"理"字上狠下功夫，针对导致谈判僵局的三个关键问题，对有关的合同条款和国际上合同管理专家和学者们的理论进行了认真的学习，细致的分析和研究，组织人员突出准备并散发了五份文件和资料。由于论据充分，有说服力，并且符合国际法和项目合同条款，还引证了国际合同法一些专家和学者如 Abrahamson，Hudson，Wallace，Richter 等的论述，获得了投资银行高级法律顾问和专家们的认可、赞许和支持。在投资银行的帮助下，终于突破了谈判僵局，取得了谈判成功（参见本章最后所附综合案例）。

另外，作者还深刻地体会到，要做到充分说理，以理服人，必须大力加强现场项目经理部的项目管理和合同管理的基础工作，在这方面和外国的项目经理部相比，存在着很大的差距。我国的项目经理部一般都不善于用数据说话，不注意事实论证，更不善于运用和引用合同条款，也不习惯于用文件、书函来往以形成有案可查的历史档案，施工日志、试验资料、工地指令、工程变更令、图纸照片、来往文函和传真也往往残缺不全，有的甚至绝无仅有，更谈不上资料充分。因此，无论是工程谈判或进行施工索赔都很难据以整理出有充分说服力的论据和证明材料，再好的谈判者也只能喟叹"巧妇难为无米之炊"了。这正是我国国际工程谈判工作中的薄弱环节。

（三）合理妥协或有效退让

一个成功的或有经验的谈判者，不仅善于进攻取胜，而且善于妥协让步。特别是在谈判僵局发生后，一般的谈判者往往轻易地让谈判破裂，不欢而散，功亏一篑，而高明的谈判者则善于运用合理妥协或有效退让的策略，适当满足对方的特殊利益，调节控制对方的心理需要，实际上往往可以起到以退为进、以柔克刚的作用，使谈判僵局获得转机。这是在国际工程谈判中开展合作、合营谈判，项目合同谈判以及与供应商的购货谈判等时常用的策略和技巧。例如在与供应商进行购货谈判时，不少谈判者往往因为价格上的较大分歧导致谈判僵局而终止谈判，但是有经验的谈判者则常常运用合理妥协或有效退让的策略以稍高的价格换得在供货合同条件诸如供货时间、供货数量、设备安装、零配件和易损件供应、售后服务以及人员培训等等方面的更多优惠条件，其获得的综合经济效益则往往大大超过在价格上的让步和损失，还赢得了长远的友好合作关系。在开展双方合作、合营的谈判方面则更需要从发展双方长远友好合作的根本利益出发，千方百计地设法突破谈判僵局。轻易地让谈判破裂，实在是不明智的。正如"哈佛谈判术"所强调的，当谈判双方的利益发生冲突时，则需根据公平的原则寻找双方潜在的共同利益，各自都作出必要的妥协或让步，达成双方可接受的明智的协议。而且在国际工程谈判的谈判场上，强调突破僵局也不一定非达成协议不可，更不宜以不欢而散而告终。增进友谊，加深了解，为进一步合作创造条件，往往会带来长远的意外收获的效益。经验还告诉我们，只要谈判一方在某些问题上适当满足对方的利益，稍作让步，往往就可在另一些问题上换得对方的妥协和配合，争得更好的合作条件。例如本章最后所附综合案例中我方同意已接受并实施的"合同外"工程继续施工并完成就是一种合理妥协和有效退让，使对方感到并没有全面否定他们的指令，从而换来了其它"合同外"工程由别的承包商另签新合同的谈判成果。以下是另一个实例。

[案例 9-4]

1984 年我国某公司与西方某集团公司合作投标香港地区特大型项目。由于该项目投资大，任务重，时间紧迫，涉及的新技术面又十分广泛，而且竞争激烈。当时我国公司开展对外承包工程时间不长，在技术、项目管理和合同管理等方面都缺乏经验。因此，在合作编标过程中深感我方在技术上、资金上根本无力承担，同时在合作谈判过程中也发现双方在很多方面差距悬殊，难于合作。如果好高骛远，盲目合作下去，必将在人力、物力、财力上形成沉重负担，而且会越陷越深，无力自拔。因此，我方在谈判中几次提出想放弃投标，退出合作。但是，双方是以合作投标，合营施工的方式通过资格预审的，对方又始终坚持投标，不同意临阵退却而弃标，于是谈判陷入僵局，而交标期越来越临近，形势紧迫。我方经过审慎分析和总结，从维护双方共同利益和对外信誉以及双方长远合作愿望出发，提出了一个有效退让方案，即在此项目上采用"假合营"的方式，同意对方无偿使用我国公司的牌子，对外继续以合作、合营方式投标，对内则中方完全退出，但对方需补偿我方在招、投标和编标过程中的费用损失。当我方在谈判中全面申述了实际困难，提出该建议方案，并表示了今后继续合作的愿望后，对方表示谅解，接受了这个妥协方案，签订了内部协议，并立即支付了补偿费用。中国公司不仅获得了比支出还多的收入，又维护了双方的友好合作关系。事后，该标得了第 3 标，未中标。

（四）沟通信息和消除障碍

国际工程谈判是在不同国家，不同国籍的谈判人员之间进行的。上一节已经提到，由于信息传递的不足、失真甚至误解，就可能形成谈判桌上的无谓争论，使谈判陷入僵局。例如双方谈判合作投标，就往往在技术方案和编制投标书的方法以及报价水平等问题上产生分歧和误解（参见第 3 章），有时由于几个专业词汇翻译的错误或专业知识的匮乏或局限，还会在根本不是分歧的问题上争论不休，使谈判陷入困境。又如双方谈判组织合营公司，由于双方在机构体制上的差异，谈判者的言不尽意或是翻译的词不达意，就容易在公司章程，董事会的组成，技术转让，人员培训等问题上形成僵持局面（参见第 6 章）。再如在履行项目合同阶段，由于谈判人员对合同条款的不同理解和解释或缺乏理解，有的即使理解但由于持有偏见不愿接受对方意见而产生的分歧或对立更是时有发生（参见第 4 章）。

以上种种在谈判中出现的困境或僵局，就需要谈判人员能够冷静地回顾争论的方方面面，分析和找出争论的确切原因。如果是翻译上的不准确或错误，就应主动承担责任，及时纠正，并向对方致歉，可以很快缓和气氛。如是机构体制方面的差异，就建议双方各自多作说明和解释，交流情况，加深彼此了解，沟通障碍，并尊重不同体制的客观存在，求同存异，从有利于双方合作关系和长期发展出发，寻找双方的共同点，构筑双方都可接受的方案。如果是在合同条款的理解上有障碍，则需要在虚心听取对方意见的基础上，力求客观，尊重知识，尊重科学，消除偏见，对合同条款作出较公正、客观的解释，既维护我方利益又能尽量兼顾对方利益。必要时还可以聘请合同管理专家或法律顾问参与讨论，进行指导。因此，沟通信息和消除障碍不仅是预防发生谈判僵局的有效措施，也是突破谈判僵局的重要策略和技巧。只要谈判者能够警觉地、及时地沟通信息，消除障碍，是可以很快缓和紧张形势，改变僵持局面的。

（五）谋求灵活方式

这也是突破谈判僵局常用的策略和技巧。但是要做到善于谋求灵活方式，就需要谈判者熟练技术和业务，同时能够熟练地掌握和运用国际合同法和项目合同条款。除此之外，还要在谈判过程中随时注意发挥想象力，运用创造性思维进行谈判活动，才能在谈判陷入僵局时随机应变，因势利导，谋求灵活方式，寻找潜在的共同利益，提出创造性的建议方案或选择性方案，既能有效地维护自身利益，又能兼顾对方的面子或利益要求，缓和形势，突破僵局。上一节曾提到了〔案例3-8〕的谈判僵局，这个合同谈判阶段出现的谈判僵局延续了3个月，而且在此过程中世界银行已采纳了西方咨询商即项目未来监理工程师的建议，在合同谈判阶段就将西方咨询商提出的设计修改和降价31.09%的方案列入合同文件，作为授标的条件。这是作为承包商的我方所不能接受的，因而更加剧了突破僵局的困难。在这种情况下，如果承包商对技术和业务不熟悉，不能熟练地运用合同条款提出建议方案，则只有两条路可走，一是委曲求全，接受不合理的设计修改和降价方案，按修改方案签订合同，蒙受巨大经济损失。另一条路则是拒绝接受不合理的方案，导致谈判破裂，放弃项目中标，损失项目开发和编标费用。但是中国某公司以国际惯例和项目合同条款为武器，谋求灵活方式，创造性地提出了以在施工过程中下达工程变更令的方式替代在合同谈判阶段即修改设计并降价的建设性方案，既说服了世界银行，又机智地和业主达成利用合同条款中专用条款限制监理工程师下达工程变更令的权力范围，维护了承包商的合法权益，还成功地突破了谈判僵局（参见〔案例3-8〕）。

（六）选派精兵强将

这往往是由于前期谈判人员素质不高或失误造成的谈判困境而采用的突破谈判僵局的一种常用策略。它既可把形成谈判僵局的责任一部分归咎于前期谈判人员的谈判欠妥，以缓和谈判桌上业已形成的紧张气氛，又可以向对方表示我方为创造条件回到谈判桌上来的积极主动态度和合作诚意。这样，谈判将会在新的气氛中重新开始。但是，必须十分注意后期谈判人员的素质，要真正选派精兵强将。否则重蹈覆辙将会进一步丧失对方的信任和谅解，导致谈判僵局形势的恶化。

〔案例9-5〕

中国某公司承包施工的某国污水池工程，竣工后在缺陷责任期内发生水池漏水和混凝土池壁下滑现象，外国监理工程师评定为施工质量事故，责令返工。我公司项目经理部技术力量薄弱，既不承认是施工质量事故，又无力申辩，还十分被动地满足了监理工程师局部开挖池底基脚检验施工质量的要求，终使双方谈判陷入僵局。如果谈判失败，必然导致工程全面返工，这不仅关系到返工需耗资数百万美元的经济损失，还严重影响公司对外声誉。某公司立刻选派精兵强将，奔赴现场。通过实地调查，以大量的现场观察和实测资料为依据，以科研理论为指导，作出了实事求是的令国内外同行信服的分析报告，说明所谓的漏水乃是泄水孔的正常泄水，混凝土池壁局部下滑不影响整个结构物的稳定，可以局部修补，并建议在认真进行定点观测的基础上，对理论分析作出验证。由于在谈判中论据充分，处理方案切实可行，得到了外国监理总部的鉴定认可，否定了其本国现场监理工程师有关全面返工的指令，采纳了我方局部修补，加强日常养护和定点观测的处理方案，从而避免了巨额经济损失，挽回了我国公司的对外声誉，突破了谈判僵局，圆满地解决了事故危机。日后的定点观测也证明了我方处理方案的科学性。

再如本章最后所附的综合案例，正是由于后期谈判人员即工作组的精明强干，论据充分，并且符合国际合同法和项目合同条款，才获得了投资银行及其高级法律顾问的赞许、认可和支持，终于突破僵局，取得谈判成功。这也是选派精兵强将突破谈判僵局策略的直接体现。

（七）借用外力

当谈判双方严重对峙而陷入僵局时，常常由于谈判双方已在长期争论中形成了偏见和互不信任，已难于沟通障碍，缓解谈判气氛。借助外力，由第三者或中间人出面斡旋和调解往往是一种极为有效的策略和技巧。这在国际政治事务中，在解决国与国之间的纠纷和冲突中是常见的。在国际工程谈判事务中也是十分有效的。一般来说，这种第三者或中间人必须具有权威性，又能体现公正性。他们往往是独立于谈判双方的第三者，也可以是与谈判双方都有利害关系的中间人，也可以选择一位对方集团中对对方谈判人员有影响力的权威人物。根据国际工程谈判的经验，借助于与谈判双方都有利害关系的投资方，往往是极富成效的，这已充分体现在本书的一些案例中。由于我国对外承包工程项目绝大多数都是国际金融组织和地区性金融组织如世界银行、非洲发展银行、亚洲开发银行、德国复兴银行等投资的项目。这些组织在国际上都具有权威性和很强的实际影响力，在国际工程谈判事务中如何保持与它们的紧密联系，沟通信息，做好工作，发挥这支重要力量的应有作用是需要我国各个对外公司充分重视的。

（八）场外谈判

这也是突破谈判僵局的一种重要手段和策略。它往往是通过特殊安排的谈判双方高层领导之间的直接商谈进行的。本书第8章已作了专题论述。

〔案例9-6〕　一个突破谈判僵局的综合案例

某公路改建工程，其工程范围（Scope of Work）在招标文件的"投标者须知"（Instruction to Tenderers）中作了明确叙述，即"修补（Repair）一条长250公里，宽为7米的现有公路，并加铺沥青单面补强层。另有3段局部改线。在某城镇则另建一段迂回线，以替代现有的穿城线。"该工程由德国复兴银行（KFW）和阿拉伯基金会（AF）联合投资。招标文件中规定必须由德国工程公司或由德国工程公司牵头组成的合营公司承包修建。中国B公司和德国的W公司组成由W公司牵头的合营公司投标中标。中国B公司负责施工。合同采用国际咨询工程师联合会编写的"土木工程施工国际通用合同条件（1977年版）"即国际上通称FIDIC条款第3版。

在合同谈判过程中，在业主的怂恿和引诱下，承包商接受并签署了以下声明："即使在合同实施工程中由于增加工程变更费用总额超过合同总价的20%时，我们确认同意不调整合同单价。"随后，业主在下达中标通知函时进一步明确将此声明列作正式的合同文件，并正式通知删除原合同条件中第52（3）分条款。承包商缺乏合同知识又急于得标，竟然对此未持异议，与业主签订了合同。合同工期为33个月，合同总价为152，648，570里亚尔。

〔作者评析〕　这个声明内容显然不符合国际合同法。FIDIC 条款第 3 版第 52 条第（3）款明确规定，由于增加或减少工程的变更费用超过 10% 合同总价时，应调整合同价格。业主正是利用承包商中标心切的心理状态以及对国际合同法知识的贫乏，采用进攻型谈判方式，设下了这个陷阱。在业主通知将该声明列作正式合同文件时，承包商仍然丧失警惕，未持任何异议，与业主签订了合同。这是合同谈判的明显失误。

项目开工后，业主和监理工程师便利用这个声明，以口头或书面形式下达工地指令（Site Instruction），对承包商报价中单价低于成本价且对改建公路提高标准有重要意义的项目频频增加施工数量。承包商完成的实际数量大大超过投标书工程量表所列数量。示例见表 9-2。

表 9-2

项　目		单　位	投标书中工程量表数量	承包商实际完成数量		承包商实际完成数量相当于工程量表数量（%）	
				开工后一年	开工后二年	开工后一年	开工后二年
路面修复	一　级	m²	33970	136923	233996	403.1	688.8
	二　级	m²	11630	35623	50157	306.3	431.3
预制混凝土路缘石		m	2825	16486	19799	583.6	700.8
贫混凝土上片石铺砌		m²	144	11520	24151	8000.0	16771.5

由于这些项目单价低，用工多，承包商不仅亏损严重，而且导致工期拖延，承包商对此未提出调价或索赔要求。

与此同时，业主见承包商软弱可欺，于开工后 1 年零 2 个月，又变本加厉以下达变更令方式将公路起点处前 8.5 公里城市出口道路地段由双车道改为 4 车道，路面宽度由 7 米加宽至 18.5 米，还增设 2 米中间带，路面结构也按高速公路标准作了设计变更和加强。承包商因工程量增加过多，拟予婉拒，但业主借口这是总统提出的迫切要求并有正式命令，以万万不要影响两国关系要挟承包商，坚持下达开工令，承包商终于慑服。其后承包商也曾有过调价和延长工期的要求，但业主和监理工程师似理不理地拖而不复。承包商并没有据理力争，而是搁下原合同内工程改为突击此城市复线工程。由于该段道路位于城市人口密集区，加宽后引起的地下、地上建筑和结构物的拆迁和设计变更，包括电话线、电缆、给排水管线、涵洞、人孔、污水池、人行过道、交叉道、岔道等多达上百项，施工中各种人为干扰更是不胜其数，工程进度十分缓慢。

〔作者评析〕　城市出口复线工程在性质和数量（Nature and Amount）上与原合同工程已截然不同，变更后原合同中的费率和价格也已变得不合理或不适用（Impropriate or Inapplicable），更不是为实施合同工程竣工所必须的任何种类的附加工作，也不属于"投标者须知"中规定的工程范围内。因此，根据合同规定的工程范围和 FIDIC 条款第 51 条，此复线工程已属于"额外工程"（Extra Work）或"非合同工程"（Non-contractual Work），但是，承包商对此蓄意强加的工程变更令在政治压力面前显得软弱无力，竟然搁下原合同内工程不做，反而为额外工程去突击赶工，对施工中出现的大量的不利的现场条件的工期和费用索赔要求也漠然置之，实属对合同知识的贫乏，也是对外谈判的失败。另外，关于路面修复，预制混凝土路缘石，贫混凝土上片石铺砌等工程，按工程范围虽属合同内工程，但在工程数量和款额上已大大超过国际惯例有关"附加工程"（Additional Work）的界限，即已大大超过工程量表规定工程量的 25%（参见 FIDIC 条款专用条件增加的第 52.2 分条款补充规定，FIDIC 条款第 4 版），也已属于额外工程，承包商可要求另签新合同。至少应该按照 FIDIC 条款第 52.2 分条款进行单价调整，同时提出工期延长索赔要求。对此承包商未提出任何要求，导致严重亏损和工期拖延也是缺乏合同知识的结果。

在承包商接受并实施公路起点复线工程后不到 3 个月，业主见承包商无强烈反应，而且逆来顺受，便再一次得寸进尺地下达了规模更大的包括起点复线工程在内的所谓"2 号变更令"，除起点复线工程外，还有公路终点城市入口的高速公路 17.5 公里，两处专用地磅站以及公路沿线中间城镇拓宽大道 4 公里。合同总价由 152,648,570 里亚尔增加到 242,444,183 里亚尔，增加了 58.8%。此时已开工达 18 个月，约已届三分之二的合同工期。至此，承包商不仅已遭受巨额亏损约 700 万美元，而且由于工期一再拖延，已面临误期损害赔偿总额高达 330 万美元的危机，如果全部实施 2 号变更令规定的工程，则亏损总额将达 2500 万美元以上。项目经理部由于缺乏国际合同法知识，感到内外交困，再三向公司总部报急。在此紧急关头，公司总部派出了强有力的工作组，负责对外谈判，处理项目危机。

〔作者评析〕 2 号变更令的所有工程显然不属于合同文件"投标者须知"中规定的工程范围内，都是"额外"工程或"合同外"工程，决不能再盲目接受。承包商总部决定派出精兵强将奔赴现场负责对外谈判，处理危机，是非常及时的。

工作组到达工地时，已离合同规定的竣工日只有 8 个月，起点复线工程只完成一半，业主还在催促终点高速公路的开工。工作组通过研究，反复对照 FIDIC 条款和合同规定的工程范围，明确 2 号变更令的所有工程包括起点复线工程都不属于合同范围，复线工程已盲目上马，终点高速公路决不能再重蹈覆辙，要坚决顶住，为终点高速公路准备的路缘石预制工作立即停止。同时立即开展态度鲜明的对外谈判。但在和对方几次接触会谈中，业主首席代表始终强词夺理，态度十分傲慢，声称 2 号变更令属于合同范围，并多次强调承包商要以自己的不调价声明为依据。因此，谈判陷入僵局。

业主方派出公路总局局长前来"劝告"中方，如中方坚持不履行 2 号变更令，业主将采取严厉行动，将把承包商列入该国承包市场的黑名单，永远不准在该国承包工程。业主并召见监理工程师传达行动指令，还责令监理总部派出合同工程师专程来工地胁迫中方，诡称德国复兴银行由于承包商不履行 2 号变更令已停止拨款，并声称再不履行即是违约行为，业主将停止承包商一切活动和资格，列入黑名单，扣留全部设备和材料，后果严重。当承包商谈判代表根据合同条款据理力争时，该合同工程师承认可以要求调价，但胁迫承包商先接受 2 号变更令并付诸实施，然后再要求调价。承包商在会上运用建设型谈判，坚持说理斗争，说明在业主不承诺另签新合同，重议单价的前提下要承担如同 2 号变更令这样大规模的不属于合同范围的额外工程，承包商确实无力，而且风险太大。承包商前期考虑业主政治需要，出于友好力不从心地接受并实施了起点复线工程，当时曾提出过延长工期和费用索赔的要求，但业主和监理工程师至今尚未表态，因此，承包商难于考虑再接受其它额外工程。因此，这次谈判没有结果。合同工程师悻悻离去。会后，承包商认识到问题的严重性，必须开展全方位的对外活动，同时需要借用外力从中斡旋并调解。为此，承包商向投资银行全面申诉了观点和事实，希望他们在必要时出面调解，并聘请德国法律顾问进行了咨询，取得了投资银行和法律顾问的支持，加强了继续谈判的信心和决心。投资银行还明确指出，暂时停止拨款确有此事，但这是考虑到业主和承包商的谈判已陷入僵局，暂时停止拨款的决定是对谈判双方的共同督促，希望谈判双方从速解决谈判争执，不致严重影响合同工程的实施。这决不是对承包商单方面的指责和惩罚，戳穿了监理总部合同工程师的谎言。

合同工程师的工作未果，公路总局局长的"劝说"无效，业主由此勃然大怒，立即编写报告递交政府内阁会议，告发承包商不履行合同，并建议成立调查委员会于1周内调查清楚后采取行动。调查委员会由副总理、法律部长和工程部长3人组成。同时在报纸上大造舆论，对承包商施加政治压力，并不顾外交礼节拒收我国交通部副部长的亲笔信件。以后又作出决定：在第三国召开业主、监理和投资银行参加的联席会议，对承包商进行缺席审判和裁决。

〔作者评析〕　业主首席代表确是一个无克制的进攻型谈判者，面对这样的谈判者，不能鲁莽地正面交锋，要机智地、有理有节地开展说理斗争，要在风度和气质上，在理论力度上胜过对方，取得谈判的成功。

一时山雨欲来风满楼，形势十分严峻。承包商并没有屈服，而是千方百计地根据国际惯例和FIDIC合同条款突击准备和编写论理充分的有关文件和资料，散发有关部门，争取各方舆论的支持。同时积极开展对外活动，谋求投资银行的支持和帮助。通过努力，投资银行默许在召开联席会议时承包商可来第三国，届时由投资银行说服业主同意承包商列席会议，并进行申诉和答辩。为此，承包商日夜突击，对照FIDIC条款，参考和引用国际法专家和学者们的一些专著和论点，编写了以下5个主要文件：

（1）声明。重点阐述了我方论述的问题和观点：

1）合同文件规定的工程范围（Scope of Work）和合同工程（Contractual Work）。

2）2号变更令的全部工程属于"额外"工程（Extra Work）或"非合同"工程（Non-contractual Work），需要另签新合同，重新议定单价。

3）合同内附加工程（Additional Work）的完成的工程数量和费用总额已经大大超过国际惯例的限额，故已属于"额外"工程，应按"额外"工程同样处理，至少应按FIDIC条款第52（2）分条款另行商订新单价。

4）业主根据承包商的不调价声明只删除了第52（3）分条款，未删除第52（1）和第52（2）分条款，因此，第52（1）和第52（2）分条款仍然有效。

5）承包商始终坚持工期和费用索赔要求保留索赔的权利。

（2）附加工程和额外工程的详细清单及其与合同规定工程数量即工程量表（Bill of Quanfities）中工程量的比较。

（3）起点复线施工过程中的工程变更、现场不利条件和人为障碍（Adverse Physical Conditions and Artificial Obstructions）的详细陈述和有关资料及图片。

（4）根据合同和承包商已接受的起点复线额外工程的工程范围估算剩余工程量，提出计划进度和竣工日期的建议。

（5）要求延长工期和费用索赔（Claims for Extension of Time and Cost）的初步申请报告。

承包商在联席会议前把以上文件事先送给了两家投资银行，由于资料充分，说服力强，符合国际惯例和项目合同条款，获得了他们的同情和支持。在联席会议召开时，承包商赶赴会场，业主果然拒绝进入会场。在投资银行的斡旋下，业主被迫同意承包商列席会议。为了使会议结果在法律上具有公正性，德国复兴银行（KFW）还特意聘请和安排该行高级法律顾问作为正式代表参加会议。在会上，业主代表盛气凌人，强词夺理，反复强调2号变更令是合同的附加工程，并再三说明承包商已经接受并实施了起点复线工程，猛烈抨击承包商违背自己声明，违背自己诺言，出尔反尔，不履行合同职责和义务。还以起点复线施工进度缓慢为例，指摘承包商项目管理混乱，延误工程，已导致国家蒙受巨大损失，因此对承包商必须给以严惩等等。随后，投资银行代表在会上主动提出："现在让我们听听承包商的想法。"承包商立即顺势响应，拿出事先准备好的文字报告，先散发给与会代表，再挂起大型图表，按照我方声明文件，充分说理，全面阐述了自己的观点，还婉转地驳斥了对我方项目管理混乱的指摘，指出起点复线施工进度缓慢的真正原因是不利的现场条件和人为障碍以及频繁的设计变更。同时说明承包商已亏损严重，负债累累，建议有关方慎重考虑2号变更令的不合理性和承包商的实际困难，不再实施除起点复线外的所有"额外"工程。业主代表无理蛮缠，时时打断承包商的申诉发言，承包商不予计较，也不怒目以视，竭力克制自己，心平气和地着重事实论证，并以建议的方式提出自己的想法。业主代表也曾几度怒不可遏地站起来叫喊停止承包商的发言，但都遭到投资银行代表及其高级法律顾问的笑脸压制，他们异口同声地讲："别急么！还是让承包商把话说完吧。"业主只能百般无奈地坐下来。但在谈判争论中，业主始终采用进攻型谈判，持强凌弱，强加于人，坚持2号变更令是合同内的附加工程，对承包商横加指责，态度蛮横无理。但是，承包商始终坚持运用建设型谈判，对照合同条款广证博引，说明2号变更令是合同外的"额外"工程，进行充分的说理斗争。由于双方互不退让，相持不下，谈判陷入困境。在投资银行代表的建议下，会谈暂时休会。在休会过程中，投资银行高级法律顾问劝说承包商放弃立场性争执，追求实质性利益。说明由于承包商已经签署了不调价声明，并接受和实施了起点复线工程，这些都是既成事实。在这种情况下，要业主低头认输，承认2号变更令是合同外的"额外"工程是不现实的，要顾全对方的面子。只要承包商不纠缠于"合同内"、"合同外"的原则分歧，投资方可以劝说业主以承包商无力承担为由将"额外"工程交给别的承包商去做。另外，承包商也要作出适当妥协，对已接受和实施的起点复线工程则宜继续完成，投资方则可表态并劝说业主和监理工程师同意承包商提出的施工索赔要求，同时要求承包商必须写出详细的索赔报告。误期损害赔偿则可待索赔报告审批后再说，暂不进行。承包商接受了投资方的建设性意见。投资方即来回穿梭于业主和承包商之间进行斡旋和调解。休会后，投资银行高级法律顾问代表投资方首先作了调解性发言，在发言中巧妙地用"新"工程的说法替代了"合同外"工程的说法，缓解了立场性争执，即：

（1）为了促进和保证原合同工程的顺利实施，并考虑到承包商的实际困难，除承包商已承诺并已付诸实施的起点复线工程以外，2号变更令的其他"新"工程，建议按新项目另签合同，交由别的承包商去做。

（2）承包商应继续完成已经实施了的起点复线工程。考虑到该工程位于城市人口密集区，现场条件复杂，干扰因素多，非承包商所能合理预见，可同意承包商提出工期延长和费用索赔的要求，建议由承包商写出实事求是的、科学的索赔申请报告上报审批。

（3）误期损害赔偿暂不考虑，待承包商的索赔申请报告审批后再说。

（4）建议承包商据此排出详细的工程实施进度计划，保证工程的顺利实施。

由于投资方在休会过程中已作了充分的协调和说服工作，业主和承包商双方都表示尊重投资方的调解。承包商作出的适当妥协，也换取了业主的妥协，会议气氛得到缓和，一场延续很久的谈判僵局终于获得突破。会后，在投资方的具体帮助和指导下，承包商编写了起点复线工程的施工索赔报告，获得了1年的工期延长和120万美元的费用索赔，因而避免了总额高达330万美元的误期损害赔偿。同时，由于不再承担2号变更令中除起点复线工程外的其它"合同外"工程，将可减少近2000万美元的巨额亏损。

〔作者评析〕　这次谈判是灵活运用各种策略突破谈判僵局的一个很好的综合案例。在极其艰难的困境中，承包商不仅借用外力争得了参加联席会议的权利，而且借用外力突破了谈判的成功。在谈判过程中，承包商面对无克制的进攻型谈判者的强大压力，始终坚持运用据理力争，以理服人的策略，在风度、气质和理论力度上都胜过了对手，赢得了与会者的同情和支持。与此同时，又能在关键时刻接受第三方的调解，缓解立场性争执，并在进攻中采用灵活方式作出适当妥协和有效退让，终于突破僵局，达成了谈判双方都可接受的明智的协议。

思　考　题

1. 试述形成谈判僵局的主要原因。
2. 在谈判过程中怎样防止产生谈判僵局？
3. 在拟定突破谈判僵局的有效方案和策略时，应抓住哪些主要方面进行考虑？
4. 试论突破谈判僵局的主要策略和技巧。
5. 简述美国哈佛大学"原则谈判法"的主要内容和特点及其对缓解立场性争执的重要作用。
6. 试述在谈判中进行事实论证时所需的前提条件和基础工作。
7. 试论本章综合案例中所采用的各种策略和技巧。

第10章　谈判人员的选择、组织和培训

本章论述国际工程谈判各类人员的素质要求，谈判小组的组织管理以及谈判人员的培训，以期从根本上提高谈判活动的质量，适应未来国际工程大发展的需要。

第1节　谈判人员的选择和谈判小组的组成

在国际工程谈判活动中，人是谈判的行为主体。要想取得谈判的丰硕成果，决定性的因素是人，谈判人员素质的好坏，直接影响着谈判活动的质量。此外，由于国际工程规模化、集团化和国际化的趋势，国际工程谈判又常常是一场群体间的交锋，谈判者个人的知识、技能和经验总是有限的，必须合理配备具有各种专长的谈判小组成员，而谈判小组是否具有精良的组织管理工作，真正发挥群体优势和整体优化效应，更是整个谈判活动的成败关键。因此，既要选择优秀的谈判人员，又要辅以精良的组织管理工作，形成强有力的谈判小组。

同时，随着国际经济技术合作的日益频繁，国际工程的大发展，国际工程谈判所涉及的因素和需要的知识内涵越来越广泛而复杂，对参与的谈判人员也提出了更高的素质要求。

一、谈判人员的素质要求

素质（Quality or Innate Character），在心理学上是指人的某些先天的特点。然而，当今人们言论人的素质时往往不仅是从生理、心理特点去理解，而且也包含一个人的品德修养、知识结构和工作能力等方面的内容，同时认为人的素质是可以在实践中得到逐步发展和提高的。尤其是伴随着现代科学技术革命和国际大经济、大科学的兴起，知识结构需要不断更新换代的当代社会，人的素质的内涵要求就更高、更为广泛。同时，各行各业对人才素质还都有自己的特殊要求。

对于谈判人员的素质，弗雷斯·查尔斯·艾克尔在《国家如何进行谈判》一书中曾提出："根据17、18世纪的外交规模，一个完美无缺的谈判家，应该心智机敏，而且有无限的耐心。能巧言掩饰，但不欺诈行骗；能取信于人，而不轻信于人；能谦恭节制，但又刚毅果敢；能施展魅力，而不为他人所惑；能拥有巨富，藏娇妻，而不为钱财和女色所动。"对于从事国际工程谈判工作的人员素质，各国的专家和学者也提出了一些看法，综合起来，其主要的素质要求是：除了必须具备的专业知识和综合知识外，特别强调成熟老练（Maturity），耐心（Patience）和创造性（Creativity）。还倾向于具有外向型性格（Extroverted Per-sonality），善于听取意见，善于表情达意，善于用姿态、手势和眼睛传神，有敏锐的洞察力和丰富的想象力的人。在选择时，还要注意物色和谈判对方匹配的人，例如对方是德国人，就往往需要寻找讲究精确细致，循规蹈矩和阅历资深的人（参见第12章）。

综上所述，一个优秀的谈判者应该具备以下条件：知识面广，心理素质好，善于学习

和思考，富于创造性，具有坚韧不拔的意志力和较强的原则性，仪态适度，不卑不亢，礼仪素质高，精力充沛，有谈判能力和应变能力，掌握一定的谈判技巧，工作认真负责，细致和热诚。

（一）谈判小组成员的素质要求

1. 知识面广

这是一个优秀谈判者最基本的素质要求。知识是开展任何工作的基础，缺乏知识是不可能把工作搞好的。在当今的信息社会里，知识的重要性就更加突出。美国最有名的管理学家彼得、德鲁克说："今天真正占主导地位的资源和生产要素，既不是资本，也不是土地或劳动，而是知识。价值如今是由生产率和技术创新创造出来的，这两者都是把知识应用于工作。今天，只有把知识应用于工作才能提高生产率。机器和资本都无法做到这一点。"经过近20年的实践和摸索，我国学术界、工程界对国际工程专业人才及其合理的知识结构已有了共识，那就是具备工程技术、外语和走向世界的国际工程业务三方面专业知识的外向型、复合型和开拓型的人才。具体地来说，就是必须具有建设项目的工程技术理论基础，掌握现代化管理手段，掌握一门外语，通晓国际工程有关的法律、合同与经营策略，能从事国际工程管理多方面的人才。但是，作为国际工程谈判的谈判人才来讲，只是具备以上的专业基础知识就不够了，还必须有进一步的知识素质要求，做到知识全面，主要有以下几个方面：

（1）精深的专业知识。要在一般三方面专业知识的基础上结合谈判任务的需要要求深化，达到具有系统而精深的专业功底的高素质，才能做到在谈判桌上棋高一着，技胜一筹。否则就需要配备相应的专家和顾问。

（2）其它学科的一般知识。例如哲学、心理学、政治经济学、市场学、艺术学、行为学、决策学、运筹学等学科的一般知识，尽量扩大知识视野，才能在谈判过程中规范自己的行为，及时洞悉和体察对方的心理状态和各种要求，并随时进行心理特征分析和动态因素分析，知己知彼，随机应变，运用创造性思维运筹帷幄，统揽全局，进退自如，协调和控制整个谈判过程。

（3）对方国家的特殊政策和法令。这是作为一名国际工程谈判人员必须了解和研究的。以便在谈判中尊重和考虑对方的国家利益。

（4）对方国家的社会历史，风俗习惯和宗教信仰等一般状况。这样可以在谈判过程中随时沟通谈判双方在思想、情感和生活习惯上的障碍，寻找符合对方习惯的表达方式和合作方式，避免在谈判过程中失礼或产生误解。

（5）一定的谈判策略和技巧。

然而，在大千世界瞬息万变，社会历史发展日新月异的今天，各种知识都面临更新换代，以满足不断提高生产率和技术创新活动的需要。美国曾经做过这样的统计：一个工程师的知识每年有20%会变成过时之物。因此，作为一个优秀的知识全面的谈判者，还必须善于学习和思考，时刻注意更新知识，优化自己的知识结构，以适应世界经济发展，我国现代化建设以及进一步开展国际经济技术合作的形势需要。

2. 心理素质好

这项素质要求对谈判者来讲非常重要。心理素质是人类各种心理特性的综合性指标，是人的精神风貌的静态标志，主要表现在动机、兴趣、情感、意志、思维、性格、能力等方面。谈判是一项高智能活动，只有具备了良好健全的心理素质，才能使谈判者树立崇高的事业心和责任感，善于学习和思考，富于创造性，具有坚韧不拔的意志力和良好的心理调控能力和应变能力，工作认真、细致和热诚。

以下着重强调3个方面的心理素质：

（1）善于学习和思考，富于创造性。这在知识素质中已作了强调。尤其是在瞬息万变的现代社会中，这是用以更新知识，开发创造力的十分重要的心理素质，也是心理机能训练的基本功。按照著名未来学家奈斯比特的观点，在工业社会中，教育的任务是阅读、计算和写作，在信息任务中，教育的最根本任务是思考、学习和创造。善于学习，就能不断汲取新知识、新经验、新理论、新信息，不断更新和充实一个人的理论思维。善于思考，熟练运用人脑固有的各种思维功能（直观思维、扩散思维、集中思维、理论思维和创造性思维等），就会不断地开发和丰富想象力和创造力。许多心理学家的研究表明，创造性的灵感和设想，大抵都基于"多思"，"多思出灵感"则是古今中外成功者的奥秘。因此，善于学习和思考，富于创造性也是适应现代信息社会的从事各项事业活动，特别是高智能、高科技活动必须具备的心理机能训练的基本功，国际工程谈判是一项高智能活动，要求具备这项基本功当然概莫能外。

（2）坚韧不拔的意志力。这是谈判者必须具备的基本心理素质。谈判工作不是一蹴而就的，通常也不是一轮、两轮就能完成的。谈判桌上往往会出现"马拉松"式和拉锯式的持久交锋。这时，作为一个优秀的谈判人员就要深刻地意识到这不仅是一种智力和技能的比试，而且是一场意志和毅力的较量，他就要做到始终如一地保持镇静、理智、充满信心，具有坚韧不拔的意志力以及机敏、泰然自若的精神。尤其是在谈判陷入困境或僵局时，谈判人员往往面临四面受压的局面，既有来自对方的，也有来自自己内部的，这更是对谈判意志力的严峻考验。谈判者就要有虚怀若谷和宽宏的肚量，较强的原则性，善于顶住来自内外部的压力，坚韧不拔地坚持客观标准，促使谈判具有公正性、科学性和有效性，求同存异，着眼于双方潜在的共同利益，探求互惠互利的创造性方案，突破谈判困境或僵局，积极争取谈判的成功。

（3）良好的心理调控能力和应变能力。一个谈判者的心理活动是否适度，能否进行自我心理调控，始终保持沉着、冷静、机智、灵活的应变能力，以适应随时变化的谈判形势，不受个人感情的支配和影响，是谈判者必须具备的心理素质。任何谈判过程是不可能一帆风顺，风平浪静的，有顺境，有逆境；有高潮，有低潮；有时激烈，有时沉默和平静；有时处于优势，有时处于劣势。任何事先准备好的谈判方案都是不可能百分之百地实现的。有时需要改变，有时需要否定；有时需要冒险，积极进取，有时需要沉着，妥协和退让。一个谈判者如果不具备心理调控能力和应变能力，感情用事，就容易在谈判桌上心理失控，我行我素，不虚心听取对方意见，容易在顺境中得意忘形，在逆境中意志消沉；在争论时剑拔弩张，陷入困境或僵局时一蹶不振或拂袖而去，放弃谈判，给谈判造成极大的损害作用或导致谈判的失败。一个优秀的谈判者则总是时时刻刻借助理性认识自觉地进行自我心理调控，控制自己的非理性情感的发泄，减少各种无意识的自发的消极的情感因素，把整个谈判活动导入正确的轨道。

3. 仪态适度，不卑不亢

这是我国对外活动长期以来坚持的谈判态度。国际工程谈判当然也不能例外。已故周恩来总理再三教导外事工作者在对外活动中要坚持"不卑不亢，有理有节，相互尊重，友好协商"的指导方针，这也是本书一再强调用于国际工程谈判的建设型谈判的指导方针，也正是仪态适度的标准。对谈判人员来说，要做到这一点是非常不容易的。在谈判场上，我们可以经常看到以下两种仪态失度的现象。

（1）态度傲慢，自认为高人一等，或摆出一付高高在上的架子，盛气凌人或蛮横无理，表现粗鲁，强加于人。

（2）态度自卑，盲目崇洋或妄自菲薄，甚至卑躬屈膝，认为外国人讲的都是好的，外国的一切都是先进的。

从心理学的角度分析，这两种矛盾心理在一个人身上通常是同时存在的。因此，这两种现象往往也是在一个人身上交叉发生的。作为一个优秀的谈判者就必须自觉地克服和抑制这两种矛盾心理和行为现象的发生，努力做到仪态适度，不卑不亢。有时在谈判桌上还可以看到另外一种情况，即漫不经心，不负责任。既不认真、及时答复对方的意见而又往往随意表态，一切无所谓，也不履行自己的承诺，使人感到对谈判缺乏诚意，这也是一种仪态失度，缺乏谈判者基本素质的表现。

4. 礼仪素质高

礼仪素质是知识、修养和文明程度的综合表现，它在对外活动尤其是在谈判活动中有着十分重要的作用。西方国家的政界、商界人士，特别是高层人员很重视在正式场合上的形象和风度问题，很讲究社交规范，而且要求体现在每一活动和自身形象的细节上，如开会时间的遵守，宴会餐桌次序的安排，谈判的语言，行为举止的格调，服装的穿戴和整洁，甚至指甲、胡须的修饰等。中国素有"礼仪之邦"的美称，在对外交往上不仅要发扬我国的优良礼仪传统，如大家风范，君子胸怀，谦虚恭让，谈吐高雅，举止文明，彬彬有礼，和蔼待人等，也要注意学习西方的社交规范及其每个细节上的具体要求。近年来我国已高度重视对外交往的礼仪培训问题，并已有不少专著论述，本书只是从人员素质的角度强调这方面的要求，不再赘述。在以往我国各公司的国际工程谈判活动中，由于礼仪上失礼影响谈判活动的正常开展的教训也是很多的，作者就碰到过一位长者，在谈判会上随意吐痰，无止境地吸烟，烟头乱扔，有时还穿着拖鞋会见外国客人，在会场上也经常大声狂笑，如有人提意见，还以长者自居，声称："这是我革命几十年形成的习惯啦！"谈判对方表示无法理解，严重影响会场气氛和谈判进程。

5. 精力充沛

这是谈判人员在心理素质外必须具备的身体素质。健全的体魄，旺盛的精力是谈判人员保持坚韧不拔的意志力，敏捷头脑和创造性思维的物质基础。国际工程谈判通常都要在境外举行，谈判的问题往往又比较复杂，很难设想一个身体衰弱的谈判人员能在旅途劳顿后又能在节奏快、压力大、精神需要高度集中的会谈中，经受各种考验和冲击，取得良好的谈判成果。

6. 有谈判能力，掌握一定的谈判策略和技巧

这是一个谈判者的能力和技巧素质。谈判是一种专业性很强的高智能活动和社会活动，一个优秀的谈判者就需要具备以下的谈判技能素质。

（1）具有敏锐的洞察力。对社会和人生有较充分的理解。能够随时察言观色，体察分析对方的语言、神情、举止带来的心理特征及其细微变化。

（2）善于分析和判断。对各种信息能够迅速作出反应，及时分析和判断，并考虑对策。

（3）有丰富的创造力和灵活性，善于处理各种复杂关系。既要坚持原则，又要善于妥协，并随时注意提出各种创造性见解。

（4）具有准确、生动、简明和有感染力的语言和神情表达能力，进行表述、解释、说明、辩论和总结。

（5）掌握一定的谈判策略和技巧（参见第11章和其它有关章节）。

各国的谈判家已有这样的共识：工程师对工程问题的解决有专业技能和训练，但对谈判中出现的各种关系问题，如伙伴关系、合同关系、利害关系、人际关系等等却往往缺乏认识、技能和训练，更缺乏处理这些关系的策略和技巧。需要通过培训，并在实践中不断积累经验。

7. 其他方面的要求

（1）有良好的行为准则。一些学术界人士把谈判的行为规范化为"礼、诚、信"3个字，作为需要共同遵守的行为准则，这符合本书强调运用建设型谈判的基本出发点，可以作为选择和考核谈判人员思想行为的标准。"礼"即礼貌待人，以理服人；"诚"即开诚布公，友好合作；"信"即言而有信，言必信，行必果。这样的行为准则简单明了，可以从一个人的日常工作和生活中去考察和鉴别，选择和考核谈判人员。

（2）懂得外语或熟练地掌握外语。这在谈到外向型、复合型、开拓型国际工程专业人才的合理知识结构时已经叙述过。但是，根据我国具体的历史条件，近年内还不能作为必须具备的条件，只能作为优先考虑的条件。如果谈判者本人能够懂得外语或熟练地掌握外语，不仅能随时沟通信息和交换意见，准确地表述立场和观点，更能便于友好来往增进相互了解和友好合作。有时还可在谈判中利用翻译人员的翻译过程为谈判者赢得一个更长的思考和决策时间。这往往也是国际工程谈判人员可以运用的一种谈判技巧。

（二）谈判领导人员的素质要求

这里指的是那些对谈判负有领导责任的高层次谈判人员，往往是谈判小组的组长，或是谈判桌上的首席代表，有时则可能是幕后指挥者，在关键时刻才出现在谈判桌上。因此，对这些举足轻重的高层次谈判人员理应提出进一步的素质要求。

1. 阅历资深，成熟老练

作为谈判小组的领导，一个高层次的谈判人员，就应该是富有经验和成熟老练的谈判高手。阅历资深，丰富的经验和成熟老练是无法替代的，是通过长期的实践和日积月累形成的。它往往是给谈判对手的第一印象，而且象征着整个谈判小组的层次和水平。无数事实说明，一个资深老练的谈判高手往往从一出场就会受到对方的信任和尊敬，为谈判赢得主动，在谈判过程中也能镇住阵脚，控制氛围，把握进程。

2. 政策性强

坚持原则，执行政策是领导人员最基本的素质要求。国际工程谈判是重要的国际交往活动，作为谈判小组的领导人员，不仅要以身作则，严格执行我国对外经济技术合作的方针政策和国家有关涉外法规的规定，而且要注意遵守对方国家的政策法令。绝对保证全组人员不作出任何违法乱纪或丧权辱国的事情。在谈判过程中时时刻刻注意维护民族利益和国家利益。

3. 有控制和协调能力

对谈判组长的工作，通常有两种做法：

(1) 组长是谈判自始至终的发言人。其它小组成员都是支持者，只是给以信息和建议，由组长过滤和筛选后集中发言，必要时再由组长指定别的成员作些补充发言或说明。

(2) 组长是首席代表或幕后操纵者。其职责是协调各方面专家即小组其它成员制定战略和计划，由小组成员轮换担任主谈者。组长则主要在开场和终局时担任主谈者，或当谈判桌上出现困境时出面协调。

这两种做法各有所长，不可定论，宜视不同项目、不同议程和谈判对手的具体操作方法再作选择。一般来说，两种做法可以兼而有之，灵活掌握。项目简单，议题集中，可以第一种为主；项目复杂，议题分散且有多种专业，可以第二种为主。但无论采用哪一种做法，组长都必须具有控制和协调能力。既要具有谈判小组内部的控制和协调能力，也要具有谈判过程中在谈判桌上控制和协调整个谈判进程的能力。目前国际工程项目多趋于规模化的大型项目，业务种类多，谈判组长已不可能是每种业务的专家，往往要采取以第二种为主的做法，对谈判组长的层次要求也越来越高，而且谈判也往往分阶段进行。例如作者曾参加过多次大型项目的谈判，对方公司一般都是先由首席代表（一般都是公司的领导层）致欢迎词并发表开场白，然后即由技术专家作为主谈人进行技术方案的谈判，再由经济专家进行价格或投资预算的谈判，合同专家或律师进行协议或合同谈判，首席代表只是负责内外协调和控制，拍板定案和签字。

4. 善于激励下属，调动每个成员的积极性

这是作为领导人员必须具备的素质要求。谈判是高智能的活动，谈判小组的成员都是通过精选的业绩突出的高素质人才，从行为科学的角度来讲，这些人才都含有很丰富的"内涵激励"因素，事业性、成就感都很强，可以通过激励影响开发他们的创造潜力，出色地完成任务来证明他们的自我价值。更重要的是还要使所有谈判小组成员都能全身心地投入谈判活动，并能获得激励的机会，贡献自己的聪明才智和经验，做到功能互补，发挥群体优势，实现整体优化效应，使谈判小组生气勃勃，具有无限的创造力和战斗力。这就是对谈判领导人员的素质要求，也是领导人员的领导艺术。否则谈判小组只是一个涣散的集体，成员们只是形式地坐在谈判桌旁，他们的"内涵激励"因素得不到激励，他们的实现自我价值的欲望得不到满足，他们的工作积极性和创造性也必将被埋没。因此，谈判小组的领导必须高度重视小组成员的这种实现自我价值的需要，善于施加激励影响，调动小组每个人的积极性，群策群力，齐心合作。

5. 勇于负责，敢于承担责任

这是领导人员必须具备的基本素质。如果领导人员不敢负责，有风险、有事故时推脱责任，还埋怨别人或责怪下属，他的工作也就必然得不到小组成员的支持和信任，而且会导致小组成员的互相推诿，相互扯皮。作为一个领导者，应该具有大将风度，勇于负责，敢于承担责任，决不能优柔寡断，遇事推诿，尤其是面对重大责任事故或谈判陷入困境的关键时刻，更要挺身而出，敢于承担责任，提出创新建议，勇于决策。只有这样才能激发每个成员的主动负责和献身精神。

6. 善于审时度势，运筹帷幄

除了一般谈判人员要求具备的谈判能力和技巧素养以外，领导人员应该具有审时度

势，运筹帷幄的能力，随时调整谈判方案，统筹安排，有效地把握整个谈判进程。在谈判过程中往往会出现事先意料不到的疑难问题，这就有赖于领导人员能够凭借经验，随机应变，运用敏锐的洞察力，丰富的想象力，高度的概括能力，运筹帷幄，分析判断，作出果断的决策，提出创造性的建议，推动谈判进程。尤其是在谈判陷入困境或僵局时，能够灵活地处理和协调各种关系，因势利导，创造性地提出各种互惠互利的选择性方案，缓解矛盾和冲突。

7. 重视保密

国际工程谈判是围绕国际工程市场竞争进行的，谈判双方在市场竞争中都有一些国家机密和关系公司切身利益的技术信息和商务信息需要保密。作为一个领导者，既要高度重视保守我方自身的国家、技术和商务秘密外，还要注意保守需要向谈判双方以外的第三者保密的各种秘密。与此同时，还要加强对下属的保密纪律教育，提高警惕，分清内外，防止一切可能的泄密。国际工程谈判达成的协议或合同条款中通常都由于这种需要设置有关的保密条款。另外，在高层领导间的场外谈判中，更需要重视特殊情况和内部协议的保密问题（参见第 8 章）。

（三）翻译人员的素质要求

翻译人员是谈判小组中不可缺少的重要人员，他们占有特殊的地位。即使谈判人员能运用外语进行交流和谈判，也需要安排翻译人员，以便利用翻译的过程在谈判桌上获得更多的思考时间。同时，大量的资料和文件也需要翻译人员进行翻译和整理。国际工程谈判的翻译工作难度大，要求高，既要精通生活语言，生动地沟通思想、感情和观点，又要掌握有关的技术和业务词汇，准确地表述技术和业务，还要熟悉谈判技巧用语，使谈判语言具有艺术风格而富有感染力。因此，要使国际工程谈判的翻译工作真正达到"信、达、雅"的标准，就必须对翻译人员提出一些较高的素质要求。

1. 知识面广

翻译人员的知识面广和谈判人员的知识面广有其相似处，又有其不同处。相似处在于基础知识和专业知识的知识广度，不同处在于掌握这些知识的深度。对翻译人员并不要求在技术和业务上的专深，只是在广度上的一般了解，但必须掌握有关技术和业务方面的专业词汇，否则就难免表达离谱，造成理解上的偏离或错误。没有五、六年以上工程技术和有关专业方面的实践经验和翻译经验，是很难胜任重要的国际工程谈判的翻译工作的。即使有过一些经验和经历，也需要在接受翻译任务后根据谈判议题的内容向有关专家请教学习，补充相应的知识和专业词汇，并对谈判的各项议题，技术和业务的具体内容，谈判双方交往的历史及其背景，可能争论的关键和焦点，谈判者的风格等等进行全面的了解和充分的准备。

2. 语言、文字能力强

根据我国历史形成的教育的实际情况，不少翻译人员无论是在中文或外文方面，其语言、文字能力都较差，有些翻译甚至在中文文字上都缺乏应有的文学功底，在法律和合同文字上的功底则更为浅薄，由此形成的语言文字资料往往词不达意，生涩难懂，有的甚至文理不通。这在选择翻译人员时需要着重强调。

3. 仪表适度

翻译人员在礼仪方面的要求是和其它谈判人员是一致的。但是由于翻译人员是双方沟通的桥梁，在谈判过程中频频出现，如果仪表难登大雅之堂或庸俗粗鲁，必将影响到谈判氛围。一个仪表适度，举止文雅，谈吐不俗，礼貌周到，热情服务的翻译，往往可以赢得谈判对方的好感，增进彼此的信任和友好交往，从而对谈判工作的顺利进行起到意想不到的促进作用。

4. 作风稳健，恪守本职

对翻译来说，这是十分重要的素质要求。翻译人员是谈判小组的成员，但不是直接的谈判人员，他的任务主要是翻译，不是谈判，是双方谈判人员之间沟通的桥梁。因此，必须严格要求翻译人员做到以下两点。

(1) 忠于原意。即要忠实表达谈判人员的原意。既不可添枝加叶，又不能随意疏漏，要力争做到原原本本。作风要稳健、踏实。不能虚夸、浮躁。没有听清楚或没有听懂的地方，要实事求是地主动提出来核对，决不能敷衍了事或不懂装懂，更不能不负责任地胡翻乱译，导致双方的误解。同时，在翻译时要提倡使用朴实、简单而准确的语言，不可华而不实或哗众取宠。

(2) 恪守本职。翻译人员的职责就是翻译，不是谈判，既不可随意插话，发表自己的意见和感想，也不可品头评足，妄加评论，更不能喧宾夺主，把主谈者或谈判人员搁在一边，自己高谈阔论起来，严重干扰谈判的进程和质量。

5. 体力充沛

翻译人员往往是谈判过程中最忙的人。虽然他们在心理压力上没有谈判人员大，但在体力、精力上消耗极大。不仅要在谈判桌上翻译，而且要在宴会、饭桌上翻译，还要陪同谈判人员参加各种活动。凡是有谈判人员活动的场合都缺少不了翻译人员的辛勤劳动。同时，他们在参加各种活动之余，还要忙于翻译、整理一切文字资料。可以说，翻译工作是日以继夜，自始至终地贯穿于整个谈判过程的。因此，体力充沛是对翻译人员的一项重要的素质要求。

二、谈判小组的组织与管理

上面已经谈到，国际工程谈判的成败关键不仅取决于谈判人员个人素质的优劣，谈判小组内谈判人员的优化组合、合理配备和分工，而且有赖于对谈判小组的精心的组织管理工作，发挥群体优势，实现整体优化效应。特别是在国际工程日趋规模化、集团化、国际化的当今世界，国际工程谈判的内容越来越广泛而复杂，单凭谈判人员个人的知识和技巧已经难以保证谈判获得预期的效果，往往需要配备必需的精通有关业务的谈判人员，组成高效而精干的谈判小组，有时还要聘请咨询专家或顾问，进行幕后参谋或高层谈判。同时要辅以精心的组织管理工作，进行科学的优化组合，真正做到功能互补，配合默契，群策群力，以"团体赛"的方式——即群体间的交锋赢得谈判的成功。

(一) 谈判小组的组成

1. 规模和分工

谈判小组的规模和人数，从理论角度和某种意义上来说，人数越少，队伍越精干越好。人数越多，队伍越大，小组成员间的沟通和交流，分工和配合等等内部协调问题就越多。如果是10个人组成的谈判小组，不要指望它能成功地连续谈判一个星期，因为谈判进行三两天后由于各种原因有一些小组成员就会情绪不好或精神不稳定，往往需要用较长的时间甚至几天进行调整和协调。当然，谈判小组的人数需要满足谈判任务对各种业务的需要，还要包括翻译。但是，各个国家的经验都表明，为了使小组成员能够在组长的领导和管理下有效地配合默契地坐在谈判桌上，一个高效的谈判小组，其总人数似乎有个极限，即不要超过5人。有的国家，例如日本，还称呼这种谈判小组为"五人团"。在选择人员时，应注意挑选素质高，一专多能的人才。如果项目复杂，涉及的业务领域多，则可以在谈判小组以外另行聘请咨询专家或顾问组成一个或若干个专家或顾问小组或参谋。这样，就可以有效地控制谈判桌上正式谈判人员的人数，在谈判小组组长或首席代表的领导下，团结合作，取得良好的谈判效果。对于规模大，涉及面广的大型工程项目，由于谈判的内容多，谈判时间长，往往需要分阶段进行。一般都是先进行技术方案方面的谈判，然后再进行价格和商务方面的磋商，最后进行合同或协议的谈判。这样，就需要谈判小组长或首席代表精心组织，合理分工，有关人员可以替换，轮流出场，每个阶段的谈判小组总人数也不宜超过三至五人，承先启后，配合默契地完成谈判任务。

2. 组长的头衔和授权

在谈判活动中，组长对内和对外都起着决定性作用。其素质和遴选标准已在前面作了论述。这里要强调的是，在对外谈判活动中，谈判双方都很重视对手的层次和头衔。因此，对重要的谈判任务来说，组长或首席代表无论如何需要由一个在工程界久经沙场的技术里手和谈判老手来担任，而且一定是高层次的领导或主管人员，特别是对一些很讲究等级观念的国家，组长的身份和地位更起着重要的作用。总之，组长的内外头衔是谈判活动中一个敏感的第一印象问题，必须予以高度重视。当然，要注意名符其实，万万不可随意或人为地添加上去，徒有虚名，其实不符，反而影响对外信誉。可以实事求是地根据本人的实际职务结合谈判工作的需要，确定其内外头衔。例如，内部头衔可以是董事会一级层次的头衔（包括董事长、副董事长、常务董事、执行董事、董事等）或是最高管理机构一级层次的头衔（包括总经理、副总经理、总工程师、对外业务经理等），如果本人有工程或学术领域的高级职称或学位（例如高级工程师、博士、硕士、教授、副教授、专家等）也应加上。对外头衔则可以称为谈判代表团团长、谈判首席代表、谈判小组组长等等。这些头衔必然会引起对方的重视，有利于促进谈判工作的进程。一个地位高的和一个地位低的人讲话时，由于某种心理因素，总会占得某种优势。地位在人们交往中，在社会生活中所占的份量往往是很重要的。另外，根据我国的具体实情，谈判小组组长的职责和权限范围通常需要事先明确，作出具体授权，使其能尽职尽责，发挥主观能动性、积极性和创造性，随机应变，及时灵活地处置和决策各种始料不及的难题，以取得更好的谈判效果。否则往往会由于"外事工作授权有限"的思想束缚，不敢解放思想，畏首畏尾，优柔寡断，使谈判丧失时机。如果不是高层领导直接担任主谈人，调动谈判小组组长的积极性，充分发挥其创造力和灵活决策的能力，又不完全放任自流，那么事先明确请示和决策的权限范围就显得更加重要了。在现代通讯手段的迅速发展和便捷的时代，面对谈判工作的复杂性以及谈判过程的千变万化，为了使一些始料不及的情况和难点能够得到国内的指示和更深、更广范围的咨询帮助和支持，提高谈判工作的准确性和实效，在明确权限范围的同时，还要提倡及时沟通内外信息和情报。

(二) 谈判小组的管理

谈判小组应该是一个强有力的相互支持的有机体，有着统一的小组行为和共同的谈判目标。要做到这一点，就需要加强以下各方面的小组管理工作：

1.服从统一的协调和控制

要根据谈判任务的需要明确谈判小组每个成员的职能作用和职责分工,并服从组长的统一控制和协调,甚至安排每次会谈的发言次序,要求做到功能互补,配合默契。否则将会在谈判过程中产生不必要的内部磨擦和混乱发言,把矛盾暴露在外,严重破坏谈判小组的形象,干扰谈判进程。

2.相互信任和支持

在整个谈判过程中,各谈判人员由于专业和经历不同,在某些问题的看法上难免发生分歧,作为一个统一对外的有机体,可以在谈判会议上根据共同的目标提出建设性意见,决不能在谈判桌上用言语或神情反对、讽刺其它小组成员或指手划脚地进行非议。当然,在会下可以提出不同意见和想法,但必须是立足于相互信任和支持的基础上,而不是突出自己,打击别人或相互拆台。在管理工作中应该强调谈判前的充分民主,听取和集中每个小组成员的意见和想法,同时强调谈判桌上的相互信任和支持,合作和谐,配合默契。

3.相互激励积极性和创造性

前文已经提到通过精选的高素质的谈判人员都会有很丰富的"内涵激励"因素,他们都渴望实现自我价值,除了谈判小组领导要注意激励下属,调动每个成员的积极性和创造性外,在谈判小组的内部管理工作上也要注意充分提倡谈判人员之间的相互激励。第2章已介绍了开发创造性思维的"头脑风暴法"(Brainstorming),也称"智力激励法",就是通过相互启发和激励,引起各种联想,发生"共振",开发智慧和创造力。谈判作为一种高智能活动,相互激励积极性和创造性,对于在谈判前谈判方案和谈判目标的拟订以及在谈判过程中面对变幻莫测的谈判形势探讨互惠互利的选择性方案,极大地引发谈判人员的创造潜力,实现自我价值,也创造共同的谈判效果,更具有十分重要的促进作用和推动作用。

4.组织信息的反馈和交流

任何事先准备的谈判目标和谈判方案都是不可能百分之百地实现的。在谈判过程中总会出现这样或那样,始料不及的问题和情况,需要谈判人员有意识地倾听对方的陈述,观察对方的神情变化以及和对方的各种交往分析和综合各种信息,不断根据新情况、新问题及时调整自己的谈判方案。参与谈判人员的信息是最直接、最可靠的信息源,因此在谈判小组的管理工作中需要要求谈判人员自觉地树立强烈的"目标"意识和"问题"意识,注意获取有确定性、有价值的信息,每天在谈判活动结束后召开内部会议,组织信息的反馈和交流,做到知己知彼,随时调整和拟订我们的谈判方案和策略,加快谈判的进程。

第2节 谈判人员的培训

随着我国对外经济技术合作活动的蓬勃发展,各个层次、各种类型的国际工程谈判日益频繁,人们也已从大量实践中逐步领悟到国际工程谈判的重要性和艰巨性。多年来,由于谈判人员的谈判能力差,素质不高造成谈判协议或合同条款的疏漏和失误以及项目经济损失,甚至受骗上当的事例不少,教训是沉痛的。怎样发现和选拔国际工程谈判人才,不断进行国际工程谈判人员的岗位培训以及在学校和科研部门逐步开展国际工程谈判的教育和科研工作,已是一项刻不容缓的当务之急。

一、重视谈判人才的选拔、教育和培养

诚如第 1 节所论述，国际工程谈判活动的决定性因素是人，而谈判人员的素质又是决定谈判成败的关键，但是，国际工程谈判是一门理论和实践并重的新兴的综合性学科，是一项集政策性、知识性、艺术性于一体的国际交往活动，当前，我国在这方面的人才教育和培训工作还十分薄弱，全面掌握这门学科的人才极为缺乏。因此，只有各级领导人员高度重视国际工程谈判人才的选拔、教育和培训工作，一方面注意通过国际经济技术合作活动和国际工程谈判活动的开展，在实践中不断选拔国际工程谈判的人才；另一方面要下决心在国际工程谈判人才的教育和培训工作上进行智力投资，才能适应形势迅速发展的需要。著名未来学家奈斯比特提出过这样一个观点：在新的经济秩序中，那些在教育方面投资最多的国家，将成为最具竞争力的国家。

（一）在实践中选拔、使用和提高

一个知识全面，成熟老练，高素质的国际工程谈判老手是需要经历长时间的自我进取，刻苦磨练，并通过各种重大谈判活动的反复实践才能成长的。很难设想，一个刚出校门或是工作年限不长尚未经过实践磨练或摔打的人就可以成为卓越的谈判人员。因此要在实践中根据谈判人员的素质要求注意发现和选拔人才，同时在使用中不断培养和提高。

（二）积极开展谈判人员的岗位培训

由于国际工程谈判是我国改革开放后的新生事物。这方面的人才教育工作还处于初始阶段，远远不能适应形势的发展。为了解决当前实际工作的需要，积极组织和开展岗位培训工作是比较现实的途径。90 年代以来，重视培训职工已被各个国家大型企业和集团公司视作企业和公司生存发展的重要手段。摩托罗拉公司的经验就是，在人员培训方面花 1 个美元就会在 3 年内在生产率方面有 30 美元的回报。日本各大企业也都结合企业经营管理和其它特别技能的需要兴办各种类型的职工学校，进行岗位培训和知识更新。

二、谈判人员的岗位培训和管理

当前，实施岗位培训和兴办公司大学已是各个国家大型企业或集团公司的必然趋势，这确是教育和培训行业知识和行业经营管理经验提高职工素质解决人才短缺的一条捷径。由于各行各业的业务知识和经营管理经验都有其独特性和专业性，因此岗位培训和职工学校的重点通常都放在经营管理和公司业务发展需要的特别技能上，以弥补一般学校教育的不足。国际工程谈判这门学科在全世界范围内都是一项新生事物，在一般的学校内还没有这门专业课程的设置，尤其是谈判的经验还必须来自实践中的日积月累，因此，对国际工程谈判人才培训的较现实和有效的做法是先举办培训班或研讨会，与此同时，在学校内逐步设置专业课程，培养教育专门人才。

（一）举办不同形式的培训班和研讨会

可以由各公司自己办，也可由各公司联合办，或由学会或学校统一办。邀请各公司有谈判经验的专家参加研讨和授课。要根据谈判人员的素质要求，选拔具有知识、心理和礼仪等基本素质和一定谈判能力的优秀人员进行岗位培训。如果不具备基本素质和一定的谈判能力，是很难培训出符合需要的人才来的。谈判能力一部分也来自一个人的内在特性，例如洞察力、分析判断能力、创造力和语言能力等，只有具备一定的谈判能力，才有可能通过知识和技巧的教育和培训进一步获得激励和提高。至于谈判经验，则只有通过本人的努力和长期的实践积累才能形成，它是别人所无法替代的，别人的经验和体会只能起到启

示作用，指导和帮助你少走弯路，缩短成长过程。好像学习骑马、游泳、骑自行车一样，世界上任何专家、教授或教练，都无法指导你一学就成为运动健将的，只有在具备一定的素质要求和实践经验的基础上，通过特别技能的教育、辅导和训练以及自身的刻苦磨练和进取才能获得迅速成长的。举办不同形式的培训班和研讨会，正是可以分期分批地把一些经过选拔，具备一定素质要求和实践经验的谈判人才，通过专家们对切身体会和经验以及对特别技能的讲授和研讨，使大家获得宝贵的启示和教育。这对于加速我国国际工程谈判专门人才的成长是十分有益的。

（二）制定科学的培训计划

国际工程谈判虽是个新生事物，但是，我国各对外公司在这方面都已走过了相当曲折和漫长的路程，积累了不少的经验和教训。因此，目前已有条件为培训班提供培训教材，并为培训班制定出较科学的培训计划。培训的内容应包括以下几项：

（1）专业基础知识

工程技术和有关专业方面的基础知识一般都在学校中学过，培训班不必再予讲授。只是对以下两项专业基础知识进行培训。

1）专业外语和谈判专用外语。

2）国际工程专业基础知识，即对国际工程管理教学丛书所包括的主要教材和基础知识。

（2）其他学科的一般知识，即与国际工程谈判有关的其它学科的一般知识进行重点介绍，如哲学、心理学、创造学、行为学、运筹学、决策学等。

（3）国际工程谈判基本知识。

（4）谈判思维和创造性思维的基本训练。

（5）谈判的战略、策略和技巧。

（6）案例分析。

（三）建立培训、考核和使用谈判人才的管理制度

在各大公司的干部管理部门都要建立有效的机制，重视和关心国际工程谈判人才的培训、考核和使用。根据公司业务的发展和知识更新的需要，采用各种方式包括出国进修，聘请国内外专家、教授讲课，不断提高培训的质量，并建立相应的进修、考核档案，作为使用和晋升的依据。使国际工程谈判人才能够迅速成长，适应国际工程大发展的需要。

思 考 题

1. 试述谈判小组成员的素质要求。

2. 试论谈判人员心理素质方面的重点要求。

3. 试述谈判领导人员的素质要求。

4. 试述翻译人员的素质要求。

5. 试述组成谈判小组应注意的主要事项。

6. 怎样有效地进行谈判小组的管理？

7. 怎样加强谈判人员的培训？

8. 试述谈判人员培训计划应包括的主要内容。

第 11 章　国际工程谈判的战略、策略和技巧

本章是在综合前几章的内容，总结国内外国际工程谈判实践活动中的经验教训的基础上，提炼概括出一些指导谈判活动全局性筹划的战略，以及为实现战略而采取的具体策略和技巧。

第 1 节　谈 判 的 战 略

战略（Strategy），本是军事名词，是对战争全局的筹划和指导。现在，人们已在各行各业广泛应用"战略"这个词汇。一个单位，一项工作，都要讲战略。从广义上讲，一切重大的带全局性或决定全局的问题都是战略问题，包括方向、目标、方针、任务等等。为了用有限的篇幅集中讨论一些指导性原则，本节所谈的谈判战略只是围绕在制订谈判活动的指导思想和方针时所要考虑的主要因素和重要决策，不是全面展开讨论谈判战略本身的具体内涵。人们往往用"有战略眼光"来形容深谋远虑，胸有全局的领导和高层次人员，本节的目的就是试图使谈判者能够具有战略眼光。

一、影响谈判战略的主要因素

根据各个国家的经验，拟定谈判战略时需要考虑以下一些主要因素。

（一）公司的战略（Company Strategy）

这是指导谈判活动的总的指导思想。在竞争激烈的国际工程市场中，根据各个时期市场格局的变化；从国家利益和公司的经营发展方向出发，对待不同国家，不同谈判对象，公司的战略方针是不一样的。在国际工程谈判中，市场战略（Marketing Strategy）往往是形成公司战略的主要出发点，由于市场战略的不同，就会直接影响对谈判的重视程度和投入的力度。例如，近年来我国对外承包劳务市场已形成了以亚太为重点，巩固非洲，恢复中东，开拓其他地区的格局。但是对于各个对外公司来说，往往要根据自身的历史发展、特点、条件和实力，选择和确定符合自己的市场战略，明确哪些国家是重点开拓点，哪些是巩固和维持经营点，又有哪些点准备收缩，甚至撤点。不言而喻，对待不同的点，采用的谈判战略显然应该是不同的。一般来说，对开拓点的谈判战略应是着眼于长远合作，创造信任感，积极进取，方式灵活，有较多的回旋余地，必要时可较大幅度地降低谈判期望水平，甚至为了长远利益暂时牺牲眼前利益。对巩固点就要立足于站稳脚跟，维持友好合作关系，可以有进有退，适当妥协。对收缩点则需要限定谈判目标和范围，收缩人力、物力和财力。如果已确定为撤点，就要速战速决，不宜久留。

（二）交易的重复性（Repeatability）

如果谈判对方是未来需要长远合作的伙伴，有进行一系列交易（a series of deal）或项目合作的潜在可能性，在战略上就要树立良好的第一印象，千方百计地发展友谊，建立信任关系和长远合作关系，创造条件，力争达成互惠互利的协议。如果是一次性交易（one-off deal），俗称"一锤子买卖"，在谈判战略上显然毋需过多考虑维护长远合作关系。

（三）交易的重要性（Importance）

如果交易是一个规模大、影响大的国际工程项目，当然就要从战略上高度重视，在谈判人员的选择，谈判方案的制订，谈判范围的限定，谈判策略的运用等各个方面都要精心细致地研究和确定。在当前激烈斗争的国际工程市场中，为了争取拿到规模大、影响大的大型工程项目，一些著名的集团和公司都从战略上重视和加强与东道国的接触和谈判，同时加强超前意识，努力扩大信息源，广泛摄取和筛选项目信息，增加项目前期工作的投入，提前进行各项项目前期工作，不仅可以增加公司的市场竞争力，而且为谈判工作提供了物质基础。

（四）我方的力度（Our Strength）

力度就是实力。如果我方是唯一的买方或卖方，或是我方在众多的竞争中确实具有"高屋建瓴"之势，那么我方的力度就大，处于最有利的地位，或占优势的（Dominant）地位。如果还有别的强者或较多的竞争者，那么我方的力度就小，往往会处于无力或软弱的地位，或从属的（Suborninate）地位。力度不等，谈判战略就需要不同。力度大，从战略上讲，就可以在采用建设型谈判的同时适当辅之以进攻型谈判，并适当提高谈判期望水平，减少退让和妥协的谈判空间。反之，如果力度小，就要适当降低谈判期望水平，增加退让和妥协的谈判空间。

（五）其他方的力度（Other Party's Strength）

如同考虑我方的力度一样，唯一的垄断者总是处于优势地位。作为竞争者之一时总是处于较软弱的地位。如果是和其它竞争者进行谈判时，则要进行力度分析，弄清自己所处的地位。地位不同，谈判战略就需要不同。

（六）时限（Time Scale）

在激烈的市场竞争中，谈判往往有法定时间的限制。不可能设想所有的谈判都具有自由的时限，只是时限限定的空间程度大小而已。如果时限宽裕，在战略上就容许你仔细推敲，徐而图之。如果时限不足，在战略上就必然要求你速战速决，果断决策。谈判时限对高层领导人员更具有重要的意义和作用，因为他们的时间更宝贵，更有限。因此，谈判时限因素的影响往往并不取决于一般谈判成员的时间，而是取决于少数高层次的谈判领导人员。谈判不仅耗资而且耗时，尤其是大型工程的谈判，BOT项目的谈判，往往困难重重，旷日持久。因此，在拟定谈判战略时，必须考虑时限的因素。

二、战略决策

在充分考虑和综合分析上述各项因素，包括市场形势、战略方针、力度对比、项目重要程度等等以后，谈判者就有可能做到胸有全局，制订较明确的战略目标。然而，为了实现战略目标，还必须具有恰当的谈判行为和方式。根据各个国家谈判专家、学者的经验，还需要作出相应的行为准则方面的战略决策（Strategic Decision），其中最主要的有以下两个方面：

（一）谈判类型（Negotiating Style）

一般来说，各个阶段的谈判任务不同，谈判类型应有所变化，尤其是在某个特定时刻和场合，需要有一定的调整。从总的来说，本书和从事国际工程谈判的大部分专家、学者都竭力主张无论是买方或卖方，无论是处于优势或劣势，只要双方具有共同利益，均应采用建设型谈判，尤其是处于软弱地位或是作为卖方，在协议或合同签订前的各个阶段，更应采用建设型谈判。当处于优势地位或作为卖方在合同签订后由于地位的变化可以适当采用进攻型谈判，但是在采用进攻型谈判时，务必注意不要滥用权力和地位，持强凌弱，强迫对方作出过多的不合理的让步。否则，将会适得其反，对手必然明的或暗的通过别的渠道或采用其他手段找回补偿或进行报复。然而，对于无情的或顽固的进攻型谈判者，就需要被迫进行适当的自卫和反击，不宜一味妥协或委曲求全，甚至卑躬屈膝而投降。

（二）谈判时间（Time）

西方学者对谈判时间一般有两种决策方式：

（1）速战速决（Quick Deal）；

（2）引而不发（Hold Back）。

一般来说，如果形势明朗，我方力度大，处于优势地位，通常可选择速战速决方式。如果我方处于弱势地位，那么两种方式都可采用，可以根据对手采用的方式来选取。如果形势不明朗，力度对比不明确，则宁愿采用引而不发方式，克制自己，以便赢得更多的探讨和讨价还价的时间。

两种方式，各有利弊。速战速决方式固然可以节约时间，但有时由于谈判双方缺乏足够的探讨和交流，会在谈判开始不久就导致争论、扯皮而拖延时间。引而不发方式固然需要较长时间，但有时由于有较充分的探讨和交流，却可以赢得较好的谈判效果，补偿时间损失。当然也可根据不同谈判任务、不同谈判议题采用不同的时间决策方式。

三、决策的变换

上段讨论了为了实现战略目标在谈判活动行为准则方面的主要战略决策，这些决策是需要根据谈判阶段、谈判任务、谈判形势等的变化而有所变换的。以下讨论战略决策的变换。

（一）谈判类型的变换

这个问题以上已经进行了论述，本书各个章节也已对建设型谈判作了比较详细的阐述，但对进攻型谈判往往只是点到为止，没有作过较为详细的介绍。本章有必要作出补充，以便根据上段叙述由于战略决策的变换需要适当采用进攻型谈判时有所参照。关于进攻型谈判的议程和程序，各国的谈判专家们有一个比较一致的特殊模式，其指导思想是：不仅对总的谈判目标和期望水平，而且对每项议程、每个问题都要做到"深藏不漏"（Deep Diving），也就是说，自身的"底牌"不要轻易泄露给对方。在此基础上，他们推荐的谈判程序是：

（1）从小问题开始。进攻型谈判者的"给/得"哲学一般都是先"得"后"给"，但在此小问题上是例外，即例外的先"给"对方一点东西，目的在于创造一个良好的开端，"吸引"对方，在谈判双方之间建立"凝聚力"。用中国话讲："先给点甜头尝尝。"

（2）第2个问题仍然是小问题。这是投石问路。是期望对方有所"给"并试探对方能否有所给的问题。目的在于记录和研究对方的态度和想要得到的是什么及其行为准则，以便检查调整我方的谈判方案。

（3）第3个问题应是最重要的问题。

（4）根据问题的重要性程度，按递减程序安排商谈。

（5）最后的问题应是我方心中深藏很久的最终目标，用以恰到好处地如愿以偿，结束谈判。

在考虑程序的同时，需要同时考虑在谈判中采用的策略和技巧（参阅第 2 节），重要的是为了摸清对方想要获取的信息和要求。一旦摸清了就可列出哪些问题不能妥协、让步，哪些问题可以逐步妥协和让步，哪些问题要对方作出妥协和让步的问题清单。在此基础上，拟订和采用相应的策略和技巧，然后定出谈判的空间和限界，紧紧围绕在这个空间和限界的范围内开展谈判活动。

以上就是由于战略决策变换需要适当采用进攻型谈判时可以参考的一种模式。

（二）时间因素的变换

如何利用时间因素的变换，是一个有经验的谈判者十分重要的战略问题。无论谈判任何问题，都有以下两类时间因素要考虑，并进行有利的选择和变换。

（1）时刻（Moment）。即进行谈判的特定的合宜时刻。

（2）时限（Limit）。即取得谈判成功需要的适宜的时间限界，即谈判期限。

在日常生活中，人们对时刻和时限都有一定的认识。办公时间、营业时间、火车时刻表、飞机航班表等等都是时刻和时限的体现，是迫使人们采取行动的心理因素和条件，人们也都了解时间的压力和时间的价值，懂得机不可失，时不再来的简单哲理。在高智能的谈判活动中，谈判者正是需要针对人们在日常生活中的心理特点，充分利用时间因素的变换来获取谈判的成功。

在整个谈判过程中，既要根据问题的性质和掌握的对方的各种信息以及谈判双方力度的对比选择有利的谈判时刻，经常考虑哪些问题先谈，哪些问题后谈，哪些问题需要暂时放一放。也要根据谈判形势的发展和需要，及时提出各种时限来增加谈判的力度并防止谈判的消极拖延。或是加快，速战速决；或是放慢，引而不发，从容不迫，拖而不决；或是设置最后期限，增加对方的心理压力，使对方感到时不再来，机不可失，迅速作出反应和决策。从心理效应上讲，人们往往用"时间到了"来比喻及时英明的决策时刻，但也可以用"时间是可以改变一切的"的哲理来比喻时限的有效拖延。当你要求别人让步时，你就必须给人留有一段时间来改变其旧有观念。这种对时间因素的辩证运用，正是一个谈判者战略决策变换的灵活运用。下一节中谈判的策略和技巧，其中有不少也是基于对这种时间因素的心理效应的考虑和灵活运用。因此，一些谈判专家称时刻和时限的选择和变换是一种无声的谈判，其比喻是十分恰当的。

第 2 节　谈判的策略和技巧

策略（Tactics）是为实现战略任务而采取的手段，是战略的一部分，它服从于战略。策略和战略的关系，反映全局和局部，长远利益和当前利益之间的辩证关系。战略任务必须通过策略的运用一步一步地去完成。战略和策略都可以随着形势变化，力度对比的变化而相应地变换。但是，战略在一定时间内有相对稳定性和确定性，而策略则在战略许可的范围内有着较大的灵活性和多样性。例如，总的战略决策是引而不发，但随着谈判形势的发展，对方心理特点的变化，可以利用时间因素的各种策略如拖延策略、规定最后期限策略等，也可同时运用别的策略如苛求策略、深藏不漏策略、谋求折衷策略等等来实现谈判的战略目标。因此，作为一个成功的谈判者来说，既要有相对稳定和确定的战略，又要有在战略决策许可范围内的灵活和多样的策略。而技巧（Skills）则正是反映一个谈判者具有灵活运用策略的熟练技能。

一、使用谈判策略的立足点

在长期的实践中，各个国家的谈判专家和学者积累了很多的谈判策略，也出版了一些论著，如美国谈判学会会长杰勒德·I·尼尔勒伯格所著《谈判的艺术》，英国学者比尔·斯科特等所著《工程建设的谈判技巧》，美国律师查理·利普顿所著《跨国公司的谈判技巧》等等。然而，由于文化背景、思想意识、政策方针、理论原则、伦理道德等的不同，很难直接套用。作者认为策略必须符合我国开展国际经济技术合作总的指导思想，即必须建立在"守约、保质、薄利、重义"的工作方针和"平等互利、讲求实效、形式多样、共同发展"的四项原则的基础上。这是我们运用策略的根本出发点。同样，我国古代也有很多有关谈判谋略的名著，如《六韬》、《孙子兵法》、《鬼谷子》、《韩非子》、《厚黑学》等，可以说是集各种谈判谋略的大成，包罗万象，几乎所有西方的谈判策略都可以找到对应的或相似的论述，确是谈判策略的老祖宗。但是要参照运用也同样存在上述的立足点问题。同时，由于作者不是一个专业谈判者，经验不足，时间仓促，实在难于对各种各样的策略一一作出定性分析，只能从他们的著作或论述中遴选一些主要策略摘编和罗列出来，作一些简要的分析说明。当然，其中不少是适用于进攻型谈判的。作者愿意和读者一起，从上述的根本立足点出发本着"古为今用，洋为中用"的原则，借鉴他们的合理的谈判策略，弃其糟粕，取其精华，在实际工作中独立思考，灵活运用，防止生搬硬套。另外一个目的则是为了"知己知彼，百战不殆"，以便在必要时可以针锋相对，采取相应的对策。

二、常用的主要策略

1. 策略休会（Tactical recesses）

休会是全球普遍盛行的正常谈判策略。一般来说，每谈1小时，休会5~10分钟；谈判1星期，休整半天至1天。作为一种谈判策略的策略休会，往往专指在谈判过程中出现低潮、遇到障碍或陷入僵局时，由谈判双方或一方提出的休会，以便缓和紧张气氛，各自审慎回顾和总结，避免矛盾或冲突的进一步发展。由于休会也给谈判对方提供了时间去考虑和调整策略，有时是有风险的，但这种风险对双方来说是均等的，关键在于哪一方能够更有效地利用休会把握时机，冷静地、客观地分析形势，及时地调整谈判策略和谈判方案，求同存异，提出明智的选择性方案，创造新的谈判氛围，重开议局，取得谈判的成功。一般来讲，参加谈判的人员都是有素养的，只要一方提出休会要求，另一方很少会予以拒绝，但是也需要看准形势，把握好策略休会的时机。

2. 拖延策略（Delaying tactics）

利用时间是谈判者成功的策略。如果谈判双方的期望有显著差距，对方又急于求成，就往往采用拖延策略，放慢它。实际上是挫其锐气，使对方冷静下来，考虑现实，然后逐步缩小差距。常规的谈判过程往往是：开始时高效率，然后很快把时间拉长，越来越慢，双方都在摸对方意图，分析研究对方意见，考虑对策，直到最后再冲刺。西方人常常比喻到中国进行3星期的谈判，前两三天速度很快，然后一下子就慢下来。第2周的进度非常慢。第3周直到星期四仍然像蜗牛在爬。但是，能量会在最后两三天迸发出来，谈判活动取得了突破性的进展。西方人说这是中国人的拖延策略，中国人说西方人有着大同小异的拖延策略。实际上，这是一种国际通用的正常的时间模式。

3. 苛求策略（Making very high demands）

这是利用心理攻势换取对方妥协和让步的一种策略。谈判者在拟订谈判方案时预先考虑到可以让步的方面，有意识地先向对方提出比较苛刻的条件，然后在谈判中逐渐让步，使对方得到满足，产生心理效应。在这个基础上，就可换取对方的妥协和让步。凭借这种策略，谈判者一开始便可削弱对方的信心，同时还可趁机试探对方的实力和意向。然而，愿望的高低，冒险的大小，成功的可能性，这三者是息息相关的。因此，一般来说，苛求也要相对合理，过高的苛求往往也伴随着较大的冒险性，可能会激怒对方，使对方感到谈判无诚意，以至中止谈判，导致谈判破裂。如果谈判者确有充分的理由和足够的时间和耐心，则可以把过高的苛求和适度的要求结合起来。一方面从心理上降低对方的期望水平，使对方不再冒很大的风险进行对抗；一方面又给对方一个选择的机会，感到还有商议的余地，便于谋求妥协。

在运用这个策略时，往往可以辅以唱"红白脸"策略或"好人/坏人"策略，使策略更加灵活奏效。

4. "抹润滑油"（"Lubrication"）

在东西方许多国家的日常生活中，"抹润滑油"系指使用可使问题得以顺利解决的"润滑剂"（"Lubricant"），甚至包括劝酒、谈心等。西方一些谈判家幽默地把"抹润滑油"形象地借以比喻在谈判中把可以妥协让步的利益、可以利用的机动条件、可以灵活的政策范围等送给对方，使谈判得到"润滑"，问题获得顺利解决，从而推动谈判成功的一种策略。这种"抹润滑油"策略在国际上是通用的，尤其在价格谈判和合同条件谈判以及高层领导的场外谈判中常常运用，而且谈判双方都会心有灵犀一点通和心领神会的。通过"润滑"，往往可以在价差、付款条件、付款速度、货币选择、预付款比例、扣款办法、合同条款等等方面达成默契，获得机动和变通，体现了在各国法律政策允许下的谈判的灵活性。本书第8章和第9章中均有相应的叙述，请参阅。国际上通常也把贿赂行为"体面"地列为一种"抹润滑油"的方式，这就需要依据各国国情慎重行事了。

5. 高层调停（Getting upstairs）

当谈判出现严重分歧，难题或陷入僵局时，高层调停即请高层领导出面调停，有时是缓和矛盾，调解分歧，解决难题或突破僵局的常用的可行的策略。这里指的高层领导务必是决策者，说话要算数，才能受到对方的尊重，对谈判起到积极作用。如果是没有决策权或说话仍然不算数的高层领导不仅起不了调停作用，反而对谈判有消极作用。

6. 最后通牒（Ultimatum, Setting deadlines）

最后通牒和规定最后期限是同一个意思。在日常生活中，人们通常都受最后期限的时间限制不得不自觉采取行动的，如旅行、购物、赶飞机等。规定最后期限，就是采用这种最后期限的心理压力迫使谈判对手快速作出决定的一种策略。一旦对手接受了这个最后期限的规定，谈判往往就可较顺利地结束。因为随着最后期限的逐步逼近，对方的不安与焦虑的心理压力会与日俱增，届时即可向对方展开心理攻势，必要时还可以辅之以一些小的妥协或让步，就可给对方造成一种机不可失，时不再来的感觉，接受条件，达成协议。另外，FIDIC 合同条款中确立了很多法定程序及其时限规定的条款例如结算和支付方面的有关条款，这些都是从事国际工程谈判人员运用最后通牒策略的有效武器。

7. 以权压人（To subdue by power）

在进攻型谈判模式中，进攻型的谈判者坐上谈判桌后第一句话往往是质问对方："你是否有权决策？"或"你是否有足够的权威和我谈话？"这是玩弄权威的策略。在日常生活中，人们由于某种心理因素，通常会把那些身份、地位高，有权势的人划在自己世界之外。这种策略正是利用了这种心理因素，企图给对方造成自卑的心理压力，以便在心理上占上风，在谈判过程中增加控制和垄断的力度。

8. 引证法律（Pleading legal limits）

引证法律或借口法律限制是谈判中常用的一种策略。这是用来表示已经没有再商谈余地或谋求自己合法权益的有效武器。在国际工程谈判中，谁具有更广的法律知识，谁就能在谈判中掌握更多的主动权，并可以巧妙地利用法律达到为自己谋利的目的。无论是在合同谈判阶段或履行合同阶段，或是与银行、海关、税务等部门的会谈中，或是施工索赔工作中，都可以利用有关的法律、国际惯例或合同条款，抓住对方的不谙法律与合同或法律、合同知识的贫乏，引证有关法律和条款，谋求自己利益，或以法律限制为借口，形成无法再商议的局面，迫使对方迅速就范，达成与自己有利的协议。这也正是在国际工程谈判的重要谈判活动中往往需要聘请高级法律顾问的原因。

9. 扳起面孔（Poker-faced）

心理学上有专门的身势语（Body signals and body language）研究。由此不少谈判专家主张对谈判人员进行身势语的专门训练，从而学会在谈判过程中注意观察身势语以分析对方的心理活动或以身势语传递信息，甚至还要学会怎样以身势语传递错误信息。扳起面孔，不动声色的做法就是防止给人以身势语判断信息的一种策略。例如在双方未达成协议前，如果对方采用进攻型谈判，可以一本正经地扳起面孔，使对方感到难以捉摸，深浅莫测。针对对方的进攻或连珠式的发问，也可扳起面孔，镇定自若地应付，不要避而不答，也不要有问必答，给对方摸了底，有时还可以反提问。因此，扳起面孔策略的目的在于使对方感到难以捉摸，在谈判过程中能够不受身势语的影响，以获取对方更多的信息。但是，有的谈判专家则认为在谈判过程中，谈判人员已经常处于信息超负荷状态，首先需要集中精力考虑如何筛选信息，组织发言或辩论，无暇顾及身势语。而扳起面孔的策略也正是用以排除身势语和错误信息的各种干扰。

10. 谋求折衷（Leading towards compromise）

谋求折衷，折衷调和，导向妥协，合理妥协，有效退让等等策略在词义和方式上都大同小异，是一个有经验的谈判老手常用的十分有效的策略。特别是在谈判双方论战激烈，相持不下或陷入谈判僵局时，这种策略更显重要。本书第8章和第9章都已作了较充分的阐述。一个成功的谈判者决不会轻易地让谈判破裂，而是千方百计地寻求双方潜在的共同利益，说服双方各自作出必要的有效的让步，从而达成双方都能接受的明智的协议。但是，采用这种策略时要注意时间和场合的选择。一般来说，谋求折衷的时间应是争论激烈的关键时刻，或是谈判的尾声，不是中间，也不是开始。有人称"折衷"是谈判结束的信号是比较恰当的。

11. 深藏不漏（Deep-diving）

深藏不漏是一些西方谈判权威对进攻型谈判推荐的谈判模式中运用的主要策略。即对谈判议程，对谈判的每项问题都深藏不漏，直到摸清对方的意图和信息后再导向进攻型谈判，恰到好处地结束谈判，达到良好的谈判效果。本章第1节中已对深藏不漏的谈判程序和模式作了介绍，一旦被迫需采用进攻型谈判时，就可以参照，并发展自己的技巧和战术。我国古代对这种策略也有类似的论述，例如："良贾深藏若虚，君子盛德，容貌若愚"。

12. 场外谈判（Off-the-table negotiating）

场外谈判是谋求解决正常谈判桌上未能解决的难题或突破谈判僵局的一种重要策略。一般都是通过特殊安排在谈判双方高层领导之间进行私下接触或秘密商谈，从而达成某种妥协、谅解或默许即场外交易，推动正常谈判取得突破性进展。本书第8章对此已作了专题论述，请参阅。

13. 聘用专家（Using experts）

在谈判中，专家往往可以起到举足轻重的作用。名人、专家、权威人士自然要比非专家和一般人士更受人尊敬，对谈判会具有更大的影响力。这就是心理学上的所谓"名人效应"。一般说来，由于某种心理因素的影响，知名度较高的人，拥有学位的人，在某领域具有专家身份的人，有论著的人在说话和讨论中往往能够容易左右别人的观点，处于有力的地位，并取得别人的信服。因此，在重要的谈判活动中，聘用专家或高级顾问已不仅是策略问题，而且是战略战术问题。

14. 声东击西（By way of feint）

这是在谈判过程中有意识地将会谈议题引导到不重要的问题上，分散对主要问题的注意力，实现自己意图的一种策略。

我国古代就有这种策略，即"声言击东，其实击西"。

这种策略的目的有以下几种：

（1）在不重要的问题上作出让步，造成对方心理上的满足。为会谈创造气氛，铺平道路。

（2）转移对方的视线，把议题引导到其它方面，分散对方对主要问题的注意力。

（3）把某一议题的讨论暂时搁置起来，以便抽出时间作更深入的了解，查询更多的信息和资料，研究对策。

（4）作为缓兵之计，延缓对方所要采取的行动。以继续谈判来应付，以便另找更妥善的对策。

在谈判过程中如果已有迹象表明对方是在搞"声东击西"，即应针锋相对地调整对策。

15. 兵不厌诈（All is fair in love and war）

长期以来，不少谈判专家习惯采用"兵不厌诈"这种策略，即在谈判过程中采取虚中有实，实中有虚，虚虚实实，虚实结合的战术，从而达到自己的谈判目标。

我国古代早有这种谋略，即"虚实在我，贵我能误敌，或虚而示之以实；或实而示之以虚。或虚而虚之，使敌转疑以我为实。或实而实之，使敌转疑以我为虚。"在美国，这种策略是由一个不道德的律师于1843年在费城执业时首先使用的。虽然这个策略是不道德的，但还是有许多不诚实的人常常毫无顾忌地使用这种策略在欺骗别人。这种策略显然是和开诚布公的建设型谈判或"哈佛谈判术"（参见第9章第2节）的原则是相悖逆的，在国际工程谈判中不提倡运用，如果对方运用这种策略，也需要开诚布公地予以揭露并纠正。当然，在交易中适当地"打虚头"，即加点水分是容许的，这和欺骗、诱惑、设置圈套是有原则区别的。

16. 疲劳战术（Tiring the other party）

谈判是一项高智能活动，需要充沛旺盛的体力和智力。实验证明，疲倦的人往往容易犯下愚笨的错误。运用各种方式给对方施加心理压力，拖垮对方的体力，扰乱对方的心智活动，使对方在疲倦不堪的情况下，导致决策的失误，这就是谈判活动中的疲劳战术。有时在谈判中也常常遇到锋芒毕露的进攻型对手，企图强加于人时，也可以采用以柔克刚的一轮又一轮的疲劳战术，挫其锐气，待对方精疲力竭时再反守为攻，迫使对方让步。谈判史上确有一些谈判家曾被疲劳战术所击败。

17．据理力争（Convince with an argument）

面对对手的无理要求和无理指责，或在一些原则问题上的蛮横无理，不能无原则地妥协或一味退让，使对手得寸进尺，在策略上必须针锋相对，据理力争，但方式方法要机智，不要鲁莽地正面交锋，要有理有节地进行说理斗争，在风度和气质上，在理论力度上胜过对方，依据"哈佛谈判术"的特点，力求客观，注重事实论证，做到以理服人。

18．借用外力（From third party）

当谈判出现双方严重对峙局面或陷入僵局时，借用外力由第三者出面翰旋和调解往往是十分有效的策略。运用它往往可以避免步入法庭或仲裁机构，省去昂贵的诉讼或仲裁费用。近几个世纪以来，国际间的很多纷争常常采用由第三者出面调停的方式。在日常生活中，两个人彼此猜疑时，往往会相信第三者所说的话。这就是第三者的外力作用。但是，第三者不能有任何偏见，他必须体现公正性并具有权威性。国际工程谈判的实务中，经验证明，借助于与谈判双方都有利害关系的具有权威性的投资方或选择对对方谈判人员有影响力的权威人物往往是富有成效的。近年来，国际工程界和世界银行正在推行的"争议评审委员会"（Disputes Review Board，DRB）工作制度，实质上正是借用外力调解争端方式的制度化。

19．澄清说明（Clarification）

这是承包商在签订项目合同前和业主之间需要经常进行的工作。承包商既要主动积极地"宣传自己"，对自己的技术优势、经济实力、方案的先进性等用澄清说明的方式进行答辩，又要及时要求业主对各种不明确的问题以澄清说明的方式进行质疑。同时，这更是谈判者在项目各个阶段的谈判过程中，为了沟通谈判双方信息，消除双方分歧和误解的必要策略和技巧。因为国际工程谈判是在不同国家，不同国籍的谈判人员之间进行的。文化背景的不同，习俗的差异，语言的障碍，合同条件的不同理解等等往往会导致在一些根本不是分歧的问题上争论不休。如果谈判者能够及时地、冷静地、心平气和地注意运用澄清说明的策略和技巧，就能很快消除分歧和误解，推动谈判的顺利进行。

20．创造气氛（Creating warm climate）

创造气氛是一个有经验的谈判者需要时刻运用的一种策略。良好的气氛对于增进双方友好合作，并在关键问题上作出让步和达成谅解有着不可估量的作用。心理学表明，人类的情绪往往随着气氛的变化而变化。气氛包括自然气氛和心理气氛两种。谈判者如果能够注意选择使对手产生积极情绪的谈判场所，巧妙地布置会场，并在谈判过程中始终坚持热情友好的谈判语言和接待工作，避免任何伤害、强迫和相互谴责，就必然可以赢得对方的信任和友好合作。

21．临阵换将（Appointing new team leader）

临阵换将是在谈判中用来突破僵局的一种常用策略。往往是由于前期谈判领导人员不称职或素质欠缺形成谈判僵局后主动采取的有效策略。它既可以缓和谈判桌上的紧张气氛，创造新的谈判氛围，又可以为必要的妥协、退让或调整对策作出新的灵活姿态，而且也蕴含了向对方表示消除分歧、握手言好的信心和决心。这样就可以调动对方的积极性，促使对方回到谈判桌上，重开新的谈判局面。

22．激将法（Pep talk, to goad into action）

激将法是利用迎合对方心理需要或抬高对方身价地位等有关言词或用反话、嘲弄话刺激对方，达到自己目的的一种策略。俗话讲，请将不如激将的道理也在于此。在技术谈判和商务谈判中经常需要使用这种策略。但是，在具体运用这种策略时应注意，激将是用巧妙的语言而不是态度，态度蛮横不能达到激将的目的，只能激怒对方。

23．爆发情绪（Acting emotional）

联合国安理会在1969年的报告中曾经指出，苏联人在谈判时，情绪上有着非常激动的表现，这是他们在谈判中所使用的一项标准战略。其典型便是世人皆知的赫鲁晓夫脱鞋敲桌的事例。在谈判过程中，人们往往难以忍受这种突然的情绪爆发，由此震惊得不知所措，进而怀疑自己的行为，甚至动摇谈判的信心和决心，有时不得不作出妥协和让步。这正是这种策略的目的和效应。有些采用进攻型谈判的大人物，即高层领导人员热衷于使用这种策略，第9章最后所附的综合案例即［案例9-6］中的业主代表便是典型的情绪爆发者。有经验的谈判老手懂得，当对方的情绪突然爆发时，最好的应付办法便是冷静，才能不受影响，进退自如。

24．无尽耐心（lnexhausible patience）

这是对待进攻型谈判者的一种以柔克刚，反弱为强的策略。进攻型谈判者往往会以一种趾高气扬、咄咄逼人的姿态出现。在这种情况下，如果迅即表示不满，或起而反抗，则必然导致相互谴责和谩骂，使谈判失去控制，可以采取无尽耐心的策略，避其锋芒，对对方的态度不作反应，冷静地倾听，在不给对方造成默认感觉的前提下以静制动，以逸待劳，沉默寡言，婉转地提出些不同看法，磨其棱角，挫其锐气，给对方造成心理压力，使对方焦躁不安，不知所措。待其精疲力竭之后，再作出有力的反应，以柔克刚，反弱为强。

25．虚张声势（Lifemanship）

这是在一些问题和要求上用故意夸张事实和大造声势的手法以吓唬对方、迷惑对方的一种策略。在谈判和讨价还价过程中，买方利用这种策略制造假象提出不合理的苛求，卖方则用以夸大自己的实力，抬高自己的身价。在对外谈判活动中，这种虚伪陈述的不道德性，早已引起人们争论，批评它是撒谎行为。但是，在激烈的国际市场竞争中，这种策略仍然有市场。对待这种策略，有经验的谈判高手是能够保持警觉的，决不会轻易让步，满足对方虚张声势、不劳而获的要求，而是镇定自若，用不断质问的策略（参见第32条）让对方自己逐渐露出马脚，不攻自破。

26．揪辫子（Pulling pig's tail）

在日常生活和交往中，揪对方辫子，使对方处于尴尬和被动的地位，是常见的做法。在谈判活动中，这是进攻型谈判者常用的一种策略，即抓住对方的弱点和缺点不放，迫使对方让步。但是，在运用这种策略时，如果是无节制地揪住辫子不放，一味进攻，并大做文章，则往往容易形成蓄意伤害或人身攻击，触怒对方，继而相互谩骂和相互攻击，使谈

174

判陷入僵局。这种做法是和建设型谈判的行为准则：相互尊重，保护对方面子，避免人身攻击是不相容的。

27. 操纵会谈纪要（Manipulate the minutes）

欧洲巴尔干地区的有些国家习惯采用这种特殊的进攻型策略。他们在每天谈判结束，双方都精疲力尽地离开会场后，仍然不休息，在晚上突击编写会谈纪要，利用文字技巧，塞进一些主观成分，然后打印好，在翌晨开始会谈前很认真地交给谈判双方签字确认。这是一种强加于人的策略，这种策略往往能迷惑对方或困扰对方。如果你漫不经心，信以为真是工作认真，草率过目便欣然接受，就会中了他们的伏笔计；如果逐条研究，仔细推敲，便会打乱原定议程，同时由于事出无备，往往导向争论，使谈判陷入困境；如果表示不同意，拒签，他们就说你违约；如果表示暂时放一放，先按原订议程进行讨论，则以后每天都会收到类似的会谈纪要，随着谈判的进展，这种纪要便会成堆，其中的问题也相应成堆，再想研读修改十分棘手。因此，有经验的谈判老手不仅在谈判过程中注意指定专人作好会谈记录，而且对这些国家往往早有所备，会以会谈纪要对会谈纪要，拿出自己的会议记录或会谈纪要进行核对确认，防止对方塞进私货。

28. 中途退场（Cut and run）

这是一种以中断谈判为由迫使对方让步的进攻性策略。这种策略是使对方在心理上感受承担中止谈判责任的压力，不得不作出妥协和退让以挽留谈判对手继续留在谈判桌上。一个有经验的谈判者往往从实际动作来判断这种策略的严重程度。如果提出要中途退场的企图后，并没有实际动作，仍然留在谈判桌上，则其策略是一种威胁信号，只需稍事妥协或讲几句好话就可稳住对手；如果提出企图后立即收拾桌上文件资料放入手提包并起身离桌而去时，则问题较严重，要想挽留他继续谈判，就需要作出必要的妥协和有效退让。

29. 设立专题小组（Setting up a study group）

当谈判错综复杂，难以在谈判桌上一一解决时，可采用这个策略，即建议由谈判双方组成专题小组，由双方的专家进行专题商谈，提出建议后再正式谈判。既可以避免谈判时间上的浪费，提高谈判效率，使问题获得较圆满的解决，又可以防止谈判桌上出现混乱局面或因专业知识的欠缺，仓促决定而导致在谈判决策上的失误。

30. 唱"红白脸"或"好人/坏人"策略（Good guy/Bad guy tactics）

这是进攻型谈判和刑事审判工作中常用的策略，也有人称它为"软硬兼施"的策略，也是其它进攻型谈判策略的辅助性策略。谈判时先派"坏人"（即进攻性很强，不顾脸面的谈判者出场打头阵，使对方难堪，并提出较为苛刻的条件和要求，导致局面难以收拾。然后，派"好人"出场，和颜悦色，讲妥协，获取好感，挽回情面，逐步退让，放弃苛刻的条件和要求，按预定的期望水平，作成交易。有时在谈判桌上"好人"和"坏人"也可同时出场，但在谈判中却唱"红白脸"或唱"双簧"，一人唱高调，一人唱低调，使对方感到谈判通情达理，较顺利地达成协议。然而，有经验的谈判高手，往往很容易认清楚"好人"和"坏人"本是属于同一阵线，在心理上早已作出防御，考虑对策。

31. 不断质问（Heckling）

这是一种进攻的策略和技巧，用以考查对方的谈判诚意、谈判力度、期望水平，摸对方的底细，弄清事实真相。有经验的谈判者往往采用"扳起面孔"（参阅第 9 条）策略，镇定自若地应付。

32. 最后一分钟（Last minute）

外国公司，尤其是日本人，在谈判的最后阶段，常常采用这种策略，即要求对方同意这最后一点（让步条件）就签字，否则就不能达成协议，实质上是利用对方签字心切的心理状态诱你上当或让步的一种手法。因此，要具体分析对方的条件，不要轻率同意，防止上当。一般情况下，都是说明理由，予以婉拒。有时则提出折衷的办法获取最终解决。

33. 诉苦策略（Say sadly）

这是假装病态或可怜相，谋求对方同情，使对方让步的一种策略。有些西方和日本的谈判者常常采用这种策略。他们在谈判桌上或私下接触中装出一付可怜相地对你讲"我已经无法再退了，再退就掉下河里淹死了"，"如果这样定下来，回去后马上会被开除的"，"我的脑袋保不住了，要砍头了"，"这两天吃不好、睡不好、垮下了，望多多关照"，如此等等，无非是想赢得同情，动摇对方的谈判意志。对于这样的表现，务必要冷静地分析和对待。实质上这是一种乞求的方式和策略，绝大部分的谈判者是不屑采用这种有丧人格的方式的。

34. 多听少讲（Listening more than talking）

一个有经验的、老练的谈判者在谈判中经常采用多听少讲的策略，以便让对方尽可能多地发言，充分表明他们的观点，讲清他们的意图和要求，使自己能够做到有的放矢地进行谈判，讲话有分寸，有力量。同时，让对方先讲、多讲不仅可表示出对对方的尊重，而且可以使自己不致暴露过多，因而具有较多的回旋余地，可塑性较大，相反地，却可以掌握对方更多的信息，赢得谈判的主动。

35. 馈赠礼品（Make a present）

馈赠礼品是谈判人员在相互交往中用以表示友好，增进友谊和联络感情的一种手段和策略。在某些国家，馈赠礼品还往往是谈判的一项重要准备工作，没有这项内容，谈判就不可能顺利进行。然而，根据国际工程谈判的经验教训，馈赠礼品还是一门敏感性较强的艺术，搞不好效果适得其反。比较一致的共识是，馈赠礼品一定要以尊重对方的文化、习俗为前提。例如在英国，受礼人一般不欣赏送礼人公司标记的礼品。其次，礼物价值不宜过重，价值过重，有时会被认为是贿赂。很多国家都赞成我国的俗语"礼轻情义重"所蕴含的原则。

36. 小题大作（Make mountains out of mole hills）

这是面对持强凌弱的进攻型谈判者所采取的一种有力的反击策略，有时也是使谈判变被动为主动的一种策略。谈判者在谈判过程中往往难免处于被动或陷于困境，这时如果能够及时地抓住对方的漏洞或在谈判中的一些细小的失误，小题大作，故意把问题搞得很复杂，夸大问题的严重性，给对手一个措手不及，迫使对方不得不点头认错，并在谈判全局上作出妥协和让步。这样不仅可以有效地遏制对方的无克制的进攻，又可以使谈判摆脱困境，变被动为主动。这种策略需要谈判者具有机智的头脑和敏锐警觉的洞察力，并在谈判过程中随时注意聆听对方的发言。

37. 是谅解，不是协议（That was an understanding, not an agreement）

在谈判过程中，谈判双方为了取得谈判的进展，常常需要向对方作出一定的承诺或妥协，或达成一些阶段性协议，最后再签订正式的最终协议。有些进攻型谈判者或不讲信誉的谈判者往往利用"以往只是谅解，不是协议"的策略为自己不信守诺言，不兑现阶段性协议寻找借口，在谈判桌上继续讨价还价，无理蛮缠。因此，一个有经验的谈判者总是注意指定专人作好谈判记录，备以后查证，同时不满足于口头上达成的一致，而注重书面上的确认，对一些重要的阶段性一致或协议，必须强调双方书面确认的重要性。在对方推托签字确认的情况下，可以反复说明"这是程序和手续问题，不是不信任问题"以说服对方。这也是"步步为营"策略的一种具体运用。

38. 步步为营（Consolidate at every step）

"步步为营"对谈判者来说，不仅是策略，而且是战略；不仅是具体的策略，而且是策略的部署。这是保证谈判目标和任务实现的重要战略和策略。谈判者要在谈判过程的每个阶段评估策略的适宜性和有效性以及谈判目标和任务的实现状况，是否达到预订的期望水平。在评估的基础上调整谈判方案和策略。与此同时，对阶段性的谈判成果也要及时总结和确认。这样才能做到步步为营，一步一步地、踏踏实实地取得谈判的成功。

39. 出其不意（Take by surprise）

中国古代孙子兵法就有这种军事谋略，即"攻其无备，出其不意"。日本人偷袭珍珠港便是采用了这种谋略。在国际工程谈判活动中，一些谈判家仍然认为出其不意令对方震惊是向对方施加压力的进攻型策略，并罗列了可在谈判中采取的可令对方震惊的各种事物，如问题、时间、行动、资料、表现、专家、权威、人物、场所等等，这些事物的突发和突变往往可以制造出震惊、恐惧和不信任的气氛，增加心理压力，迫使对方妥协或降服。然而，有经验的谈判者在这种突变的特殊情况下会沉着应变，多听少说话，必要时也可提出暂时休会，在充分思考和有所准备的情况下作出对策。

40. 先易后难（Starting with the easy issues）

这是创造谈判氛围，增强谈判信心和加快谈判进程的一种有效策略。从谈判一开始就从双方达成一致的谈判议题中筛选出双方容易取得一致意见的问题，建议首先列入谈判议程。这样，双方便可以在较短的时间内，在轻松愉快和信任合作的气氛中很快取得谈判成果，为以后的谈判建立友好合作的基础。

41. 谋求共同利益（Seeking common interest）

这是国际工程谈判的一条基本原则和策略，也是"哈佛谈判术"的四个基本原则之一，即谈判要着眼于利益而非立场。谈判双方在谈判过程中虽有对抗性立场和冲突性利益，但也蕴藏着潜在的共同利益。谈判双方就要以共同利益而不是从对抗性立场出发去商谈，要开发和探讨各种互惠互利的选择性方案，达成双方都能接受的明智的协议（参见第9章第2节）。

42. 假设策略（"What if……"tactics）

这是用以缓和谈判气氛，探测对方反应和意图的一种策略。在谈判过程中，谈判双方难免出现分歧和争论，为了作出有效退让或妥协，谋求谈判的进展，往往可由谈判的一方主动假设一些妥协条件，提出解决问题的选择性方案，供双方进一步商谈。这样，既可以避免谈判陷入困境或僵局，又可以在摸清对方意图的基础上，积极创造条件，取得谈判的成功。

43. 但是后做文章（"Yes……but……"tactics）

这是用以婉转地否定对方观点的一种策略。当谈判桌上双方出现分歧意见时，如果都采用正面交锋的方式直截了当地否定对方，有时容易伤害对方的感情，破坏会谈的气氛。

为了保护对方的面子，维持友好合作的气氛，往往采用但是后做文章的策略，表面上肯定，实质上否定或提出不同看法，在语言艺术上下功夫，先肯定对方的出发点或一些可以接受的意见，然后在但是后婉转地提出这样或那样的条件表示难以接受，希望对方予以改变。这种策略和方式往往可以收到一定的效果。

除此之外，还有一些国外进攻型谈判者或不道德的谈判者常用的策略，其词和义已比较清楚，毋需再加说明，例如：

44.阿谀奉承（Flattery）

45.玩小动作（Gamesmanship）

46.贿赂（Bribery）

47.美人计（Sex）

48.窃听（Bugging）

最后，中国古代谋略中还有一些大家比较熟悉或听来耳熟的谋略，有时也可以使谈判策略获得启示和借鉴。列举如下。

49.先声夺人

50.欲擒故纵

51.调虎离山

52.金蝉脱壳

53.以其人之道、还治其人之身

54.迅雷不及掩耳

55.釜底抽薪

56.纵横捭阖

57.移花接木

58.顺水推舟

思 考 题

1.试述影响谈判战略的主要因素。

2.试论当前在国际工程谈判中需要考虑的市场战略。

3.试论选择和变换时间因素对谈判战略和策略的影响。

4.试比较对谈判时间的两种决策方式。

5.当需要适当采用进攻型谈判时，如何掌握谈判的议程和程序？

6.试论谈判策略的基本立足点。

7.试从心理学的角度，选择几种有效的用以加强谈判力度的谈判策略。

8.试从突破僵局、解决难题的角度，选择论证几种实用的谈判策略。

第12章　不同国家的文化和习俗

　　国际工程谈判是在不同国籍的谈判人员之间进行的。本章择要论述不同国家在文化和习俗上的主要不同点，以及在谈判活动中怎样考虑和对待不同国家的文化和习俗，寻求越过和克服由此产生的障碍的方法和技巧，以便更有效地推动谈判活动的进行。

第1节　不同国家在文化和习俗上的主要不同点

　　来自不同国家与民族的谈判人员，因其生活的环境不同，历史不同，文化背景不同，形成了各具特色的风俗、习惯、爱好和生活方式，而这些都直接影响到谈判人员的谈判思维方式和行为方式。如果谈判者在这方面缺乏正确的认识和理解，就往往在谈判双方的交往活动中形成一些不必要的误解或障碍，影响双方友好合作关系的正常发展。然而，在历史的长河中，在不同的地理和社会环境中，形成的各个国家的文化和习俗是五彩纷呈的，是难以用简短的篇幅加以全面概括和叙述的。本书只是就一些与谈判思维方式和行为方式有关的主要不同点进行归纳和介绍，以便从中获得一些粗浅的认识和启示。在与不太熟悉的国家开展大型项目的一系列谈判活动时，则有必要事先对该国的文化和习俗进行专门的、较深入细致的调查和分析。

　　（一）民族意识（Nationalistic Consciousness）

　　每个国家都有其民族意识。有的国家则更具有浓厚的民族意识。例如日本人、美国东部犹太人、阿拉伯人、法国人等的民族意识、民族责任感和为本民族作出奉献的思想都比较强烈。在谈判中，他们必然有着维护本民族利益的强烈愿望和意志，在谈判活动的各个场合也强烈地表现其民族意识的民族感情和生活习惯。在谈判活动中就要承认这种差异，不要去触犯与伤害他们的民族感情。有时为了增加谈判氛围，还要主动去适应它。例如，按照西方的舆论，法国政府大概是最民族化的政府，法国人往往还有"爱国者"（"Patri-ot"）的声誉，有人还比喻他们比沙文主义（Chauvinism）还有过之无不及。这种评价或许有点过了头。但是，有的法国人即使会讲英语，仍然坚持讲法语，还往往要求别的国家到法国去进行谈判。为了推动谈判活动，就需要作出适应性的安排。又如伊斯兰教对阿拉伯国家和人民的思想意识和生活产生了极其深远的影响，"神的旨意"（The will of God）和民族主义意识十分浓厚，他们对过去的悠久历史和文化往往在谈判中滔滔不绝地谈论。对这种谈论和民族主义感情的任何抵制和贬低，都会对谈判产生不利。

　　（二）群体观念（Group sense）或集体决策（Group decision）

　　谈判时间在日本往往要比在西方长出3倍。这并不是由于日本人谈判效率低，相反，日本与其它国家相比，在各个领域都开发出了高效率、高质量，而是由于日本人有一个基本信念和工作模式，即集体决策的重要性。一旦集体作出了决策，每个人就必须信守集体决策的承诺。同时，日本人善于在谈判活动中注意群众智慧，发挥群体优势。欧美国家崇尚个人主义，鼓励个人自由发展，而日本历来推崇"和为贵"，提倡集体主义，大家一起工作。因此，在和日本人进行谈判时，需要充分考虑到这个特点。

（三）时间因素（Time factor）

这是谈判活动中一个极其重要的因素。包括拟订谈判议程，安排各种活动，约定开会和赴约时间以及如何利用时间因素变换谈判的战略和策略等等。然而，对时间因素的看法和态度，各个国家是迥然不同的。西方国家都把时间看作是效率，是金钱，而阿拉伯人却是无所谓，在南美洲，时间同样是不重要的，准点开会几乎是不可能的。日本人虽然也非常重视时间因素，但是由于群体的参与和协调要耗费很多时间，西方人对此往往是难以理解的。因此，作为一个有经验的谈判者，必须充分考虑到这个因素。

（四）等级观念（Hierarchy）

各个国家的等级观念是不一样的。德国人有很强的等级观念，上级就是上级，大老板就是最高领导，计划必须由他批准，他还要亲自指挥主要的谈判活动，即使完全未能按计划行事，其下属慑于领导淫威也难于提出意见。对外也很重视职衔称呼，对谈判对手讲究旗鼓相当，地位对等。阿拉伯国家的等级观念同样很重，在谈判活动中也讲究地位对等。日本人同样很重视谈判人的身份和地位相称问题，对身份和地位明显高于他们的人，他们便会肃然起敬。非洲有些国家也是等级森严，政府官员或商贾要人一般都出自名门望族，当然对谈判人员的要求同样存在身份和地位的对等问题。

（五）风俗习惯（Custom）

历史文化的不同，生活环境的不同，形成了各个国家各具特色的风俗习惯。在谈判接触中需要，以免发生误会，形成障碍。例如在英国，大拇指向上是一种高兴活泼的姿势，在伊朗则有极大的贬意。然而，如果是中指向上，则在英国看来，其恶劣程度几乎与在伊朗看到大拇指向上是相当的。另外，到所有的伊斯兰国家去，你就必须注意左手是肮脏和不干净的风俗习惯，如果有可能，左手尽量不要拿任何东西。在宴会上更要注意。在语言问题上，也往往会形成一种文化障碍。例如在阿拉伯语中，使用高度肯定甚至夸张的语言是常见的事，如果翻译疏忽了这一点，往往会使谈判者感到阿拉伯人过于肯定和武断，相反地，如果不用阿拉伯文的夸张语言陈述别的语种观点时，又会使阿拉伯人感到调子太低而失望。日本人的语言也是往往容易使人误解的，他们在对话中经常使用"哈依"（"ハイ"）这个词，如果翻译时只用"是"或"对"来表达，就会使谈判对手误认为是日本人已经痛快地答应或表示赞同了，实际上往往只是表示听懂而已，相当于中国话的"嗯""嗯"。与日本人接触有经验的谈判者则可以从日本人讲这个词的语音强弱变化和神情中分辨出不同的含意，据说可有20几种之多。在讲话的速度方面，各国的习惯也不一样，日本人在确认一种想法和讲出来之间往往要有比美国人长得多的停顿时间，由此形成的间隔和停顿，很容易被人误解为缺乏热情。又如行贿，在某些国家里是一种熟视无睹的社会风气，在法律上也无严格的限制和惩处，而在另一些国家里则是国法所不容，不加注意就可能触犯刑律。例如曾有几个英国承包商头头在伊拉克向政府机构官员们行贿时，触犯了刑律，被送上了绞刑架。

（六）礼仪（Courtesy）

对外交往和谈判场上的礼仪是不可忽视的重要问题。讲究礼仪不仅是表示对对方的尊重，也是本身风貌和知识文化的重要显示。不注意礼仪就可能导致谈判的挫折或失败。例如称呼问题，在法国和德国，都应在姓氏前面加上先生或女士。"阁下"或"阁下您"只是在国际外交场合对大使或部长使用。在英国，称呼则往往取决于其贵族头衔，也常用军衔，法律或宗教头衔来称呼。在这些国家，会见时不分男女都可以握手。但在阿拉伯国家，会见时对男人习惯于握手和亲吻双颊，对妇女则只能行点头礼。递名片也有不同的习惯。在韩国，他们递名片像是在举行仪式，必须用双手的大拇指和食指夹着名片的顶角递上去，而在印尼，一个穆斯林国家，则仅用右手递过去就可。在阿拉伯国家，按照传统礼仪，主人的座位要比客人的座位高些。在开会时，不要把脚翘起来，因为这是很不礼貌的。在谈话过程中，不要做手势，更不要用手指指着对方。意大利人则是热情奔放，往往大声说话，说话时就喜欢加上各种手势。在穿着上，英国人最保守和绅士化，正式场合、非正式场合，白天或晚上，经常穿着深色西服，打领带。南欧人如意大利、西班牙等则没有那么绅士化，但比较时髦。美国人则在正规和宴会场合需讲究穿着西服、打领带，非正式场合和会下就可以随便。在谈判时应避免吸烟。在正式谈判时经常不供应咖啡和饮料。

（七）心理特征（Psychological Characteristic）

某些国家有一些历史形成的心理特征，在谈判活动中不容忽视。例如对"承诺"（Commitment）的概念，一些国家就有着完全不同的心理状态，西方人对任何承诺，就意味着必然的履行。然而阿拉伯人往往是说话不算数，他们的承诺只是表示赞成或同意，并不是履行。至于能否付诸实施，还要看"真主"的意愿。又如日本人的心理状态往往不易被西方人所理解，他们对公司都有着终身奉献的信念。日本有三种主要宗教：佛教、儒教和神道教，每个教都有自身独特的教义，然而对一个日本人来说，同时信奉三种宗教却是完全可能的。在西方人看来，佛教徒的敏感与儒教对地位和等级的重视以及神道教对自然的崇敬之间有着不可逾越的鸿沟，而一个日本人却可以同时信仰三者。因此，日本人往往有着复杂的心理状态。另外，在日本人的心目中，买方的地位总是高于卖方，日本的卖方往往向未来的、有前景的买方面前表示出敬仰和服从。其它国家的卖方是难以比拟的。又如美国人的统治心理和欲望以及对金钱和地位的崇尚，往往主宰着他们的谈判活动。

（八）性格差异（Different Character）

不同国家的谈判人员在性格上的差异也是十分明显的。即使是来自同一个国家也往往有着显著的差异。保守或激进，沉着或偏激，诚实或虚浮，直率或圆滑，热情或暧昧，开放或拘谨，粗暴或柔和，等等，不同性格都会在谈判桌上有所反映。一个有经验的谈判者就要善于因人而异，有效地去应付、适应和协调各种不同的性格。

（九）行为准则（Behavior criterion）或行为模式（Behavior pattern）

行为准则或行为模式是不同文化和习俗的综合反映，也往往形成了某些国家特有的谈判风格（Negotiating style）。例如价格问题，大多数国家在第一次谈判时都习惯留有较多的回旋余地，以便在以后的谈判中讨价还价。但是这种留有余地（Leeway）的做法，对秉性较诚实的北欧人来说，在文化道义上却是不能接受的。又如德国人，由于文化传统的影响，形成了他们特有的谈判风格，即充分的准备，规范化的陈述和高质量的要求。他们的谈判准备工作比其它国家的谈判人员要多而且提前，对自身分析、对手分析和谈判议题等都会作充分准备，对对方的要求也会作全盘考虑，有时甚至比对方自己设想的还要详尽而周到，他们对谈判内容的陈述往往是很细致而有说服力的。德国人的规范化是很突出的，包括行为的规范化、称呼的规范化、资质的规范化和陈述或演示的规范化等等。因此，德国人在谈判中给人的印象往往是深刻的，即有条不紊的陈述，规范化的内容和行为，以及严格而高质量的要求。然而，过于深入的准备，有时也会导向盲目和不切实际，过于死板而教条，缺乏灵活性。又如英国人的绅士化传统，慢条斯理，爱面子和保守，则是众所周知的，他们既不可能像北欧人那样开放而实际，也不可能像德国人那样进行深入的准备，详尽和周到。美国人则由于其长期谈判文化统治地位的影响，在谈判上比欧洲人、英国人都富有进攻性，他们通常都是直接明快，单刀直入，喜欢一开始就接触实际。美国人还推崇干得快、赚得多的快速赚钱能力，认为这是比别人更有智慧并值得尊重的一种行为。这和欧洲人、英国人有着显著的差异。但是，美国人又善于在谈判的后期阶段和关键性阶段，巧妙地把进攻型谈判和建设型谈判结合起来，以便使对方在较好的氛围中接受意见，达成协议。另外，美国人在谈判中很注重经济财务分析和法律手段，重视专家和律师的影响力和作用，尤其是律师。在美国，律师占整个职工人数的比重要高于其它任何国家。地中海附近和南欧国家，如意大利、西班牙、希腊等，就有着另一种谈判风格和行为模式。那里的社会交往比较有生气，人们习惯带着夸张的姿势，口若悬河地交谈。从整个欧洲的谈判文化来看，大致可以有两个尺度。一个是以诚实为尺度的南北欧洲文化，越往北越诚实，越往南则无论是官方或非官方，在谈判策略上就更需要"抹润滑油"，甚至贿赂行为了。另一个是以绅士化行为为尺度的东西欧洲，越往西越绅士化。典型的东欧人富有合作精神，在谈判中较容易成为合作者。阿拉伯人具有历史悠久的经商和贸易传统，作为谈判者来说，阿拉伯人精于商谈，有较好的技巧，他们习惯采用进攻型谈判，要他们适应建设型谈判是十分困难的，他们还爱猜疑，喜欢把小事复杂化，常常以"神的旨意"中止谈判或履行诺言，因此，和阿拉伯人谈判必然要耗费较长的时间。非洲文化最显著的特点是部族制（Tribalism）。政府官员和从事商贸活动的多为名门望族，他们重视礼节，注重情谊，但生活节奏缓慢，他们往往需要适当地"抹润滑油"。

第2节　怎样对待不同的文化和习俗

综上所述，每个国家、每种文化，都有它自己固有的历史、特征、宗教信仰、语言、民族意识、生活习惯、礼仪习俗、时间观念和行为模式。正是这些不同的文化和习俗，形成了不同的谈判思维方式和谈判风格。美国哈佛大学教授塞缪尔·亨廷顿甚至认为现在是"各种文明之间发生碰撞"的时代。这些文明有8种之多：西方文明、儒学文明、日本文明、伊斯兰文明、印度教文明、斯拉夫——东正教文明、拉丁美洲文明和非洲文明。任何一个高明的谈判家也不可能通晓和掌握所有国家的文明。作为一个国际工程谈判的谈判人员，在谈判活动中就需要正确认识和对待不同国家的不同文化和习俗问题。长期的国际工程谈判实践经验告诉我们，在不同国籍的谈判人员之间，首先需要相互尊重，要在认识和了解对方的不同文化和习俗的基础上，承认差异，并自然保持不同文化和习俗的存在；其次要在整个谈判过程中积极主动想办法寻求途径越过和克服文化和习俗的障碍，创造良好的谈判氛围。以下是国际工程界通常采用的一些原则和方法。

1. 尊重对方的文化和习俗，自然保持其不同点

在国际交往中，相互尊重是一条基本原则。在这个基本原则的指导下，对待对方的不同的文化和习俗，最主要的是尊重它、承认它，自然保持其不同点。

2. 不要夸大这种差异和不同

不要以我方的文化和习俗为主，炫耀自己，鄙视或贬低对方，更不能粗暴干涉，强加于人。否则必将形成不必要的分歧和谈判障碍。要在尊重对方的文化和习俗，承认差异的基础上，时刻注意寻求越过和克服障碍的方法。例如：

（1）注意维护双方的民族意识。求同存异，切忌触犯和伤害对方的民族感情。

（2）正确认识对方对时间因素的不同态度和看法。在谈判过程中注意有效地利用这种因素。

（3）了解和适应对方的不同生活习惯和性格差异，包括衣着和言行举止，尽量随和。注意防止一切可能被认为是鄙视和触犯的言论和行为。

（4）重视和尊重对方的等级观念，作出相应的对等安排。

（5）充分理解和考虑对方文化长期形成的一些工作特点和心理特征。例如群体观念、宗教信仰、"承诺"概念、规范化要求、绅士化传统等等。

（6）领会对方的行为方式和谈判风格，防止强加于人。有时还要采取必要的适应性措施。

3. 不要仿效

外交场上有个共识，那就是谁要想比该国人显得更有该国味，他也就变得很可笑。谈判的较量最终应是谈判者的实力，而不是谈判者的适应能力，后者毕竟是辅助性的。

4. 尽可能选择适应于对方文化和习俗的谈判人员

例如和法国人谈判，要尽量选择会讲法语的人员作发言人代表或领导人员。与德国人谈判时，要注意职衔地位的对等，选择注重言行规范化、层次较高的谈判人员，文件准备工作要做到精美、正规和高质量。与美国人的重要谈判，要重视配备高级技术专家和律师，并注意财务经济分析。

5. 针对不同国家的不同习俗，安排好有特色的接待工作和会场布置工作

6. 对一些重要谈判，要尽量物色一位当地的资深翻译协助工作，以便及时沟通双方不同的文化和习俗

对商务和技术翻译，最好选择本国的精通外语的工程技术人员和业务人员担任，以便传递准确的信息。

思 考 题

1. 试述各个国家对时间因素的不同看法，在谈判中应如何对待和考虑？

2. 根据不同国家的等级观念，如何在谈判中作出必要的适应性安排？

3. 在谈判中怎样对待不同国家不同的风俗习惯？

4. 试论美、日、法、英、阿拉伯、非洲等国在谈判行为模式上的主要差别。

5. 试述在谈判活动中对待各个国家不同文化和习俗的基本原则和方法。

6. 试述在谈判过程中如何跨越和克服不同国家不同文化习俗障碍的方法。

第13章 谈 判 心 理

人是谈判活动的主体。谈判的过程也是人的心理活动相互作用的过程。本章将以谈判过程中的个体为对象，探讨在这一过程中人的一些心理现象，并介绍谈判心理的有关理论和实用方法。

第1节 谈判心理概述

一、什么是谈判心理

要回答这个问题，首先要说明什么是"心理"。心理又叫心理现象或者心理活动，是二者的简称。心理现象是心理学这门学科的研究对象，它可以分为两大方面，即心理过程和个性心理。心理过程又可以分为三个方面，就是认知过程（包括感觉、知觉、记忆、想象、思维等）、情绪和情感过程以及意志过程。个性心理方面又可以分为个性心理特征和个性倾向性。个性心理特征主要包括气质、能力和性格，个性倾向性主要包括需要、动机、理想、信念和世界观等。心理现象的分类见图13-1。

谈判心理（Psychology of Negotiating）就是研究谈判领域中的这些心理现象的规律性。或者说，是心理学的知识在谈判领域中的应用。目前，这还是一片尚待开发的领域，然而也是前景广阔的领域。因为，人们越来越感受到谈判在现代社会生活中的重要作用，同时，也越来越迫切地需要心理学的知识来指导和驾驭谈判活动中的人的行为。

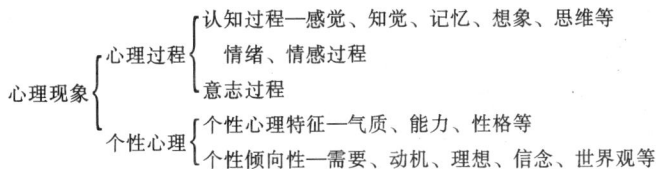

心理现象 { 心理过程 { 认知过程—感觉、知觉、记忆、想象、思维等
　　　　　　　　　　 情绪、情感过程
　　　　　　　　　　 意志过程
　　　　　　 个性心理 { 个性心理特征—气质、能力、性格等
　　　　　　　　　　 个性倾向性—需要、动机、理想、信念、世界观等

图 13-1 心理现象的分类

二、谈判心理的有关理论

谈判是人类的一种行为（Behavior）。人的行为有其内在心理的原因，任何人的任何行为都能从心理学的角度得到解释。那么，人为什么会产生谈判行为呢？驱动人去谈判的动力是什么呢？分析这些现象的理论依据有哪些呢？下面就这些问题做一介绍。

1. 个体行为的基本模式

人的行为是有规律的。根据心理学的原理，个体行为的基本模式是，需要（Needs）引起动机（Motive），动机引起行为（Behavior），行为又指向一定的目标（Object）。这一模式表示如图13-2。

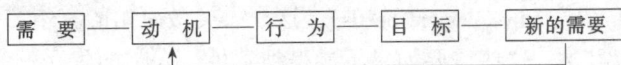

图 13-2　个体行为产生的基本模式

需要是个体缺乏某种东西时产生的一种主观状态，它是客观需求在人脑中的反映。这种客观需求既包括人体内的生理要求，也包括外部的、社会的需求，既包括物质的要求，也包括精神的要求。

动机是推动人去从事某种活动，以满足其需要的内在驱动力，其表现形式可以是兴趣、意图、信念、理想等。也就是说，动机是行为的直接原因。

需要、动机和行为的具体关系是怎样的呢？一般来说，当人产生某种需要而又未得到满足时，会产生一种紧张不安的心理状态。在找到能够满足需要的目标时，这种紧张的心理状态就转化为动机，推动人们去从事某种活动，向目标前进。当人达到目标时，紧张的心理状态就会消除，需要得到满足。这时，人又会产生新的需要，人的行为就是这样一种不断循环往复的过程。

美国谈判学会会长杰勒德·I·尼尔伦伯格在他的著作《谈判的艺术》中，把反映于谈判行为中的人的需要、人的动机作为其谈判理论的核心问题，并将有关的心理学理论作为自己的理论依据。他指出："任何谈判都是在人与人之间发生的。他们之所以要进行谈判，都是为了满足人的某一种或几种需要。这些需要决定着谈判的发生、发展和结局。"

了解个体行为的基本模式，对于我们理解谈判的含义，指导谈判实践具有重要意义。谈判行为是有原因的，那就是，谈判双方都有各自的需求，这种需求的满足又相互联系，构成双方共同的利益。1972 年，在中美建交前的一次谈判中，基辛格对邓小平说："我们的谈判是建立在健全基础之上的，因为我们都无求于对方。"第二天，毛泽东会见基辛格时反驳道："如果双方都无求于对方，你到北京来干什么？如果双方都无所求的话，那么，我们为什么要接待你和你的总统？"所以，任何类型的谈判都是源于双方相互联系的需要而发生。任何一场成功的谈判都会以双方需求的满足而结束。这正如尼尔伦伯格所述："谈判是一项合作的事业。"如果不了解人的行为的这一基本规律，在谈判中只顾本方的利益，而无视对方的利益，非要置对方于死地，最后自己也将一无所获。

2. 需要层次论

既然需要是行为的源泉，那么，认识人的行为就要首先对需要进行较为深入的分析。许多心理学家对此进行了研究，提出了有关需要的理论。其中，美国心理学家马斯洛（A·H·Maslow）提出的需要层次论（Hierachy of Human Needs Theory）受到谈判学家们的推崇，认为"掌握"这一理论，能使我们找出与谈判双方都相联系的需要，并且"可用于探索成功的谈判方法。"

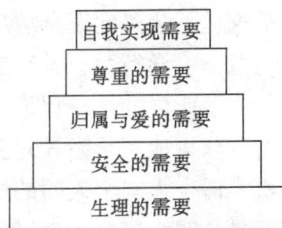

图 13-3　人类的五种基本需要层次

马斯洛认为人类有五种基本需要：生理、安全、友爱、尊重、自我实现，见图 13-3。这些需要是由低级到高级，以层次形式出现的。当某一层次的需要得到相对满足时，其激发动机的作用随之减弱或消失，此时上一级较高层次的需要成为新的激励因素。这五种需要的基本含义是：

（1）生理的需要（The physiological needs），这是人类最原始的基本需要，包括饥、渴、性和其他生理机能的需要。这些需要如果不能得到满足，人类的生存就受到威胁，从这个意义上说，它是推动人们行动的最强大的动力。

（2）安全的需要（The safety needs）。当一个人的生理需要得到满足后，就想满足安全的需要。如希望社会安定，职业有保障，劳动安全，有积蓄有保险等。还有"人们总喜欢选择那些熟悉的而不是陌生的，已知的而不是未知的事情;"追求世界的和谐的信仰或世界观，这些都可以看成是安全需要的表现。

（3）归属与爱的需要（Ths love needs）。归属的需要就是说人有一种归属感，有一种要求归属于一个组织或团体的感情，希望成为其中的一员并得到相互关心和照顾。爱的需要包括给别人的爱和接受别人的爱，渴望在团体中与同事之间有着深情的关系，渴望得到爱情。

（4）尊重的需要（The esteem needs）。马斯洛说："社会上所有的人（病态者除外）都希望自己有稳定、牢固的地位，希望别人的高度评价，需要自尊、自重，或为他人所尊重。……这种需要可以分为两类。第一，在面临的环境中，希望有实力、有成就、能胜任和有信心，以及要求独立和自由。第二，要求有名誉或威望（可看成别人对自己的尊重）、赏识、关心、重视或高度评价。"他认为，尊重需要得到满足，能使人对自己充满信心，对社会满腔热情，体会到自己生活上的用处和价值。但尊重需要一旦受到挫折，就会使人产生自卑感、软弱感、无能感，会使人失去生活的基本信心。

（5）自我实现的需要（The needs for self-actualization）。这是模式中最高层次的需要。是指人们希望完成与自己的能力相称的工作，使自己的潜力得到充分的发挥，成为所期望的人物。马斯洛说："音乐家必须演奏音乐，画家必须绘画，诗人必须写诗，这样才会使他们感到最大的快乐。是什么样的角色就应该干什么样的事。我们把这种需要叫做自我实现。"

马斯洛把这五种基本需要分为高、低两级，其中生理需要、安全需要、归属与爱的需要属于低级的需要，这些需要通过外部条件使人得到满足，如借助于薪酬满足生理需要，借助于法律制度满足安全需要等。尊重需要、自我实现的需要是高级的需要，它是从内部使人得到满足，也就是心理上的、精神上的满足，而且一个人对尊重和自我实现的需要，是永远不会感到完全满足的。因此，从这个意义上说，通过满足人的高级需要来激发人的动机，引导行为，具有更稳定、更持久的力量。

马斯洛的这一理论不仅为我们全面而概括地认识需要这一心理现象提供了帮助，而且对于分析谈判行为具有实际意义。不论哪个层次的谈判（尼尔伦伯格曾把谈判分为三个层次，即个人与个人间的谈判；组织与组织间的谈判；国家与国家间的谈判），也不论谈判者来自哪个国家、地区和组织，我们都可以运用谈判的需要理论对其行为进行分析，从而找出相应的正确的谈判策略，引导谈判走向成功。

在目前充满竞争的社会环境和国际工程市场中，谁能更全面、更准确地了解和满足谈判对方的需要，谁就可能在竞争中取得主动权。例如本书第1章和第7章中列举的80年代后期以来在东南亚各国和香港地区盛行的 BOT 项目的开发过程中，日本著名的熊谷组（Kumagai Gumi）集团公司能够连续通过竞争获胜，充当澳大利亚悉尼隧道、香港东港海底隧道、泰国曼谷二期高速公路3个大型 BOT 项目的发起人和主办人，就是因为他们能够准确地了解和满足业主即谈判对方的需要，并通过谈判提出了具有创造性的技术方案和财务方案。又如有一个叫图德拉的玻璃制造公司的老板，在 60 年代中期，能够战胜强大的竞争对手英国石油公司和壳牌石油公司，做成一笔 2000 万美元的石油交易，也是一个很好的说明。图德拉在做了充分的调查后，了解到一个信息：阿根廷牛肉供应过剩，正想不顾一切地卖掉牛肉，他就告诉阿根廷政府：如果你们向我们买 2000 万美元的丁烷气体，我一定向你们购买 2000 万美元的牛肉。他以买牛肉为条件，争取到了阿根廷政府的合同。随即他又飞到西班牙，那里有一家大造船厂因缺少订货而濒于倒闭。它是西班牙政府所面临的一个政治上棘手而又特别敏感的问题。他告诉西班牙人：如果你们向我买 2000 万美元的牛肉，我就在你们的造船厂订购一艘 2000 万美元的超级油轮。西班牙人不胜欣喜，通过他们的大使传话给阿根廷，将图德拉的 2000 万美元的牛肉直接运往西班牙。图德拉的最后一站是美国费城的太阳石油公司，他对他们说："如果你们租用我正在西班牙建造的超级油轮，我将向你们购买 2000 万美元的丁烷气体，太阳石油公司同意了。就这样，图德拉的交易成功了。然而他在石油方面既无老关系，又无经验可言，他靠的就是及时、准确地了解对方的需求，并给予满足这一符合谈判心理规律的正确的策略。

一般来说，谈判人员都比较注重对高层次需要的追求，在谈判中，注意满足对方尊重的需要和自我实现的需要，往往能收到事半功倍的效果。例如，国内某企业为了引进一套技术设备而同时与几家外国公司接触并谈判。我方对其中一家公司代表说："在这几家卖主中，我们还是比较看重贵公司的，虽然在企业信誉等方面，你比不上其它国家，但我方主要看交易条件如何。我方认为，对贵方来讲，从本笔交易中获利多少可能并不是太重要，最为重要的是声誉。如果贵方能击败其它几家卖主而与我们达成交易，对提高贵方企业的声誉和知名度显然是意义重大而深远的。因此，我们希望贵方在交易条件上再努力一番，以使你们更具竞争力。"这家企业的代表听了中方的一番劝言，觉得中方很尊重他们，同时又觉得能通过这笔交易而提高本企业的声誉确实是不可多得的机会，因而大幅度地作了让步，与我方签订了合同。这种满足对方尊重的需要和自我实现的需要的谈判心理规律，在我国对外工程承包谈判，特别是在与第三世界国家开展各种业务谈判活动中，也是非常重要并屡见成效的。因为这种谈判原则也准确地反映了我国对外交往活动的相互尊重的基本原则以及我国对外经济技术合作的"平等互利、讲究实效、形式多样、共同发展"的四项原则。

从心理学来讲，一个受人尊重，或者为别人所尊重的人，会竭力保持自尊。他会受到"尊重"的束缚而不能去做不受人尊重的事情。因此，相互尊重是取得合作成功的心理基础。

谈判人员对自我实现的追求体现在谈判的整个过程中，在繁杂细致的谈判准备工作中，在紧张激烈的讨价还价中，处处体现着谈判人员的智慧和能力，如果谈判最终能取得圆满的成果，则把谈判者的胜任感、成就感、自豪感推向了高峰，使其获得极大的满足。一个老练的谈判者喜欢复杂棘手问题的谈判，因为越是这样的谈判，越能够施展自己的才能，取得成功后，在心理上越能得到极大的满足和享受。

3．期望理论

美国心理学家弗鲁姆（V·H·Vroom）提出的期望理论（Expectancy Theory）对于分析谈判心理，指导谈判行为也很有价值。弗鲁姆的理论可以用下列公式表示：

激发力量 = 效价 × 期望

（Motivation = Valence × Expectancy）

其中，激发力量就是指人的动机；效价是指所实现的目标对其个人意义的大小，或者说是对于满足个人需要的价值；期望是指个体对实现目标可能性大小的判断。根据这个公式，一个人动机的大小，是由两个因素决定的，即效价与期望，只有两个值都大，才有很强的动机。如果两个因素中，有一个值低，甚至为零的话，就不会发生行为。

谈判行为的发生也是这样。首先，谈判者要对谈判目标的意义、价值作出判断，同时，对谈判目标实现的概率作出估计，当认为该谈判对本方既有很大的价值，又有实现的可能性时，才会产生强烈的谈判动机。

然而，期望是个体对自我力量的主观估计。它既要受到认知、态度、信念等个性倾向性的影响，也要受到个体周围环境因素的影响。所以，期望是主观条件与客观条件相互作用的函数。在同一事物面前，不同的人所产生的期望值是不同的。个体的主观判断与客观实际会有偏差，如果期望值高于实际水平，就会产生谈判者估计得过于乐观，预见不到困难，没能做好充分的准备，最后陷入挫折的境地；如果期望值低于实际水平，又可能放弃应有的努力，而失去一次谈判的良机。所以，谈判者在实践中，应学习建立一个适当的合理的期望水平，这对于把握谈判行为是非常重要的，参见第2章第1节。

三、谈判心理的方法论

心理学是一门科学。它不仅为我们了解人类心理现象和行为提供有用的理论知识，而且还提供了科学的方法。它的基本方法是观察和实验。观察是了解已有的情况，通过分析，找出规律；实验是控制和改变条件，促使一定的现象产生，进行分析研究。在这两种基本方法基础上，又发展了许多具体的实用方法。如直观观察法、谈话法、现场实验法、实验室实验法、问卷法、测验法、模拟法等等。这些方法同样适用于谈判心理的分析和研究。

从下面的篇章中，我们将会看到，对于谈判中种种心理和行为的分析、把握、引导都离不开这些方法的运用。而且，在实际运用中，并不是孤立地使用某一种方法，而是穿插着使用某几种方法，或者是几种方法综合使用。

第2节　谈判心理静态分析

对谈判心理的分析可以分为静态分析（Static analysis）或称定势分析和动态分析（Dynamic analysis）或称动势分析。所谓静态分析就是从现有的心理学知识出发，分析人的心理现象。这里我们只就个性及其所包含的几个主要方面进行分析，以期在静态的层面上，对谈判主体人的心理和行为有一概括了解。应当说明的是，人的心理现象都是有机地联系在一起，以行为这个整体形式反映出来。在这里把它们分解、抽象出来，只是研究和叙述的需要。

一、关于个性（lndividuality）的分析

世界上没有个性完全相同的人，个性代表了人的本质特征，正是个性的不同，才把人真正区分开来。所以，要了解谈判桌前的每一个人，首先要学会分析和掌握人的个性。

1. 什么是个性

个性是一个人身上表现出来的本质的、稳定的、带有倾向性的心理特点的总和。

分析个性应当依据个性的以下几个特点：

第一，个性具有独特性。每个人形成个性的内在与外在条件不可能绝对相同，即使是生活在同一家庭的兄弟，排序不同，可能会受到父母不同的对待，从而形成不同的个性。个性代表了一个人不同于他人的独特的心理风貌和品格。

第二，个性具有稳定性。个性不是在一时一事上表现出来的，而是带有持久性、一贯性的特点。我们说某人是慢性子，是说他处处事事都表现出慢的特点。可能有一次他也急了，但这只是偶然的，并不是他的个性。再比如，一个具有俭朴品格的人，无论是在贫困时，还是在富裕时，都会表现出对生活、对物品俭朴的态度。那么，俭朴就是他的一个个性特点。

第三，个性具有倾向性。一个人的个性表现出他追求什么、拒绝什么；做什么和怎么做，这不仅反映了人对客观现实的态度倾向，也总是与人的世界观相联系。

第四，个性具有整体性。一个人的个性是由多种心理特征综合而成，它们是动态的、有机的整体，不是彼此孤立割裂的存在。现代心理学中的个性主要包括气质、能力、性格这三个方面。

掌握了以上四个方面的个性特点，就比较容易分清哪些是人的个性，哪些不是个性。

2. 个性的形成

为了认识人的个性，还可以从个性的形成入手进行分析。

个性是在先天遗传素质的基础上，通过后天社会环境的实践形成的。其中，气质是由遗传因素决定的，是先天的；而能力和性格的形成更多地受到后天社会环境的影响。

个性的形成和发展大体经历三个阶段：

一是儿童期。在家庭中所受到的父母、兄长及亲友的熏陶和影响，在其个性形成上打下深深烙印，往往会影响他的一生。

二是学生期。在学校老师和同学的影响下，使个性的发展按照一定的规范去实践。

三是工作期。这是个性发展的最复杂阶段，会受到许多因素的影响。如社会制度、政治形势、文化教育、工作单位中的微观环境、交际圈等，都对一个人的个性发展有重要的影响。

以上分析可以看出，了解一个人的成长经历和生活环境，有助于我们更好地掌握他的个性特点。

二、关于气质（Temperament）的分析

1. 什么是气质

气质一般指人的脾气、禀性。心理学所下的定义是：人生来具有的典型、稳定的心理特征，表现出一个人心理活动的动力特点。心理活动的动力特点是指心理活动及行为进行的速度、强度、灵活性、指向性等特点。如说话节奏的快慢、情绪的强弱、注意集中时间的长短、思维的快慢等，气质为每个人增添了独特的色彩。

在心理学中，气质分为四种典型的类型，即：多血质、粘液质、胆汁质和抑郁质，不同气质类型的人表现出不同的行为特征。

现实中，属于某种典型气质类型的人是少数，而多数人属于混合型，即以某种气质类型为主，又兼有其它气质类型的特点。所以，在判断人的气质时，主要是观察和测量他具有哪些气质特征，而不一定非把他划入某种气质类型。

2. 对谈判者气质的分析

气质的分析可以用心理测量法，但一般通过行为观察，就可以进行推测。

谈判者如果是多血质气质，那他就是一名活泼型的谈判者。他的行为通常表现为思维敏捷，办事效率高，谈笑风生，亲切随和，善于与对方沟通，善于回避尖锐的问题，常常能用巧妙的方式，灵活地摆脱突如其来的攻击和困难。但有时又表现得较浮躁，注意力容易转移，有时缺乏责任心。

具有胆汁质气质的人就是急躁型的谈判者，他们的特点是大胆好胜，判断力强，头脑灵活，处事果断，敢作敢为，直率无欺。但有时表现得主观急躁，考虑问题欠周，一旦遇到对方的故意挑衅或强烈刺激，便难以冷静，在冲动中常常失去理智。同时，工作行为表现出不平衡性，有时能以极大的热情投入工作，但是，一旦对工作丧失信心，情绪就会一落千丈。

粘液质气质的人参加谈判就是安静型的谈判者，这类人的特点是态度持重，坚定倔强，逻辑思维较严密，注意力集中。但是，显得反应比较迟缓，沉默寡言，情感不易外露，注意力难以转移。

抑郁质气质的人参加谈判，被称为忧郁型的谈判者。这类人的特点是办事细心谨慎，不容易失误，严守秘密，责任心极强，感受力高，情绪体验深刻，善于观察细节。但是，这类人往往过于拘谨，不善沟通，适应能力差，对挫折的容忍力小，所以往往难以应付和摆脱困境。

心理学认为，气质只表明人的心理活动动力方面的差异，而不代表人格的优劣。况且，任何一种气质都有积极的一面，也有消极的一面。一般地说，决定工作成果的个人因素是工作态度和工作能力，而不是气质。但是，也应该看到，有些工作对气质提出了较高的要求，气质与工作要求不相符合，就难于适应工作。谈判工作就属于这一种。具有反应过于迟缓，情绪很不稳定，胆小，孤僻，耐受力差，过于内向，与人交往困难等气质特点的人是不适宜从事谈判工作的。

三、关于能力（Capability）的分析

1. 什么是能力

心理学把能够顺利完成某种活动的个性心理特征称之为能力。但是，人们要成功地完成某项工作，只凭某种单一的能力是不行的，而是要靠几种能力的综合。因此，心理学又把人们成功地完成某项工作的综合能力叫才能，说一个人有谈判的才能，就是说，他已经具备了胜任谈判工作所需要的所有的能力。

能力与知识、技能是不能截然分开的。脱离知识与技能的纯粹的能力是没有的。三者有着密切的关系。能力是人顺利完成活动的心理条件；知识是人类对客观事物的认识和经验的总结；技能是人们已经掌握的动作方式。能力是掌握知识和技能的必要条件，比如一个智力低下的人就无法学习知识、掌握技能；而在学习知识、掌握技能的过程中，又培养和发展了能力。所以，要提高谈判能力，就必须学习大量的知识，掌握应有的技能，而只有在学习和运用知识和技能的实践中，能力才能得到提高。

2. 对谈判者能力的分析

如同气质判断一样，能力的判断除了心理测量法外，主要是在实践中发现一个人显露

出来的谈判才能。这种才能应该包括以下几方面的能力：

（1）组织能力

组织能力是指人们有计划、有步骤地从事某项活动，并使其达到预期目的的实际操作能力，谈判工作是一项指向性很强的工作，这就需要谈判人员不仅善于制定谈判目标和计划，而且要进行计划实施落实的组织工作。比如谈判人员的分工合作，谈判的方式方法和策略的选择，协调各方面的关系等等，这些工作都需要有较强的组织能力才能完成，因此，这项能力是每个谈判人员都必须具备的。

（2）社交能力

社交能力是衡量一个现代人是否适应开放社会的标准之一，更是谈判人员应具备的基本素质，谈判是人际交往的一种特殊形式，通过交往，建立良好的人际关系，才有利于谈判的开展。社交能力实际上是能力与技能的综合，它包括如何推销自己，如何介绍他人，如何与人相处，如何影响和改变他人的心理和行为等等多方面的技能。掌握这些技能的同时，还要有丰富的知识和良好的修养，才能使自己的社交能力充分发挥。

（3）创新能力

创新能力是指超越平常的思维方式和活动能力，创造出新的概念、范畴、方法等。谈判需要创新，这就是说，谈判者要在不断总结以往经验的基础上，以超越平常的思维方式，不断提出新的方法、新的思路、新的策略和新的模式。这就要求谈判者精通业务，能对变化的情况作出正确的分析和准确的判断，对谈判的发展趋势作出科学的预测，这是做到创新的基础。谈判人员还要具有强烈的竞争意识，勇于思考，勇于探索，认定目标，积极进取，这是创新能力的实质所在。

（4）应变能力

所谓应变能力是指根据环境的变化，随机应付各种突发情况的能力。谈判中突如其来，意料不到的事情常会发生，谈判人员应能做到忙而不乱，处事不惊，有条不紊，以不变应万变。例如，当谈判中双方实力发生变化，利益争论激烈，气氛骤然紧张，谈判停滞不前，突然变化的情况严重影响谈判进程时，谈判人员要能够因时、因人、因地、因事随机应变、预测对方的策略变化和潜在的因素，动之以据，晓之以理，多谋善断，找到双方都能接受的意见和办法，从而达到逢凶化吉，出奇制胜的目的。

（5）表达能力

表达能力是指用语言、文字、形体动作等方式将自己的思想观点、意见态度、情感愿望、需要等明确有效地传达给对方的能力。谈判是一种双向沟通的过程，沟通是否成功，在很大程度上取决于谈判人员的表达能力。

表达能力包括文字表达、口头表达和形体表达。对谈判人员来说，文字表达能力的要求是要熟悉谈判文书写作知识，语言文字要准确、严谨、通俗、易懂、流畅。口头表达能力的要求是口齿清楚，语言流畅，中肯精炼，风趣、幽默，讲究语言技巧，语言具有吸引力、说服力和感染力，形体表达能力的要求是善于运用形体语言传达信息，感染对方，动作得体大方。

（6）观察能力

谈判人员应有一双机敏的眼睛，能从谈判对手的一言一行、一举一动中，捕捉有用的信息，从无声的身体语言或平静的表情中，发现细微的心理变化，从而对其真实需要和动机作出正确的分析和判断。

（7）心理承受能力

谈判不可能一帆风顺，会出现种种困难，有时，双方为了争取各自的利益，也会发生激烈的抗争。在这种情况下，谈判人员应表现出良好的心理承受能力。比如能承受对方偏激的言辞；在压力情况下，仍能保持头脑冷静，胸怀宽广，不急不躁，坚持对事不对人，逾越心理障碍，推动谈判向好的方向发展。

四、关于性格（Nature）的分析

1. 什么是性格

性格是指在长期的社会生活中所形成的对现实的稳定的态度和与之相应的习惯化的行为方式。

气质、能力、性格是从不同的角度表现一个人的个性心理特征，其中性格在个性心理特征中具有核心地位，它制约着气质、能力的表现。比如一位严谨、认真、责任心很强的外科医生，在职业活动中，可以抑制自己胆汁质的急躁、冲动、鲁莽的气质特点；一个人具有勤勉的性格可以弥补能力的不足，所谓"勤能补拙"，而有能力的人也会因为性格软弱、懒散、缺乏自信而一事无成。

性格是从本质方面表明一个人的个性。它有好坏之分，具有直接的社会意义。一个人动作快慢，是否具有某种能力，都不体现个性的本质特征，而在性格的指导下，能力用在哪个方面，却有本质的区别。如果一个人把能力用在有利于社会、有利于人民的事业上，他就是一个有益于社会、有益于人民的人；而把能力用在歪门邪道上，他就是一个社会的渣子，甚至成为社会的罪人。

2. 对谈判人员性格的分析

性格是十分复杂的心理构成"物"，它有着多个侧面，包含着多种多样的特征。一般将性格特征归纳为四个方面。即性格的态度特征（包括对现实的各个方面的态度）、性格的意志特征（表现为个体对自己行为的自觉调节方式和水平方面的特点）、性格的情绪特征（是指一个人经常表现出来的情绪活动方面的强度、稳定性、持久性和主导心境方面的特征）、性格的理智特征（是指人表现在认知方面的性格特点）。对谈判人员性格的分析可以从这四个方面入手，同时，抓住以下几个重要的性格特点来观察分析：

（1）对国家、集体、工作、他人、自己态度方面的性格特点

主要指维护国家、集体的利益，廉洁奉公，还是只顾个人利益，自私自利；对工作是认真负责，富有创新精神，还是马虎敷衍，保守不思进取；对自己是自信、自爱、自尊、自强，还是自卑、自负、自满；是严于律己还是轻浮放任；对他人是诚实、亲切、有礼貌、富有同情心，还是虚伪、粗暴、生硬、冷淡。

（2）在指向性方面的性格特点

心理学家根据人的心理活动指向性不同，把人的性格分为外向和内向两种。如果一个人的心理活动倾向于外部世界，这个人就是外向性格；而一个人的心理活动指向自己内部世界，这个人就是内向性格。外向型性格的人感情外露，自由奔放，当机立断，不拘小节，对他人和社会感兴趣，善交际，表现出较强的活动能力。内向型性格的人感情细腻，处事谨慎，深思熟虑，不善交往，适应社会环境较困难。

（3）在独立性方面的性格特点

根据人们处理事情独立性程度，把人的性格分为顺从型和独立型。具有独立型性格的人，善于独立地判断事物，思考和解决问题，有坚定的信念，不轻易地接受别人的意见和影响不受外界环境的干扰，遇有紧急情况有主意，不慌张，顺从型性格的人独立性差，容易动摇，易受暗示，容易受到外界环境的干扰，常常是不加分析地接受，听信和服从别人的意见，应急能力差，遇有紧急情况往往没有主意，惊慌失措。

（4）在社会适应性方面的性格特点

根据人的社会适应性，国际心理学界通常把人的性格划分为 A 型、B 型、C 型、D 型和 E 型五种类型，我们把它们又叫做摩擦型、平常型、平稳型、领导型和逃避型五种类型。摩擦型性格的人，表现为性格外露，人际关系紧张，处理问题欠妥，容易与人发生摩擦。平常型性格的人，在态度、情感、意志、理智等方面均表现为一般，平平常常，没有特殊的表现，属于中间型性格。平稳型性格的人，对环境有较好的适应性，但往往是被动地适应，善结人缘，人际关系良好。领导型性格的人，对社会的适应性好，且能主动地适应社会环境，善于发挥自主能动性，对周围的人有影响力。逃避型性格的人，表现为性格内向，不善交际，与世无争。

以上五种性格在情绪稳定性、社会适应性和指向性三方面的表现各不相同，有着不同的组合。表 13-1 表明性格特性组合与性格类型的关系。

表 13-1

特性 类型	情绪的稳定性	社会适应性	指向性
摩擦型（A 型）	不稳定	较差	外向
平常型（B 型）	稳定	一般	内向
平稳型（C 型）	稳定	较好	内向
领导型（D 型）	稳定	好	外向
逃避型（E 型）	不稳定	较差	内向

从以上分析可以看出，性格代表人的个性品格，标志着一个人的为人，与人的世界观、人生观紧密联系，贯穿于人的全部行为中，有直接的社会意义，受着社会道德的评价。所以，谈判人员是否具有优良的性格特点，将直接影响谈判的方向和效果，下面归纳一些不良的性格特征，以使谈判人员引以为戒：

（1）不尊重对方的人格，对别人缺乏热情和感情，会影响谈判效果；

（2）盛气凌人，咄咄逼人，总想凌驾于对方之上，会影响谈判的关系；

（3）只关心自己的利益和兴趣，不顾对方的利益和处境，可能导致谈判的破裂；

（4）对人不真诚，采取不正常的手段千方百计地想捞到好处，会影响谈判双方的关系；

（5）谈判时，过分地服从或取悦于对方，这等于把己方的利益拱手相让；

（6）自卑感严重，谈判时缺乏必要的信心，这样不会取得谈判的成功；

（7）谈判时怀有敌对情绪，猜疑性格，嫉妒心理或偏激情绪，往往会使谈判陷入僵局；

（8）好高骛远，提出过高的要求和目标，而又缺乏实际行动，对对方过于苛求，不仅不能达到目标，反而会导致谈判的破裂。

第3节　谈判心理动态分析

谈判心理动态分析就是在谈判过程中，通过对方的言谈举止来分析其心理，掌握运用这种分析技巧，不仅可以判断对方的心理动态，决定己方对策，同时可以有意识地运用行为语言传达信息，把握谈判的发展方向。那么，哪些信息是我们了解一个人心理状态的线索呢？主要线索是依据人的仪表特征、表情特征和言语交往。

一、关于仪表（Appearance）特征的分析

一个人的穿戴相貌、举止、风度等外部特征，总称为仪表特征。这些特征可以提供其年龄、职业、角色、身份等部分信息，这些信息可以成为我们了解一个人的依据。有经验的人根据这些特征，凭自己的直觉判断，就可以形成对一个人的印象。例如，接触之初，就能靠直觉判断出对方是一位初出茅庐者，还是一位行家里手。

谈判是一种人际交往。仪表特征是交往的接触点。虽然是在短时间内起作用，甚至有时会使人发生错误的判断，导致"以貌取人，失之子羽"。但是，又确实能影响着人们之间相互作用的方向。比如，一个仪表非凡，举止适度，相貌端庄、很有风度的人，总会使人产生继续与他交往的愿望；反之，其貌不扬、举止失度、谈吐粗俗的人，往往使人不愿与其交往。总之，每个人的仪表特征都自觉不自觉地勾画自己的形象，在人际交往中它会给人留下一种深刻的印象。

二、关于表情（Expression）特征的分析

表情是人的情绪、情感的外部特征。一个人的喜、怒、哀、乐，总会通过表情表露出来。人类的表情有共同性，是人类祖先遗传下来的，它同人的思想、意向、精神状态和身心健康的状况相联系。表情特征可分为三个方面：面部表情、言语表情和身体姿态表情。

1. 面部表情

人的面部表情有着多种多样的模式，各种模式都有确定的情感含义。如眉飞色舞表示高兴，愁眉苦脸表示忧愁，宁神远眺表示思索，怒目而视表示仇恨。根据一个人的面部表情的不同模式，就可以了解他的思想、情感及各种心理状态。

面部表情又以面部三角区表情最为丰富，变化细腻而复杂。

（1）眼睛的表情

常言道："眼睛是心灵的窗户"，"眼睛和舌头所说的话一样多"，一个人眼神的方向与对方目光接触的次数、时间等，都有不同含义。

1）与人交谈时，视线接触对方脸部的时间，正常情况下应占全部谈话时间的30%～60%，超过这一平均值者，可认为对谈话者本人比对谈话内容更感兴趣。低于此平均值者，则表示对谈话内容和谈话者本人都不怎么感兴趣。

2）倾听对方谈话时，几乎不看对方，那是企图掩饰什么的表现。

3）眼睛闪烁不定，是一种反常的举动，常被视为用作掩饰的一种手段或性格上的不诚实。一个做事虚伪或者当场撒谎的人，其眼睛常常闪烁不定，这是一个共同的特征。

4）扫视常表示好奇的态度，但过多地使用扫视，会给人一种心不在焉，对话题不感兴趣的印象。

5）侧视尤其是乜斜而视常表示轻蔑的态度。谈判中过多使用侧视会给对方造成敌意。

6）在一秒钟之内连续眨眼几次，这是神情活跃，对某事物感兴趣的表现。有时也可理解为由于个性怯懦或羞涩，不敢正眼直视而做出不停眨眼的动作。在正常情况下，一般人每分钟眨眼 5~8 次，每次眨眼一般不超过一秒钟，时间超过一秒钟的眨眼表示厌烦，不感兴趣，或表示自己比对方优越，有藐视对方不屑一顾的意思。

7）当人处于兴奋状态时，往往眼睛生辉，炯炯有神，此时瞳孔就会放大；而消极、戒备或愤怒时，愁眉紧锁，目光无神，神情呆滞，此时瞳孔就会缩小。而瞳孔所传达的信息是无法用意志来控制的。

（2）眉毛的表情

1）眉毛上耸，即所谓"喜上眉梢"，表示惊喜，但有时也可表示惊恐。

2）眉角下拉或倒竖，即通常所说的"剑眉倒竖"，是愤怒或气恼的表现。

3）皱眉表示困窘、不愉快、不赞成。

4）眉毛迅速上下动作，表现亲切、同意、愉快的心情。

5）表示询问或疑问，眉毛就会上挑。

（3）嘴的表情

1）紧紧地抿住嘴，往往表现出意志坚决。

2）撅起嘴是不满意和准备攻击对方的表示。

3）遭到失败时，咬嘴唇是一种自我惩罚的动作，有时也可解释为自我嘲解和内疚的心情。

4）注意倾听对方谈话时，嘴角会稍稍向后拉或向上拉。

5）不满或固执时往往嘴角向下。

2. 言语表情

言语表情是指说话人的音调、语气、音色及言语表达的艺术手段的应用等。它与情绪的变化有密切的关系。古人说："言为心声"，同一句话由于语调不同，则表达人的不同心情。人的各种情绪状态有着不同的言语表情形式，在听其言时，如果再善于听出弦外之音，就不难判断人们的情绪状态。此外，言语节奏、频率、言语量，还能表现一个人气质类型的特点。例如，多血质的人说话多而快，交谈时不等对方把话说完，甚至替对方说；而粘液质的人则沉默寡言，说话慢条斯理。由此可见，言语表情不仅是探索他人心理状态的依据，也是了解他人脾气禀性的客观指标。

3. 身体姿态表情

身体姿态表情是指以身体各部分姿态的变化来表达其情绪和对事物的态度。心理学研究发现通过人的体姿动作常常是了解其内心状态更可靠的线索。弗洛伊德有句名言："凡人皆无法隐瞒私情。尽管他的嘴可以保持缄默，但他的手指却会多嘴多舌。"原因是它不易伪装。人的许多动作是无意识的，许多习惯化动作是与某些心理状态长期一致的外在化表现，是难以控制的。

（1）上肢的表情

上肢包括手和臂膀。通过上肢的动作和与对方手的接触，可以分析对方的心理活动，也有助于我们将某种信息传递给对方。

1）伸出并敞开双掌，给人以言行一致，诚恳的感觉。

2）谈话时掌心向上的手势，表示谦虚、诚实、屈从、不带有任何威胁性。

3）掌心向下的手势，表示控制、压制、压抑、带有强制性，这会使人产生抵触情绪。

4）食指伸出，其余手指紧握，呈指点状，这种手势表示教训、压制、带有很大的威胁性，这种举动最令人反感，在谈判中应尽量避免。

5）双手相握或不断玩弄手指，会令人感到缺乏信心或拘谨。

6）把拇指指向另一个人，表示藐视和嘲弄。

7）十指交叉常表示控制沮丧心情。但十指交叉垂在腹前，这种手势也表示敌对和紧张情绪。

8）十指尖相触，呈尖塔状，表示自信，若再伴之以身体后仰，则显得高傲，这种动作多见于西方人。

9）背手常显示一种权威，但在一个人极度紧张不安时，常常背手，以缓和这种紧张情绪。如果背手伴以俯首踱步，则表示沉思。

10）搓手常表示人们对某种事情结局的急切期待心理。

11）双臂紧紧交叉于胸前，这种姿势暗示一种防御或保守的态度，如果双臂交叉于胸前并握拳，则表示怀有敌意。

12）握手。握手的意义表示问候、保证、信赖和契约。标准的握手姿势应该用手指稍稍用力握住对方的手掌，用力握的时间约在 1～3 秒，如果发生与标准姿势有异的情况，便有了除问候与礼貌以外的附加意义。主要有以下几种情况：

a. 握手时对方手掌出汗，表示对方处于兴奋、紧张或情绪不稳定的心理状态。

b. 若某人用力回握对方的手，表明此人具有好动、热情的性格，凡事比较主动；反之不用力握，则表明此人不是个性懦弱，缺乏气魄，便是傲慢矜持，摆架子。

c. 先凝视对方再握手，有审视对方是否有资格与其握手，从心理上将对方置于劣势地位的意思。

d. 伸手的瞬间，如果是掌心向上伸出，往往表现其性格软弱，处于被动、劣势或受人支配的状态，有向对方投靠的含义。如果是掌心向下伸出，则表示想取得主动、优势或支配地位，因为手掌向下有控制的含义。

（2）下肢的表情

下肢包括腿和足两部分。虽属身体的下端，却是最能表露人的潜意识情感的部位。据一位在二次世界大战期间服役于德国情报局的人讲，他当时抓住许多美国情报人员，依据的线索是：吃东西时用叉子的方式和坐的时候两腿交叉的姿势，这些美国人同欧洲人不一样，露出了马脚。下肢主要动作含义：

1）摇动足部，或用脚尖拍打地板，或抖动腿部，都表示焦躁不安、不耐烦或紧张。

2）坐时足踝交叉，对男性来讲往往表示在心理上压制自己的表面情绪，如对某人某事持保留态度，表示警惕、防范，或表示尽量压制自己的紧张或恐惧。对女性来讲，如果再将两膝并拢，则是一种含蓄而委婉地表示防御或拒绝的举动。

3）架腿而坐，一般在无意识中表示拒绝对方并保护自己的势力范围，而频频变换架腿姿势是情绪不稳定、焦躁、不耐烦的表现。

4）张开腿而坐，表明此人自信，并有接受对方的倾向。

（3）综合姿态的表情

人的身体姿态不是孤立静止的一种动作，而是一系列动作、姿势的组合。不同的动作组合有其特定的含义。

1) 吸烟的姿态：吸烟的姿态具有较强的表现力，是评判一个人态度的重要依据。

a. 将烟向上吐，表示自信、优越感、有主见或傲慢；向下吐，表示情绪低沉、犹豫或沮丧。

b. 烟从嘴角缓缓吐出，给人一种消极而诡秘的感觉，一般反映出吸烟者此时的心境与思维比较曲折回荡，力求从纷乱的思绪中理出一条思路来。

c. 吸烟不停地磕烟灰，表明内心有冲突或不安。内心的冲突与不安往往使人手足无措，而不停地磕烟灰使手有事可做，从而转移并减轻了这种冲突和不安。

d. 烟灰烧了很长，却很少抽烟，表明在紧张思考或等待紧张情绪的平息。之所以不抽烟是因为大脑正专注于某个问题的思考，而将烟忘了。

e. 没抽几口就把烟掐掉，表明想尽快结束谈话或已下决心干某种事情。

f. 斜仰着头，烟从鼻孔吐出，表现出一种自信、优越感和悠闲自得的心情。斜仰的姿态就是主动拉开了与谈话对象视觉交流的距离，这种距离正体现和满足了其心理上不愿与对方平等相处的要求。

2) 接触某些物品的姿态。人在接触某些物品时，呈现的不同姿势，反映不同内容与含义。

a. 玩弄手中的笔，表示漫不经心，对所谈问题无兴趣或显示其不在乎的态度。

b. 慢慢打开本，表示关注对方讲话，快速打开本说明发现了重要问题。

c. 猛推一下眼镜，则说明因某事而气愤。

d. 摘下眼镜，轻轻揉眼或擦擦镜片，可能反映对方精神疲劳，或对争论不休的老问题厌倦，或是喘口气准备再战。

e. 如果轻轻拿起桌上的帽子，或轻轻除帽，则可能表示要结束这轮谈判，或暗示要告辞。

f. 打开包可能想再谈新的问题，关上包则表示到此为止，夹起包则可能无法挽留。但如果是关而不提，夹而不走，则说明还怀有一线突破的希望，实际上许多谈判都是在这种情况下取得突破性进展。

(4) 综合表示某一类信息的姿态

把表示同一类信息的各种姿态综合在一起，也有助于我们判断一个人的行为，下面列举几种。

1) 表示思考状态的姿态

a. 一手托腮，手掌托住下巴，食指沿面颊伸直，其余手指放于嘴巴下方，身体微前倾，头稍后仰，眼皮半闭垂下，表示正在作决定性思考。

b. 不时用手敲敲自己的头，或用手摸头顶，表示正在思考。

c. 摸着头顶的手呈弹抖状，则表示贯注于思考。

d. 视线左右移动频繁，而且很有规则，表示正在频繁思考。

e. 在谈话中，忽然将视线垂下，表示所谈的某事引起了他的思考。

f. 将眼镜摘下，或拿起放在桌上的眼镜，把镜架的挂耳靠在嘴边，两眼平视，表示想用点时间稍加思考。不戴眼镜者，可能拿笔、本等东西。

在谈判中，如果能让对手几度陷入思考状态，说明对手相当重视这次会谈并十分谨慎，不敢轻率从事，因此，面对这样的对手，切不可太直或太快地表露自己的企图，而应耐心等待，多观察。

2）表示情绪不稳定的姿态

a. 四处张望，视线变化频繁，则说明不安和怀有戒心。

b. 不断更换站、坐等体位，身体不断摇晃，双脚不时地作交叉、分开的动作，则说明焦躁和情绪不稳。

c. 不时用一种单调的节奏轻敲桌面，表示情绪不稳，如果再加上脚尖踏地，或左右摇晃，则表示极度不安。

d. 前扭绞双手，并且身体不自觉颤动，则表示紧张。

e. 有的人猛拉裤管，则表示他正在左右为难，犹豫不决。

一个情绪不稳定的谈判者往往思路不清，容易冲动，也易产生误解，这种人在谈判中易受蒙骗，也易破坏谈判的气氛。

3）表示自卑、自傲等性格的姿态

使劲和人握手具有主动性格；凡不敢抬起头仰视对方，极力避开别人的视线者大都自卑；有意将自己的忙碌情形显示给别人的人，对自己的能力怀有自卑感；谈话时，双手抱头脑勺，大都自傲。

三、关于言语交往（Conversation）的分析

"言为心声"，言语可以直接反映一个人的思想、意识、态度、理想、世界观等内心世界。所以，在谈判中要想更深刻地了解对方，就必须通过言语交往。谈判语言可以分为礼节性语言、专业性语言、文学性语言和军事性语言。

1. 礼节性语言

谈判中常用的礼节性语言如："欢迎远道而来的朋友！""很荣幸能与您共事"、"愿我们的工作能为扩大和加强双方的合作做出贡献，"等等，一个人在谈判中能否恰当地使用礼节性语言，表明其文明礼貌程度和修养水平。得体的言辞能缓和与消除谈判双方之间的陌生感和戒备敌对的心理，创造一种轻松、自然、和谐的气氛。同时，礼节性的语言也可以巧妙地表达进、退、回避等意思。如"此事可以考虑"，"有待研究"，"可以转达贵方要求"，"此事无可奉告"，"既然如此，深表遗憾"，等等。所以，能否正确地运用礼节性语言，反映了谈判者的经验和水平。

2. 专业性语言

专业性语言是经济、技术谈判的主体语言，其特征为专业性、规范性和严谨性。由于谈判是对双方权力、责任、义务的划分，而谈判双方又处于不同的社会政治法律制度的管辖之下，因此，要使谈判各方的权力、责任、义务落到实处，确保执行，减少各种风险，只有用严密的措词，准确的词汇，逻辑性很强的语句来对此加以描述和规定。一名谈判人员对专业性语言运用如何，表明了他的专业知识、专业能力、逻辑思维能力，以及他对本组织的态度。

3. 文学性语言

谈判中人们常常使用比喻、拟人等修辞方法，使语言显得优雅、诙谐、生动、富有感染力，这就是谈判中的文学性语言。如把谈判代表喻为"友谊桥梁的架设者"、把谈判喻为"播种"，签合同喻为"收获"，谈判价格时，卖方会说："我的衣服给扒光了"，买方会说："不是把你衣服扒光了，而是你夏天穿棉袄"，有的比喻价格条件像"裤腰带太紧"，"毛巾要扭断了"，"人要掉下山崖了"。

说谈判气氛："紧张得像夏天一样"，"紧张程度随气温升高"，"虽然外面天气很冷，可谈判气氛却暖如春天"。

说谈判进展："现在是在冬天，艰苦寒冷"，"像夏天一样热烈"，"不错，我们能谈得来，气氛犹如春天，和风细雨"，"冬天即将过去，春天将要来临"。

说谈判立场："真有点像长征"，"互相靠拢"，"向前迈一步"，"握手吧！""犹如龟兔赛跑"。

一个谈判者运用这样的文学语言来表达经济利害明显的话题，自然会显得文雅或诙谐，可以获得"轻松而不生硬，虽难却不使人介意"的效果，也反映了他的文化修养、气质、性格和经验。

4. 军事语言

其语言特征为干脆、简明、坚定、自信，如"价格防线"，"成本底线的摸底或侦察"，"集中突破一点，以振谈判斗志，鼓励双方靠拢的信心"，"非如此不能签约"，"最迟于×日或某时，需要得到贵方明确答复，否则我方将退出谈判"，等等。这种语言排斥了模棱两可、犹豫不决，起到了强化态度，创造决战气氛，加速谈判进程的作用，也用于振奋本方人员的精神和斗志，能够适时运用这种语言，反映了谈判人员的分析决断能力，果敢、自信的性格和对策略技巧驾驭的娴熟度。

第4节　心理诱导方法

上述关于谈判心理的静态与动态分析，着眼于对谈判对手言谈举止的观察和分析，而没有涉及到观察者本人的行为。然而，人的行为是一个互动过程，一方的刺激，会引发另一方的反应，下面作者从有关著作中提炼概括，集中探讨作为谈判本方应采取哪些主动行为，也就是通过心理诱导（Psychological lnduction）方法来了解对方，影响对方，施展本方策略，掌握谈判的主动权。

一、恰当陈述法

恰当陈述是把本方想让对方知道的信息传递过去的最直接的形式。当谈判在一种开诚布公的气氛下进行时，可以用此方式向对方介绍本方情况，表示本方的想法、打算和要求，而且容易为对方所理解，不易产生误会。

当谈判中由于某种原因激起对方强烈的情绪反应时，你简单地说一句："我理解你的心情"，这种陈述可以避免对抗。因为这样说，表明你在告诉对方，你已经注意到了他的意见，理解了他的观点，并认为他的看法是有道理的。

当谈判处于僵局时，如果想明确一下自己的态度，可直截了当地说一句："在目前的情况下，我们最多只能做到这一步了。"这看起来平淡的叙述却可起到缓和气氛的作用，并易于使对方认识和了解存在的困难，促使他们重新考虑眼前的情况。如果你认为采取不太强硬的方法或者在某些问题上妥协是较好的策略时，你可以说："如果我们能用妥善的方式解决这个问题，那么，在这点上我不认为我们会有很多麻烦。"这样既表示了让步的意愿，使谈判得以继续，又维护了自己的立场，同时暗示了适当变通的可能。当碰到棘手的问题，又不想与对方直接造成僵局时，你可以说："我们暂时先把这个问题放到一边，等会儿再回来讨论。"

以上各例表明，恰当陈述不仅能表达自己的意图，而且能控制谈判的进程，不过，陈述的正确运用与遣词造句的恰当与否关系密切。因而做到恰当陈述的要诀是善于控制自己的情感，并注意尽量避免使用那些生硬的，带有刺激性的字眼。

二、适时提问法

提问是获取信息的一般手段。掌握这种手段，主要是处理好三个问题：问什么、怎么问与何时问。不同目的的提问，其提问方式和提问的时机场合都是不同的。提问的方式主要有五种：

(1) 一般性提问。"你认为如何？"，"你为什么这样做？"这种提问没有限制，因此回答不可控制。

(2) 直接性提问。"谁能解决这个问题？"这种提问具有限制。因此，在限制范围内，回答是可以控制的。

(3) 诱导性提问。"这不是事实么？"回答是可以控制的。

(4) 了解事实性提问。"何处？"，"何人？"，"何时？"，"为何？"，等等，回答有时可以控制。

(5) 探询性提问。"是不是？"，"可以吗？"回答是可以控制的。

提什么样的问题。经验表明应力求避免提那些回答不可控制的问题。比如问："你为什么这么干？"这种问题，对方如不好好思索一番就不易回答，而且会引起他的警觉，会想，"他为什么提这个问题？为什么他想知道这件事？"所以，你未必能获得真实的信息，也许反过来还会损害自己。

如何问是一个提问的方式问题。当谈判双方互不了解时，多使用探询手段相互提问；当了解得比较多时，可用探询性和诱导性提问。诱导性提问可起到引起对方注意，引导对方思考的作用，如问："贵方如果违约是应该承担责任的，对不对？"这样的提问给予对方强烈的暗示，使其几乎毫无选择地按照提问者设计的答案作出回答。提问时的措词语调也很重要。如问："你还有什么理由要说？"就比较唐突，改为"你对此事有何感想？"就比较委婉，能使对话顺利地进行下去。有一个例子说明了如何表述问题的重要。一名教士问他的上司："我在祈祷时可以抽烟吗？"这个请求遭到了断然拒绝。另一名教士也去问这个上司："我在抽烟时可以祈祷吗？"问题一经这样表述，抽烟的请求就得到了准许。

选择提问的时机也是同样重要的。要是在开始讨论前就说："诸位，让我们先知道一下大家各自的立场。"或者说："诸位对此计划有何高见？"这个讨论多半进行不下去，因为一开始就提出这种问题，会把人限制住了。在请别人表态之前，最好先让每人都有机会提出一、二个问题，暂且不要求表明什么立场，也不要承担什么义务。在提问题的同时应让每个人都能熟悉现有的各种情况，让他们以此为基础做出自己的结论，这样就可避免麻烦或避免引起不愉快的情绪反应。

三、悉心聆听法

谈判中，不仅要善于问，还要善于听。"听"可分为积极地听与消极地听。积极地听就是听者要全神贯注，充分调动自己的知识、经验储备及感情，使大脑处于紧张状态，以便直接受信号后立即进行识别、归类、解码，作出相应反应。消极地听是指听者处于一种随意、松弛的状态，对于信息不能积极地接受并作出反馈。谈判需要参加者积极的听，才能把握信息，了解对方的态度、观点和立场，并做出正确的策略选择。同时，"听"也具有一定的说服作用。当我们非常专注地听别人讲话时，则表示我们对讲话者的观点很感兴趣或很重视，从而可以给对方以满足感，这样就促进了双方之间的关系，产生一定的信赖感。正如美国科学家富兰克林所说："与人交谈取得成功的重要秘诀就是多听，永远不要不懂装懂。"因此，作为谈判人员一定要学会如何去"听"。掌握聆听技巧要注意以下几点：

1. 通过记笔记来保持注意力集中

研究表明，一般人一分钟能听六百字左右，但只能说大约一百二十五个字。这样听的时候大脑非常清闲，就容易胡思乱想，反而影响了听的效果，克服思想"开小差"的一个好方法就是记笔记。为了记下对方讲话的主要内容，就必须全神贯注地听。同时笔记可以帮助你记忆和回忆大量信息，毕竟人的即席记忆能力是有限的，不可能靠大脑准确记忆谈判中所有重要信息。所以，记笔记真可谓是一举两得的方法。

2. 掌握倾听时的交流艺术

听者虽然没有语言交流，但是可以用自己的表情，动作给对方以回应。这种交流对于讲话者来说是非常必要的。试想，如果对着一个毫无反应的人讲话，那是什么滋味？讲话者会索然无趣，干脆不讲。所以，听者积极的反应是对说者的尊重，也是鼓励，是希望交流下去的表示。听者应该注视讲话者，主动与讲话者进行目光接触，并做出相应的表情，如扬一下眉毛，微微一笑，不时地点点头，或者不解时皱皱眉头，这些举动都有助于我们的聆听，也有助于我们与对方的交流。

3. 加强修养，培养良好的倾听习惯

在谈判过程中，当对方的发言我们不太理解，甚至令人难以接受时，千万不可表示出拒绝的态度，因为这样做对谈判会非常不利；也不可有轻视对方的举动，如对对方谈话不屑一顾，充耳不闻。这种做法只能表明自己的狭隘，也会引起对方的反感和敌意，甚至导致谈判关系的破裂。

谈判中，抢话的现象也经常发生。抢话不仅会打乱别人的思路，也会耽误自己的倾听。抢话可能是急于纠正别人的讲话，也可能是用自己的观点来取代别人的观点。总之，是一种不尊重他人的行为，是缺乏修养的表现。

另外，谈判中也有在没听完对方讲话时就急于反驳对方某些观点的情况。事实上，如果我们对对方的讲话听得越详尽全面，反驳起来就越准确有力。相反，如果对对方谈话的内容和动机尚未全面了解就急于反驳，不仅使自己显得浅薄，而且还会使自己陷入被动。

4. 克服先入为主的倾向

如果忽视或拒绝与自己心愿不相符的谈话，就是先入为主地倾听。这样往往会扭曲说话者的本意，导致接收的信息不准确，判断失误，从而造成行为选择上的失误，实为不可取。所以，一个善于听的谈判者，还应该做到，能够克服自己的心理偏见，左右自己的感情与意愿，使自己的倾听不为这些因素所干扰。

5. 善于在倾听中捕捉对方心理

一个人的谈话或陈述，在许多情况下具有多层次的含义。例如对方作出一项陈述，在第一个层次上可以表明，看来他想要交换意见；在第二个层次上，根据话题的内容可以得知他的意思（语中之意）；在第三个层次上，可以根据他表达的方式和措辞，推知其他的信息（话外之情）。例如，从他们谈话的句式，可以看出他们的信心和准备情况。如果这些句式经常发生中断，则显示着他正处于激动或不确定的状态。总之，只要对方有所言，你就应该留神听，从以上三个层次发现其隐蔽的动机和需要。

四、巧妙回答法

谈判中的回答与一般交流中的问与答有着很大的不同。它不能以回答是否满足对方要求论之，而是要根据谈判的需要来决定该答什么，不该答什么，以及怎样回答。所以谈判中的回答是一种策略，更讲究技巧，更看重答后的心理效应。为此，应该注意：

1. 回答前，要给自己留有思考时间

谈判中回答的每一句话，往往都被对方看作是一种承诺。所以一定要慎重对待，不能轻率作答。为了赢得思考时间，可通过点支烟，喝口茶，调整一下坐姿或者整理一下桌上的文件，翻翻笔记本等动作来延缓一下，而且又显得很自然、得体。

2. 把握好对方提问的目的和动机，再决定怎样回答

提问者提问的目的和动机往往是多种多样，非常复杂的，有的也很隐蔽。如果我们没有弄清对方的目的和动机，就按常规作出回答，就可能给对方造成可乘之机，使自己陷入被动。所以当听到提问后，不是马上做出回答，而是要思考一下，他为什么提这个问题？他究竟想要知道什么？然后再决定怎样回答。

3. 有些问题不必回答，或不必彻底回答

对于那些带有攻击性的，或无聊的问题，或者有可能泄密的问题，可以不予理睬，或用外交辞令"无可奉告"等来拒绝回答。缩小回答范围，也是一种好办法。如果能用幽默语言，迂回隐含的方式回避提问，效果更好，因为可以避免尴尬局面。

4. 避正答偏，答非所问

这也是一种技巧。有时，对方提出的问题我方很难直接从正面回答，但又不能拒绝回答，这时，谈判高手往往采用避正答偏，答非所问的办法来抵挡对方的进攻，即故意避开答题的实质，东拉西扯，不着边际，讲了一大堆看似与问题有关的话，但又没有接触到问题的实质。

总之，通过回答过程要尽可能多地了解对方的实力和信息，而尽量避免过早地暴露自己的底细。

第5节 心理调控方法

谈判不只是握手、签字、鲜花和酒宴，而是常常需要谈判者经受高度的心身紧张，这就要求谈判人员不仅要有健康的体魄，还要有较高的心理素质。具备了良好的心理素质，才能在紧张激烈的谈判场合，保持平稳的心态，才能将本来具备的知识才能充分发挥出来，这就像运动员的临场发挥对于成绩水平至关重要一样，谈判人员的临场发挥是谈判成功的重要因素。

心理素质的提高是可以通过不断的实践锻炼，有意识的自我训练来实现的。为此，应该掌握并运用一定的方法，也就是心理调控（Psychological Regulation）的方法，在心理学

中也叫心理训练（Psychological Training）。心理调控包括许多方面的内容，如意志力的培养与锻炼，注意力的集中，克服焦虑和波动，情绪的控制等等。下面介绍几种与谈判有关的心理调控的方法。

一、克服焦虑和波动

在谈判中，谈判人员常会出现心理波动，如急躁、冲动、心情不稳定等等，而且不仅是新手出现，有些有经验的老手在关键时刻也会出现这种心理现象。波动也不只是在谈判进行中才有，而且在谈判前特别是谈判前夕，还会以另一种形式——焦虑，先期对谈判人员进行干扰。比如说，使你睡不好觉，不能集中精神考虑应该考虑的问题。如何克服焦虑和波动呢？

心理学家爱泼斯坦（Esptein, S.）曾进行过一项有关这一问题的研究，这是一项关于跳伞新手焦虑心理的统计分析。跳伞者在跳伞前的心理状态是复杂的。一方面由于能有机会体验这一激动人心的时刻而兴奋；一方面又因这一行动可能招致的危险而担忧。跳伞者心理波动的情况是这样的：跳伞前夕，兴奋心情占优势；到达机场，焦虑心理开始上升；登上飞机，焦虑心理迅速增高；准备信号即将发出时，焦虑达到最高峰；等待起跳，准备信号发出以后，焦虑开始缓解；跳出机舱，焦虑迅速缓解；张伞到着陆，焦虑平息。这一统计分析和常识的设想有所不同。一般认为，最大的危险时刻——跳出机舱后到张伞前的自由降落阶段一定会产生最大的焦虑，但焦虑高峰实际发生在准备信号即将发生而还未发出的时刻。为什么会这样？心理学的分析认为，这与人的决心有很大的关系。准备信号发出前，跳伞者处于矛盾冲突的心情中，又想跳又害怕，越是临近起跳也越是焦虑。这时，如果不是爱面子，有些跳伞者很可能会临阵打退堂鼓。信号发出以后，促使跳伞者打掉任何犹豫，决心一定，焦虑就开始下降了，再大的危险也不在话下了。

这项研究为克服焦虑和波动找到了答案。那就是，一个人在主动接受一项任务之前要先解决好决心的问题。真正下定决心，去迎接挑战，就一定能够克服焦虑和波动。当然下决心的前提是对自己要有充足的信心和进行充分的技术准备。充足的信心是要以充分的技术准备为基础的，但技术准备要发挥作用，又离不开坚定的信心的作用。提高信心的方法，可以采用自我暗示法、相互鼓励法，或者回忆成功法。后一种方法就是通过回忆成功，重温成功时的情感体验，以增强自我信心的方法。

二、适度的情绪唤醒

谈判人员在谈判中应将自己的情绪控制在什么水平？要回答这个问题，请先看一下心理学的有关研究。

美国心理学家赫布（Hebb）曾就情绪唤醒水平和操作效率的关系进行过研究。结果表明：情绪唤醒水平过低或过高都不利于工作效率，只有保持一种中

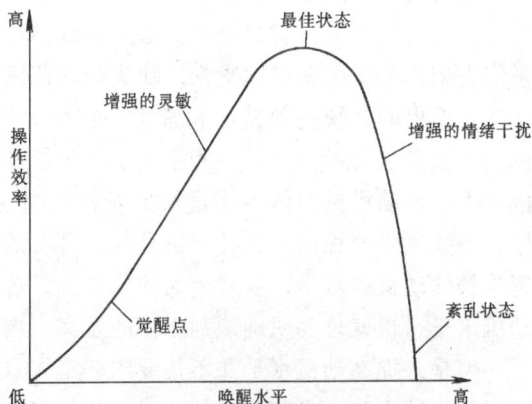

图 13-4　赫布曲线

等水平的情绪唤醒，才能得到最佳的工作效率。这种情绪唤醒水平与工作效率的关系用一条曲线表示，称为赫布曲线（Hebb curve），如图 13-4 所示。

例如刚刚从睡眠中醒来，也就是情绪唤醒水平低，工作效率当然很低；但是，情绪水平过高，形成了干扰，反而导致效率下降。这不仅是研究结果，也被事实所证明。二战期间，卓别林曾被邀请去华盛顿作抗法西斯公债募购演说。听众人山人海，卓别林情绪激昂。由于他过于兴奋，竟从临时搭起的讲台上滑下来。他又一手抓住身边的一位女明星，两人一起栽到了一位身材高大，年轻英俊的海军军官身上。这个人就是后来成为美国第32届总统的罗斯福。全场庄严肃穆的气氛一下子烟消云散了。在谈判实践中，因为谈判人员情绪失控而导致僵局，甚至败局的例子也是屡见不鲜的。

为什么情绪唤醒水平太高会影响工作效率呢？因为情绪水平太高会使中枢神经系统反应性过于活跃，在同一时刻对过多的方面产生反应，结果反而阻碍了与工作任务本身有关的一系列反应的最佳表现。所以，谈判人员在谈判中应保持适度的情绪唤醒，也就是保持适度的冷静，这样才能把注意的焦点对准要解决的复杂问题，才能发挥出自己的最佳才能水平。

三、紧张与松弛

谈判是一项紧张的脑力活动，要成为一名合格的谈判工作者，必须通过锻炼使自己的身心能够适应谈判工作的紧张节奏。但是人又不能总处于紧张状态。要适应紧张，就要有张有弛，所以紧张与松弛是心理调控的两个方面。

心理学的研究表明：紧张感与工作效率的关系呈倒 U 形，即工作毫无压力，松松懈懈就不会有什么工作效率；但是，如果工作压力太大，太紧张，也会影响工作效率；要想取得较高的工作效率，需要适度的紧张和压力，如图 13-5 所示。

适应紧张的心理调控主要是提高动机水平的问题，传统心理学认为人的动机是由生理驱力决定的。由生理驱力决定的动机是体内某种物质的缺失引起的，这称为缺失性动机。如饥渴是食物与水的缺失引起的等。缺失引起体内

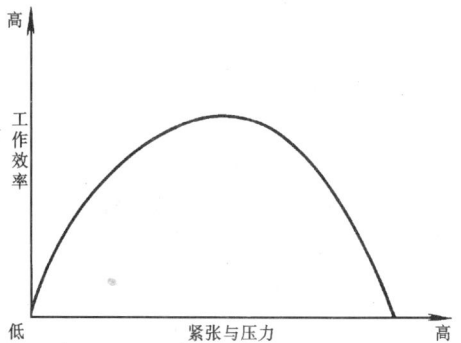

图 13-5 紧张感与工作效率的关系

平衡失调，平衡失调引起紧张，缺失的东西满足了，体内平衡恢复，紧张趋于缓解。缺失性动机追求的是缺失的满足和紧张的缓解。但当代心理学研究中又提出人还有另一类动机——生长性动机，这是一些不同于缺失性动机的高层次动机，如求知、审美和创造的动机。生长性动机是由体内能量需要发挥而引起的，它所追求的是不断为自己设立新的目标，增强紧张的程度。这种动机是人人都有的一种潜在动机，但能不能使自己的动机上升到生长性动机的水平，要看个人的修养和锻炼。所以，谈判人员适应紧张的关键，是提高动机水平，也就是要明确谈判工作的意义，增强责任感，不断提高成就的目标。

但是，提高动机水平并不是要求一个人永远处于紧张的状态中。心理学研究表明，人适应紧张的程度也是有限度的，过度的紧张会造成身心的疾病。如长时期持续的紧张是心脏病和高血压的起因已是公认的事实。所以，谈判者也应该注意松弛的心理调节。如在谈判前的准备阶段和谈判进行阶段，都要注意适时休息，听听音乐，做做室外体育活动等都是保持身心健康的好办法。在紧张的谈判中，休会提议既是一种谈判策略，也是放松神经

的必要措施。同时，作为一种高层次的动机，生长性动机也有阶段性的满足，谈判中的每一点进展，同事或对手对你提出的建议的肯定和支持等，都能使你得到一定的满足感。这会构成紧张中的快乐——积极性的松弛。

四、自卑与自信

自卑感是人人在一定条件下都有可能发生的。自卑使人的能力不能得到正常的发挥。在谈判中，谈判人员如果产生自卑心理，就是自己打败自己，此乃谈判之大忌。有了自卑心理，就往往只看到自己的短处，用对方的长处和自己的短处比，越比心越虚，越比气越短，于是乱了方寸，不战自败。当一个人被自身的缺点、弱点、不足所困扰时，就会产生自卑，这是常有的事。自卑并不可怕，关键在于要通过自我心理调控由自卑萌生出积极进取的态度和心理，而不是由于自卑而自甘落后。要力争由自卑转化为自信。自信就是要全面地看问题，特别是在实力比自己强的对手面前，更要坚持自己的优势，抓住对方的弱点，才能坚定信心，去争取本方的利益。因此，当在谈判过程中产生自卑心理时，就要及时地进行自我心理调控，积极寻找和建立维持自信的理由和根据，找到自身心理的支点，坚定谈判的信心。

第6节　沟通及其障碍的消除

在这里把沟通定义为人与人之间信息的交流。从这个意义上说，谈判就是一种沟通。为了提高谈判效率，达到谈判的目的，就必须加强有效的沟通，及时排除沟通障碍，下面我们将分别讨论这些问题。

一、沟通模式

沟通有它一般的模式，也就是任何类型的沟通都要遵循一般的规律性。图 13-6 即表明沟通过程的一般模式。

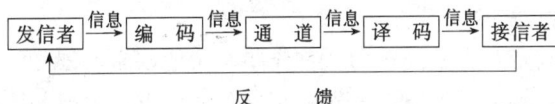

图 13-6　信息沟通的一般模式

在信息沟通过程中，有三个基本要素：发信者、信息和接信者。发信者将所要发出的信息进行编码后，将信息沿一定通道进行传递，信息到达接信者时，接信者先将信息译码，才能接收。接信者再将收到信息的情况发回给发信者，即反馈。这样才实现了信息沟通的全过程。

人与人之间的信息沟通有其特殊性。首先，沟通主要是通过语言来进行的；其次，沟通不仅是交流信息，而且包括情感、思想、态度观点的交流；第三，沟通过程中，心理因素有着重要意义。在发信者与接收者之间，需彼此了解对方进行信息交流的动机和目的，而信息交流的结果是改变人的行为；第四，在人与人之间的沟通过程中会出现特殊的沟通障碍，这种障碍不是由于信息通道的失真或编码、译码上的错误所造成，而是由人所特有的心理障碍造成。例如，由于人的知识、经验、职业、政治观点等不同，对同一信息可能有不同的看法和理解。

二、有效沟通

沟通不仅是形式，而是要看沟通过程中实际发生的心理过程，并以此来评价沟通的效果。评价的要点是：

（1）注意。是指对信息的注意。如果沟通者"心不在焉"，沟通就是白白浪费时间。

（2）理解。接收者虽然非常注意地接收信息，但是他根本不理解信息的真实含意，这样的沟通也是效果甚差。

（3）接受。接收者虽已听懂，但不赞同这种主张和见解，所以实际上并没接受。为此发信者应注意不要只简单地叙述这种见解本身，而是要说服对方接受这种见解。

（4）行动。接收者应该根据理解并接受的信息要有所行动，有所反应。

经过了以上的过程，才能说明完成了有效的沟通。

三、沟通障碍

谈判中常常会出现沟通不良，影响信息的交流，影响人际关系，甚至会影响到谈判的进展和结局。所以，要对沟通不良进行分析。造成沟通障碍的主要原因有：

（1）语言修养的原因。语言是交流思想的工具，但语言不是思想本身，而是用以表达思想的符号系统。人们的语言修养有很大差异，如果表达能力不佳，词不达意，就会影响沟通效果。

（2）知识和经验水平的原因。如果接收者缺乏有关的知识和经验，对接收的信息就无法理解并接受，从而影响了沟通。

（3）心理因素。由于沟通双方心理距离较远，例如不信任、敌意、紧张等；或者注意力分散，例如听话时走神儿，心不在焉等；或者感知错误，例如只选择感兴趣的话题听，或由于成见形成错觉等；或者思维不清晰，例如分析、判断错误，曲解等；或者个性的差异，例如自高自大，粗心大意，急躁等；都可能引起沟通障碍。

（4）环境因素。场所噪杂，旁人插话过多等也会影响沟通。

四、改善沟通的方法

改善沟通需要谈判者双方共同努力，首先要有希望改善的愿望，并注意以下几点：

（1）沟通前先澄清概念。沟通者事先要有系统地思考、分析和明确沟通信息。

（2）检查沟通的目的。沟通者必须弄清楚这个沟通真正希望得到的是什么？切忌毫无目的的沟通。

（3）选择最佳时机进行沟通。应根据沟通内容考虑在什么时间、什么地点与哪些人进行沟通，因为这些都会成为影响沟通的重要因素。

（4）注意语调和表情。收信者不但受信息内容的影响，也受表达方式的影响。如声调的轻重，语句的选用，面部的表情，体态动作等均将影响听者的反应。

（5）考虑对方的需要。一般说来，最容易记忆的信息是与接收者息息相关的信息。所以，发信者应多考虑对方的利益和需要，沟通效果就会好得多。

（6）及时反馈。反馈是沟通的重要保证。没有反馈，发信者就无法知道发出的信息是否被对方理解和接受了，所以要鼓励反馈。要经常检查一下对方是否真正理解了信息，一个简单的方法，就是请对方复述一下接受到的信息的含义。

（7）培养聆听习惯。听是说的速度的五倍，所以人在听时往往又在想，这就使聆听变成一件颇为困难的事。不少人在听，而不是在聆听。所谓聆听，不但要听到发信者的声音，而且要明白声音的意义，甚至要听出发信者的态度、动机和感情。培养聆听习惯，对于正确获得信息，加强沟通是十分有意义的。

思 考 题

1. 试展开叙述各种心理现象。
2. 美国心理学家马洛斯的需要层次论对分析谈判行为有哪些实际意义？
3. 试论谈判心理静态分析的几个主要方面。
4. 谈判心理动态分析应包括哪些方面？
5. 试论几种主要的心理诱导方法。
6. 在谈判过程中怎样进行自我心理调控？
7. 信息沟通的三个基本要素是什么？怎样有效地进行人与人之间的信息沟通？
8. 构成沟通障碍的主要原因有哪些？怎样改善沟通，排除障碍？

第 14 章　创造性谈判思维

本章是在第 2 章的基础上进一步从心理学的角度，补充阐述创造性思维的基本概念，主要特征及其在谈判活动中的展开过程、技巧和方法。最后着重探讨了创造性谈判思维的培养和开发问题。

第 1 节　创造性思维概述

一、什么是思维

思维（Thinking）是人脑间接地、概括地反映事物本质属性的心理过程。间接和概括是它的特征。所谓间接，就是借助已有的感知，去理解那些未曾感知，甚至不可能感知的事物，以及预见和推知事物的进程。比如医生诊病就是如此，通过病人的体温、脉搏、舌苔、血液等，断定病人内脏器官的状态。所谓概括，就是把同一类事物的共同特征、本质特征抽取出来加以概括。概括不仅反映某一类事物共同的、本质的特征，而且反映事物与事物间的内在联系和规律。一切的概念、定义、定理、规律、法则都是思维的概括成果。

可见，思维是在感知的基础上产生和发展的，是人认识活动的高级阶段，即理性认识阶段。常言道："透过现象看本质。"思维使人的认识更接近现实，更深刻、正确地反映现实。如果没有思维，认识事物只能停留在表面现象上，而且事必躬亲；本质的、规律的东西蕴藏于事物的内部、感知不到、便无法认识，也就无法预见事物的发展变化，人类就无法进步。

二、思维过程

人的思维的基本过程是分析（Analysis）与综合（Synthesis）。所谓分析，是把一个个对象或现象分解成各个组成部分或个别属性；所谓综合，是把事物各组成部分或个别属性联合为一个整体。两者相反又相联。然而，要把事物的所有组成部分或个别属性加以逐一考察是不可能的，也不必要，而且对揭露事物的本质也无甚助益。所以，人们在对事物进行分析与综合的基础上，进行抽象与概括。

所谓抽象，是把同类事物中的一般的、本质的属性抽取出来加以考察的过程；所谓概括，是把抽象出来的一般的、本质的属性联结起来并推广到同一类事物上去的过程。经由分析、综合，便得到对事物结构的认识；经由抽象、概括，便形成了事物的概念并扩大了认识的范围。经过这种思维过程，人的认识在深度和广度上都产生了飞跃。

三、思维形成

人的思维过程中所运用的工具就是思维形式，也叫思维过程中的三个环节，即概念（Concept）、判断（Judge）和推理（Inference）。

概念是人类思维的第一步，只有建立和掌握了概念，人们才能进行更进一步的思维活动。所谓概念，是指对客观事物普遍的、本质的、概括性的反映。每个概念都有其一定的含义（内涵）和范围（外延），用词表达。概念是思维的细胞，要求思维正确，首先必须概念正确。所以，我们应该学习科学、准确地掌握和运用概念。

判断是对事物具有或不具有某种特性的识别和认定。是比概念更进一步的思维形式。它是在概念的基础上，通过概念之间的联系与区别来进行的，判断能使人认识不同事物间的差异性。

推理是人们从已知的判断中按照一定的逻辑规则推导出新的判断和结论。因此，它是在判断的基础上进行的更为复杂的思维形式。正确推理，可以使人从已知去了解、认识和掌握未知。由特殊推到一般的形式，叫做归纳推理（Induction），由一般推到特殊的形式，叫做演绎推理（Deduction）。

四、什么是创造性思维

凡是在思维领域内的"创新"和"独到"，突破了原有的知识框架和技术水平，在前人的基础上有新的见解，新的发现，新的突破，思维结果是超前人和一般人之上的，被称为"创造性思维（Creative thinking）。"它与一般思维比较，有着如下的明显特征：

1. 思维的自主性

创造性思维是建立在思维自主基础上的。也就是说，人们对自己的思维活动能够自我作主、自我支配、有充分的自决、控制、调节能力和权利。一个谈判者在谈判中创造性思维的程度，往往取决于他在谈判中的自主权力的大小，如果各方面都受到限制，创造性就会大为减少。

2. 思维的求异性、求新性

创造性思维活动的一个显著特点是求新和求异，它对司空见惯的现象和谈判中的常规持怀疑分析的态度，在谈判中不受思维定势的影响，善于发现谈判中的新情况和新问题，能够从尽人皆知或不太显眼的现象中找出新的因素，由此推论出新的创意，做出新的决断。

3. 思维的发散性、多向性

是指从不同角度思考问题，在思维总进程中，由多个思维指向、多个思维起点、多个逻辑规则、多个评价标准、多个思维结论而组成的多维型思维。多种思维指向是说，在谈判中围绕谈判目标，可以采取多种思路，多种思维，起点则是，在谈判中，根据谈判进程，从多种事实、多种观察角度，多方面筛选出最佳答案；而运用多种逻辑规则及其评价标准，往往使谈判者改变原有的认识，产生新的想法，找到变通的渠道；最后，谈判的结果不是单一的，而是多样的。

4. 思维的主动性、积极性

在谈判中，具有创造性思维的谈判者总是能够积极主动地发现问题，大胆地提出种种倡议，头脑保持高度兴奋，思维非常活跃，充满想象力，对于谈判中的问题，特别是一些棘手的问题，有着不解决就不罢休的心理状态。

第 2 节　创造性谈判思维的过程

谈判的过程就是解决问题的过程。关于如何创造性地解决问题，美国心理学家沃勒斯（G.Wallas）提出了创造性地解决问题的四阶段学说，他认为一般都要经过准备期、酝酿期、顿悟期和验证期这样四个阶段。

一、准备期（Preparation Stage）

在这个时期，重要的是发现问题和定义问题，形成问题情境，并围绕问题或创新目标搜集材料，获得尽可能多的关于所研究问题的信息。

二、酝酿期（Incubation Stage）

在这时期中，要对所获得的信息进行思维加工，提出解决问题的设想，直到思维饱和。这在本质上是一个"消化"时期。

需要创造性地去解决的问题肯定是前所未曾解决的问题，又总是难以用传统的办法和已有的知识、经验，即常规的方法解决。思考者在经过反复思考，试遍所有传统的方法已无法解决时，思维已到了"饱和"的程度，再也想不下去了。这时，思考者将问题暂时搁置，不再有意识地去思考它。在这种情况下，表面上呈现思考中断，但实际上思考可能仍在潜意识中断断续续地进行，如梦中思考。

三、顿悟期（Insight Stage）

一旦酝酿成熟，突然"思路接通"，思考者在内部突如其来的"闪光"或在外部某个事件的触发下，出现"茅塞顿开"、"豁然开朗"的顿悟，创造性的新观念、新设想迸发而出，这就是我们平时所说的灵感或直觉。

灵感和直觉是创造性思维由量变到质变的一个突变过程，是艰苦劳动的结果。它的来临往往是突然的，不期而至的，有瞬时性的特点。灵感和直觉是一种独特性、新颖性的见解，表现为智力的跃进。

灵感的迸发有两种基本形式：联想式（也叫激发式、触发式）和省悟式（也叫自发式）联想式迸发须通过某个事件的触发，在这里，"原型启发"起着重要作用。省悟式则不同，它不需要借助于"触媒"的刺激，而是通过内在的省悟（"思想的闪光"）而产生灵感的。

四、验证期（Test Stage）

思考豁然贯通后，思考者要把头脑中形成的新观念加以验证。

谈判的过程与以上所述创造性地解决问题的过程是基本相同的。本书第2章第3节曾详细论述了创造性谈判思维的能动过程，参见图2-1。由图可见，创造性谈判思维的能动过程，同样也需经历这四个阶段。首先，根据谈判的需要，接触和搜集大量有关的事实和信息，找出所要协商的问题，并围绕问题获得尽可能多的信息，即准备期；在对这些事实和信息进行思维加工，充分地思考和分析，提出谈判的目标和方案，即酝酿期；再开通多路思维，提出各种解决问题的创新设想，经过反复思考，比较和筛选一直至酝酿成熟，由量变到质变，迸发灵感，确定最佳可行方案，即顿悟期；最后，在谈判中实施既定方案，并根据新的问题，不断修正方案，直至双方达成协议，签订合同，实现谈判目标，即验证期。谈判过程能否顺利展开，最终能否取得令双方满意的结果，往往取决于双方谈判人员的主观能动性，包括创造性谈判思维运用的程度。在谈判的不同阶段，需要运用哪些创造性谈判思维，已在本书第2章第3节"谈判思维的基本训练"中已作了阐述，请读者参阅。总之，任何一项创造活动，包括创造性的谈判活动在内，都需要运用有"目标"意识的直观思维去观察，去接受与目标相关的信息，并经过扩散思维和集中思维以及理论思维的互相补充，往复多次，依据扩散—集中—再扩散—再集中的方式进行，并通过理论思维的分析、推理和判断而取得成功的。也就是说，创造性思维正是扩散思维、集中思维和理论思维的有机结合和统一。但是，怎样有效地多路扩散思维，较系统周密地思考问题，使思路更有条理，并较快地打开人们的创造思路，较深入地发掘问题和有针对性地想出或诱发更多的创造的可行设想，怎样在大量信息促使大脑超负荷的情况下，有效地深化和简化谈判思维，集中精力去捕捉灵感，开发创造力，等等，就需要有科学的方法和技巧，这就是本书第2章中所重点推荐的三种创造技法。

第3节　开发创造力的创造技法

目前，世界上已开发出创造技法（Skill of Creation）1000多种，比较实用的有300多种，本书重点介绍的只是在谈判活动中运用较多的头脑风暴法、检核表法和关键词法。为了进一步较系统地介绍这些创造技法，在第2章的基础上，本章再作些补充。

一、头脑风暴法

头脑风暴（Brainstorming，BS）法，也称智力激励法，是世界上最早应用的创造技法。它是美国著名创造学家A.F.奥斯本于本世纪30年代首创的。这种技法已广泛流传于世界各国，在社会生活的各个方面发挥着作用。它和我们中国人说的开"诸葛亮"会相似。

具体做法是：通过一定会议形式，创造有较多的相互启发，引起联想，发生"共振"的条件与机会，以利开发人们的智慧和创造力，以便在较短的时间里，发挥集体的创造力从而获得较多的创造设想。一个与会者的一种设想会激发其它与会者的联想。当人们卷入这种"头脑风暴"洪流之后，就会引起一系列设想。参加会议的人数不宜多，一般不超过10人；会议时间不能长，一般为半小时至一小时之间；与会者事先明确会议议题，并有准备；会议有一主持者，有记录员（不是会议正式人员）1~2人；会议地点选安静之处，谢绝会客，排除一切外部干扰。

为了使与会者都能充分表达和发挥自己的设想，必须遵守四项原则：

第一，自由奔放。提倡自由思考，自由想象，想法越新奇越好。有时看起来是很荒唐的设想却可能很有价值。

第二，严禁批判。对别人提出的想法不能批评，不得阻拦，即使是幼稚的、错误的、荒诞无稽的，也不得批判。也就是说，要排除评论性的判断，对设想的评论放到以后进行。这叫保留判断原则或延迟评价原则。

第三，谋求数量。提出的设想多多益善。提出的设想越多，就越有可能获得更多有价值的设想。质量往往建立在数量的基础上。

第四，结合改善。不允许批判，但可对他人的建议或设想进行补充、展开或延伸，利用他人的想法来开拓自己的思路。

召开头脑风暴会议的步骤是：

（1）准备：选择主持人；确定拟解决的问题（选题要恰当，不宜过大）；与会人员结构要合理（包括多个专业的人员和少数"外行"）；提前几天把会议的时间、地点、议题通知与会者。

（2）"热身"：会议正式开始前，花几分钟时间，由主持人提些与议题无关的简单问题，目的在于形成轻松而热烈的气氛，使大家把注意力集中到会议上来。

（3）明确问题：由主持人介绍"问题"，并让与会者简单地讨论一下，看看大家对

"问题"的理解是否一致和正确。

（4）畅谈：正式进行头脑风暴会议。记录员详细记录下每一个设想。

（5）会后：对所提出的设想进行整理和评价。评价从两方面着眼：①是否可行；②实行后是否会有效。对于既可行又有效的设想，应该立即采用，对于无法实行或估计实行后也无效果的不予采用，但要向提出者说明理由；对于那种实行起来困难较多，但一旦实现效果可能颇佳的设想，可分别另行召开头脑风暴会议，研究其如何实现。

美国麻省理工学院为提高工业设计专业学生的创造力，特地开设了一门智力激励法课程，以后美国其它大学也相继开设了这门课程。一些国家在奥斯本智力激励法基础上，又发展出了许多类似方法。例如德国人鲁尔巴赫根据德意志民族习惯于沉思的性格，通过改进创造了默写式智力激励法，又称"635"法，即每次会议由六个人参加，每个人在 5 分钟内在卡片上填写三个设想。这样，半小时可传 6 次，共可产生 108 个设想。又如日本三菱树脂公司针对奥斯本智力激励法不允许批评，对设想难以评价和集中，以及默写式智力激励法设想难以充分表达的缺点，创造了三菱式智力激励法，又称 MBS 法。具体的做法是：第一步提出主题；第二步由与会者各自填写设想 1~5 个，时间为 10 分钟；第三步各人轮流发表自己的设想，由会议主持者记下每个设想，别人也可据此填写新设想；第四步将设想写成正式提案，并进行详细说明；第五步相互质询，进一步修订提案；第六步由会议主持人将各人的提案用图解方式写在黑板上，让与会者进一步讨论，以便获得最佳方案。

在体育奥运会的启示下，从 1997 年开始，将每年举行一次智力奥运会。这就是各国的参赛者在比赛中运用头脑风暴法开发出尽可能多的创造性思维，以争取夺得创造性思维项目的金牌。

二、检核表法

检核表（Check List）法，也称检查单法或分项检查法，是奥斯本于 1964 年提出的，由于简单易行，通用性强，且包括了多种创造技法，因而有"创造技法之母"之称。它是根据需要解决的问题，为了避免考虑问题时发生疏漏，事先列出重要的内容和思考方面，然后逐项进行对照、思考、研究，以启发思路，获得解决问题的方法。这种方法可为人们提供思考步骤或思路提示，它实际上是一种多路思维的方法。人们根据检查单中所列项目，一路一路地想问题，不仅有利于系统和周密地思考问题，使思路更带有条理性，也有利于深入地发掘问题并有针对性地提出更多的可行设想和方案。

奥斯本制定的检核提纲多达 75 条，其主要内容有：①现有的发明有无其它用途？②现有发明能否引入其它的创造性设想？③现有发明可否改变形状、颜色、音响、味道、制造方法？④现有发明能否放大或扩大使用范围？延长使用寿命？⑤现有发明可否缩小体积、减轻重量？⑥现有发明有否代用品？⑦现有发明是否可以和别的发明组合在一起？⑧现有发明可否更换一下型号或更换一下顺序？⑨现有发明可否颠倒过来？检核表法的魔力之所以巨大，由于它是一种多路思维的思考方法，包括了以下一些创造技法：①迁移法；②引入法；③改变法；④添加法；⑤替代法；⑥缩减法；⑦扩大法；⑧组合法；⑨颠倒法。

根据谈判中涉及的问题，运用检核表法，可以列出以下项目进行多路思考：

（1）谈判是否有其他目标和意义？

（2）谈判方案是否能引入其它的创造性设想？是否可从别的方案得到启发或借鉴，方案是否可融入其它的创造性设想中？

（3）谈判的程序（包括目的、议程、进度）和条件是否可以作某些改变？

（4）谈判的范围（包括谈判的空间和时间以及期望水平）是否可以扩大？

（5）谈判的范围是否可以缩小？

（6）谈判的条件、类型、对象等是否可以替代？

（7）谈判的人员、地点和方式是否可以调换？

（8）谈判的思路、对策是否可以颠倒？

（9）谈判的战略、策略、技巧等是否可以组合？

检核表法给人一种启示，考虑问题要从多种角度出发，不要受某一固定角度的束缚；要从问题的多个方面去思考，不要把视线固着在个别问题或个别方面。它能帮助人们突破旧的框框，闯入新的思维领域。本书提倡结合检核同时运用头脑风暴法，就既可以通过会议形式相互启发，又可以自我充分发挥想象力，在短时间内结合自己的知识和经验，引发头脑风暴，进行多维思考，开发创造力。在谈判过程中当然也可以借鉴谈判对方的观点和想法，启迪和引发头脑风暴。

三、关键词法

关键词（Keyword）法，是由日本创造学家中山正和提出，并由高桥浩改进的一种创造技法，也称中山正和法或 NM 法。

该法根据人的高级神经活动理论，把人的记忆分为"点的记忆"（由第一信号系统对具体事物形成的条件反射）和"线的记忆"（由第二信号系统对事物的抽象化而形成的条件反射）。将通过联想、类比等方法搜索起平时积累起来的"点的记忆"，再经重新组合，把它们连结成"线的记忆"就会涌出大量新的创造性设想，作出新的发明。

本书引入关键词法的主要功能，即简化、深化思维形成关键词，作为接受和发放信息，以及开发创造力的导向。这是各个国家所普遍采用的一种方法。这就要求将复杂广涵的各项活动内容提炼或抽象成有高度内涵的关键词。只有头脑中印下的是如此深化和简化了的思维即关键词，才会使你能够下意识地、简单地去掌握它，避免大脑的超负荷和思维混乱，更重要的是可以集中精力从此出发去捕捉灵感，开发创造力。在整个谈判过程中，即使大脑偶而处于超负荷状态时，这些关键词会栩栩如生地在头脑中发挥作用。

以上已在本书第 2 章第 3 节中作了详细的论述，这里不在赘述，请读者参阅。

四、组合法

组合（Combination）法，是指在思维过程中，按照一定的目的，将两个或两个以上各自独立的思维因素组合在一起，形成一个新的统一的思维整体。谈判中会遇到各种复杂问题，如果就单一问题思考，很可能使谈判陷入僵局，那么把大量因素重新组合，就会生出新的方案和解决问题的视角。例如就价格问题双方争执不下时，是否可以把价格与售后服务、长期保修、商品保险等组合起来考虑，找出最佳方案。又如在解决香港问题上有许多具体问题使中英谈判遇到了障碍。但是将这些具体问题统一到"一国两制"的总构想中，再重新组合方案，就使谈判获得了实质性的突破。

组合性思维技巧如果从具体操作方法上看，主要有花形组合法和矩阵组合法。花形组合法是借助花形图表进行组合，中心圆填上谈判的目标或问题，四周圆填上有关的设想或方案。再逐个进行分析、选择，找出它们之间的内在联系，进而组合起来。在这个过程中，逐渐产生新的思路和新的方案。矩阵组合法是运用数学矩阵法的运算，从诸多元素组合中，找出最佳方案。它运用了定量分析方法，使谈判方案更精确。特别是计算机的使用，使计算更成为现实。操作过程是：找出谈判要素，依次组合，每种组合的最大值和最小值是多少，再运用同一标准进行比较，从中选择一个最佳方案。

第4节 创造性谈判思维的培育和开发

世界上没有完全相同的两场谈判。每一场谈判都有它的特殊性。对于谈判者来说，每一场谈判都要面对新的情况，都要解决新的问题，都是一次新的挑战。所以，从这个意义上说，谈判不是以重复性活动为特征的再造过程，而是以创造性活动为特征的创造过程。这就需要谈判者必须具备较强的创造性思维能力。心理学研究表明，创造性思维是在不断地去解决问题的过程中得到孕育与发展的，是可以培养的。培育创造性思维，应注意从下述诸方面入手。

一、打破心智枷锁

要提高创造性思维能力，必须排除种种思想障碍，主要表现为三个方面的障碍：文化上的障碍、知觉上的障碍和感情上的障碍。它们就像枷锁束缚着人们的心智，具体表现为：

(1) 习惯从固定的角度看问题，思考常受习惯性思维的束缚。

(2) 思维定势的束缚，按老一套处理问题。

(3) 过分依赖书本和权威，不加分析地随从他人，缺乏独立见解。

(4) 过早下结论。

(5) 知识面过窄，视野狭小。

(6) 因循守旧，满足现状。

(7) 从众心理，随大流。

(8) 自卑感、懒惰。不敢想、不愿想。

这里着重说一下思维定势的问题。定势是心理活动的一种准备状态，它影响解决问题时的倾向性。所谓"思维定势"，是指当人们在解决某些相似问题后，再去思考某个类似的问题时，或多或少地会存在着一种思维惯性，会习惯地依据已有的知识和经验，按着固定的思路去思考。思维定势对于解决一般的、惯常的问题，可能起积极作用，能所谓"驾轻就熟"，熟练地解决问题。但是，它对于创造性地解决问题，则往往会成为一种束缚，一种障碍，使人囿于某种固定的反应倾向，跳不出框框，打不开思路，从而限制了创造性地思考。

二、培育直观思维的习惯

直观思维是直接观察事物的能力，也称洞察力。本书第2章第3节已作了简要叙述。创造学上给予它很高的评价，认为它是创造力的源泉，是开发人们创造思维的基础。它能帮助我们把握问题的关键，预见未来的发展。它对于谈判者非常重要。

增长学识，开拓视野，是培育直观力的必要条件。一个学识浅薄，视野狭窄的人，纵使有再好的生理和心理素质也难以形成较强的直观力。因为直观是用思维对事物本质的把握，如果对于研究对象本身各方面的知识一无所有或残缺不全，是无法对事物的本质进行长驱直入的准确判断的。况且各类事物之间存在着普遍联系，各门科学之间日益相互渗透，不掌握广博的知识，不打下扎实的基础，就不能触类旁通，诱发直觉的产生。

再者，磨砺思维的锋芒，培养锻炼思维的感受力、觉察力也非常重要。直观不同于感觉。感觉是用感官进行觉察，它只能达到于事物的表面，形成关于对象的感性认识；而直观是用思维去觉察，它深入于事物的内部，形成关于对象的理性认识。因而思维的敏锐性、深刻性如何，标志着直观力的强弱。对于一个谈判者来说，应当时时注意磨砺自己思维的锋芒，增强思维的感受力和觉察力。

这就需要谈判者必须保持对解决问题的兴趣和愿望。渴望用思维的锋刃插入事物的深层，达到对其本质的觉察，很难设想一个对于任何事情麻木不仁，缺乏思维兴趣的人能够达到对于事物的洞观。同时，谈判者还要学会使自己的思维聚焦，即把思维有意识地集中到一点，深入下去，产生突破口。谈判者经常面临着各种问题和复杂混乱的现象，其中主次难分、真假难辨，如果思维始终处于无目的、无方向的散漫状态，就不能理出头绪，抓住根本性的东西，就不能作出有效的决策。因此，大脑要有高度的凝聚力，使思维聚集到一点，从大量信息、材料中发掘出有价值的东西，从众多的问题中发现关键性问题。

三、提高扩散思维能力

创造性思维能力首先表现在扩散性上。因为，首先要能提出众多的新设想，才有可能产生出好的解决问题的办法。所以，提高扩散思维能力，是提高创造性思维能力的一个很重要的方面。为了提高扩散思维能力，要重视运用立体思维、多路思维、侧向思维和逆向思维等思考方法，充分发挥想象力。

立体思维要求人们在思考问题时，要跳出点、线、面的限制，能从上下右左，四面八方去想问题，立体思维的哲学依据就是事物的普遍联系。

多路思维要求思考者在立体思维的基础上，善于一路一路地去想问题。这样，就可以使自己的思路更具条理性，使思考更加周密。

侧向思维也叫旁通思维。这是从其它领域或离得很远的事物中启示从而产生出新设想的一种思维方法。当一个人对于某个目标孜孜以求，一直悬挂在心上时，他的大脑皮层里会建立起一种优势灶，一旦受到某个偶然因素的触发，就容易产生与此优势灶相联系的反应，得到启示而产生好主意或新设想。

反向思维也叫逆向思维，即"反过来想一想"。反向思维是对立统一规律在思维方法上的体现。把人们通常思考问题的思路，反过来加以考虑，有时可以产生新颖的主意。

以上四种思考方法概括起来说，就是"换个角度想一想"，这是谈判实践中发挥创造性的一种重要的思维方法和武器。

另外，有资料介绍，通过"思维体操"进行扩散思维训练，有助于打开思路，提高扩散思维能力，使头脑变得更加灵活。

四、严密逻辑思维程序

创造性思维既包含逻辑思维，又包含非逻辑思维，是二者对立统一的过程。在谈判活动中，新的观念、新的设想、新的办法的产生，往往表现为从"逻辑的中断"到"思维的飞跃"。这时，往往都伴随着直觉、灵感的顿悟状态。也就是说，作为谈判思维主体的人的大脑对谈判目标顽强追求的紧张思考已积累到相当程度，思想与事实材料完全具备。这时，灵感、直觉的产生需要逻辑性思维为基础，它是必要的前提条件。因此，谈判者应当注意培养自己严密逻辑思维的能力，只有逻辑思维与非逻辑性思维有机结合，才能迸发出创造性思维的火花。

思 考 题

1. 试论人的思维和思维的基本过程。
2. 创造性思维的主要特征有哪些？
3. 简要叙述美国心理学家沃勒斯关于创造性地解决问题的四阶段学说。
4. 运用四阶段学说结合创造性谈判思维的能动过程，分析叙述谈判的全过程。
5. 试论"头脑风暴法"和"检核表法"的组合应用。
6. 要提高创造性思维能力，必须排除哪些主要心理障碍？
7. 怎样培育直观思维习惯？
8. 怎样提高扩散思维能力？

参 考 文 献

1. Bill Scott & Bertil Billing. Negotiating Skills in Engineering and Construction. London: Thomas Telford, 1990

2. Marsh, P.D.V. Contract Negotiation Handbook. Gowen House, 1984

3. Nierenberg, Gerard I. The Complete Negotiator. New York: Nierenberg & Zeif Pub. 1986

4. Christopher, Elizabeth M. Negotiating Skills for Business. London: Kogan Page, 1996

5. Osborn, Alex F. L'imagination Constructive; Creativite et Brainstorming. Paris: Dunod, 1964

6. Sidney J. Parnes. The Magic of Your Mind. New York: Charles Seribner, 1981

7. FIDIC. Conditions of Contract for Works of Civil Engineering Construction. Fourth Edition, 1988

8. FIDIC, The Digest of FIDIC Conditions for 4th Edition, 1988

9. FIDIC. Guide to the Use of FIDIC. Fourth Edition, 1989

10. Max W. Abrahamson. Engineering Law and the I.C.E. Contracts. Fourth Edition. London and New York: Applied Science Publishers, 1979

11. A.H. Maslow. A Theory of Human Motivation. Psychological Review. July, 1943

12. H. Vroom. Work and Motivation. New York: Wiley, 1964

13. Hebb, D.O. The Organization of Behavior. New York: Wiley, 1949

14. Epstein, S. Toward a Unified Theory of Anxiety. New York: Academic Press, 1967

15. [美] 杰勒德·I·尼尔伦伯格著. 谈判的艺术. 上海: 上海翻译出版公司, 1986

16. 张祥著. 国际商务谈判—原则、方法、艺术. 上海: 三联书店上海分店, 1994

17. 何伯森编著. 国际工程招标与投标. 北京: 水利电力出版社, 1994

18. 袁张度著. 创造的潜能. 上海: 人民出版社, 1989

19. 徐联仓著. 组织行为学. 北京: 中央广播电视大学出版社, 1993

跋

中国国际经济合作学会会长　王西陶

"国际工程管理教学丛书"是适用于大学的教科书，也适用于在职干部的继续教育。今年出版一部分，争取 1997 年出齐。它的出版和使用，能适应当今世界和平与发展的大趋势，能迎接 21 世纪我国对外工程咨询、承包和劳务合作事业大发展。

国际工程事业是比较能发挥我国优势的产业，也是改革开放后我国在国际经济活动中新崛起的重要产业，定会随着改革开放的不断扩大，在新世纪获得更大发展。同时，这套丛书不仅对国际工程咨询和承包有重要意义，对我国援外工程项目的实施，以及外国在华投资工程与贷款工程的实施，均有实际意义。期望已久的、我国各大学培养的外向性复合型人才将于本世纪末开始诞生，将会更加得力地参与国际经济合作与竞争。

我们所说的外向性复合型人才是：具有建设项目工程技术理论基础，掌握现代化管理手段，精通一门外语，掌握与国际工程有关的法律、合同与经营策略，能满足国际工程管理多方面需要的人才。当然首先必须是热爱祖国、热爱社会主义、勇于献身于国际经济建设的人才，才能真正发挥作用。

这套丛书是由有关部委的单位、中国国际经济合作学会、中国对外承包商会、有关高校和一些对外公司组成的国际工程管理教学丛书编写委员会组织编写的。初定出版 20 分册。编委会组织了国内有经验的专家和知名学者担任各分册的主编，曾召开过多次会议，讨论和审定各主编拟定的编写大纲，力求既能将各位专家学者多年来在创造性劳动中的研究成果纳入丛书，又能使这套丛书系统、完整、准确、实用。同时也邀请国外学者参与丛书的编著，这些均会给国际工程管理专业的建设打下良好的基础。以前，我们也曾编撰过一些教材与专著，在当时均起了很好的作用，有些作品在今后长时期内仍会发挥好的作用。所不同的是：这套丛书论述得更加详尽，内容更加充实，问题探讨得更加深入，又补充了过去从未论述过的一些内容，填补了空白，大大提高了可操作性，对实际工作定会大有好处。

最后，我代表编委会感谢国家教委、外经贸部、建设部等各级领导的支持与帮助。感谢中国水利电力对外公司、中国建筑工程总公司、中国国际工程咨询公司、中国土木工程公司、中国公路桥梁建设总公司、中国建筑业协会工程项目管理专业委员会、中国建筑工业出版社等单位，在这套丛书编辑出版过程中给我们大力协助并予以资助。还要感谢各分册主编以及参与编书的专家教授们的辛勤劳动，以及以何伯森教授为首的编委会秘书组作了大量的、有益的组织联络工作。

这套丛书，鉴于我们是初次组织编写，经验不足，会有许多缺点与不妥之处，希望批评指正，以便再版时修正。

1996 年 7 月 30 日